教育信息技术应用教程

张 萍 ◎ 主编

陕西师范大学出版总社

图书代号　JC16N1132

图书在版编目(CIP)数据

教育信息技术应用教程/张萍主编. —西安：陕西师范大学出版总社有限公司，2016.9
ISBN 978-7-5613-8623-1

Ⅰ.①教… Ⅱ.①张… Ⅲ.①信息技术—应用—高等教育—教材 Ⅳ.①G649.2-39

中国版本图书馆 CIP 数据核字(2016)第 216760 号

教育信息技术应用教程
JIAOYU XINXI JISHU YINGYONG JIAOCHENG

张　萍　主编

责任编辑	于盼盼
责任校对	李彦荣
封面设计	鼎新设计
出版发行	陕西师范大学出版总社
	(西安市长安南路199号　邮编 710062)
网　　址	http://www.snupg.com
经　　销	新华书店
印　　刷	陕西省富平县万象印务有限公司
开　　本	787mm×1092mm　1/16
印　　张	13.25
字　　数	290 千
版　　次	2016 年 9 月第 1 版
印　　次	2016 年 9 月第 1 次印刷
书　　号	ISBN 978-7-5613-8623-1
定　　价	33.00 元

读者购书、书店添货或发现印装质量问题，请与本社高教出版中心联系。
电话：(029)85303622(传真)　85307864

前　言

当今社会信息技术发展突飞猛进,不同功能、不同形式的技术层出不穷,在教育中的应用方式也是各种各样。教育技术学专业的学生,作为未来学校教育信息化的建设者和信息技术教师,掌握一定的信息技术知识是非常必要的。然而纵观与"信息技术与教育"课程教学相适应的、业已出版的教材,对当今研究的热点问题,如微博、微课、移动学习、电子书包、学习分析技术、3D打印技术等则未有或少有涉及。满足教育技术学专业本科生的学习需要,同时顺应新时代的发展要求,是编写此教育信息技术教程的初衷。

全书共分为九章。第1章信息技术与教育信息化,总体梳理信息、信息技术与教育信息化等相关概念,引领后续几章内容;第2章到第8章分别介绍了计算机技术与教育、多媒体技术与教育、网络技术与教育、人工智能技术与教育、虚拟现实技术与教育等内容。由于信息技术内容广泛,因此本教程涉及信息技术并非信息技术的全部,而是有侧重地介绍教育中广泛运用的相关信息技术。其主要原因是,首先,在组织书稿章节中,原本是希冀信息技术内容各有侧重,但是由于信息技术本身涵盖、涉猎的范畴广,且具有不可割裂性,因此划分并独立成章,必然打破其固有属性;其次,教育应用中,由于技术之间的相互关系以及各种技术之间的联系日益紧密,孤立、单一地使用某一种技术在教育应用中比较鲜见。这就意味着教育应用中技术的交叉难以避免,因此使本教程的章节内容,特别是应用中存在少量交叉运用,这是编者无法回避的。第9章为教育游戏,由于教育游戏是近几年研究的热门领域,并且涉及网络技术、社会性软件、多媒体技术等多种技术的综合,故将其单独阐述。

在内容结构方面,每章前后分别罗列了本章的思维导图、教学目标、教学活动建议、学习活动建议、习题等作为学生的学习指导;提供必要的拓展资源、经典案例分析、图片等信息方便学生深入了解,提高学习兴趣。而在技术内容方面,本教程介绍的大多是当今前沿技术及其在教育领域中的应用,如学习分析技术、大数据挖掘、微信、MOOC、电子书包、教育游戏等,并附有相应的案例分析,方便学生深入理解信息技术在教育中的应用。

本教程不仅适用于教育技术学专业的本科生和研究生,而且也可作为其他相关专业学生的参考用书。本教程在编写和审核中得到了陕西师范大学教育学院专家、老师的大力支持,他们提出的宝贵建议,为本教程的内容质量提供了保障,同时也得到了本专业部分研究生和本科生的帮助,再此致以衷心的感谢。

由于信息技术发展迅速,而且在教育中应用面广,并还处在不断更新与探索之中,加之编者水平能力的局限性,认识问题的片面性,教材有疏漏谬误之处在所难免,如有更好的建议或者发现本教程编写不当之处,恳请读者专家批评指正。

编　者

2016 年 5 月于陕师大

目　　录

第1章　信息技术与教育信息化 ·············· 1
1.1　信息与信息技术 ·············· 2
1.1.1　信息 ·············· 2
1.1.2　信息技术 ·············· 4
1.1.3　信息技术的发展历程 ·············· 4
1.2　信息技术在教学中的应用 ·············· 5
1.2.1　信息技术在教学中具有的优势 ·············· 5
1.2.2　信息技术教学应用 ·············· 6
1.2.3　信息技术教育应用之展望 ·············· 7
1.3　教育信息化 ·············· 8
1.3.1　教育信息化的概念 ·············· 8
1.3.2　教育信息化的起源、内容和意义 ·············· 8
1.3.3　教育信息化的要素 ·············· 9

第2章　计算机技术与教育 ·············· 12
2.1　计算机技术 ·············· 13
2.1.1　计算机技术概述 ·············· 13
2.1.2　计算机的发展历程 ·············· 13
2.1.3　计算机的组成 ·············· 14
2.1.4　计算机的类型 ·············· 15
2.1.5　推动计算机发展的几种关键技术 ·············· 16
2.1.6　计算机的发展趋势 ·············· 17
2.2　计算机教育应用 ·············· 18
2.2.1　个人计算机的教育应用 ·············· 19

2.2.2 网络计算机的教育应用 …………………………………… 21
　　2.2.3 计算机教育应用中存在的问题 …………………………… 26

第 3 章 通信技术与教育 …………………………………………………… 29
3.1 通信技术 …………………………………………………………… 30
　　3.1.1 通信技术概述 ……………………………………………… 30
　　3.1.2 通信技术的基础知识 ……………………………………… 31
　　3.1.3 通信技术的发展状况 ……………………………………… 34
　　3.1.4 通信前沿技术 ……………………………………………… 35
　　3.1.5 通信技术的具体表现形式 ………………………………… 39
　　3.1.6 通信技术的发展趋势 ……………………………………… 41
3.2 通信技术在远程教育中的应用 …………………………………… 43
　　3.2.1 广播教学 …………………………………………………… 43
　　3.2.2 电视教学 …………………………………………………… 44
　　3.2.3 移动教育(学习) …………………………………………… 46

第 4 章 多媒体技术与教育 ………………………………………………… 51
4.1 多媒体技术 ………………………………………………………… 52
　　4.1.1 多媒体技术概述 …………………………………………… 52
　　4.1.2 关键技术 …………………………………………………… 55
　　4.1.3 应用领域 …………………………………………………… 63
4.2 多媒体技术在教育中的应用 ……………………………………… 67
　　4.2.1 多媒体教学 ………………………………………………… 67
　　4.2.2 应用实例 …………………………………………………… 73
　　4.2.3 应用中存在的问题 ………………………………………… 81

第 5 章 网络技术与教育 …………………………………………………… 85
5.1 网络技术 …………………………………………………………… 86
　　5.1.1 网络技术概述 ……………………………………………… 86
　　5.1.2 局域网技术 ………………………………………………… 96
　　5.1.3 广域网技术 ………………………………………………… 98
　　5.1.4 网络前沿技术 ……………………………………………… 99
　　5.1.5 网络技术应用 ……………………………………………… 107
5.2 网络技术在教育中的应用 ………………………………………… 109
　　5.2.1 网络对教育的影响 ………………………………………… 109

　　　　5.2.2　网络技术在教育中的应用实例 ································ 110

第6章　人工智能与教育 ································ 118
6.1　人工智能 ································ 119
　　6.1.1　人工智能概述 ································ 120
　　6.1.2　人工智能的研究与应用领域 ································ 122
6.2　人工智能在教育领域中的应用 ································ 127
　　6.2.1　智能导师系统ITS ································ 127
　　6.2.2　教学设计自动化 ································ 129
　　6.2.3　Agent技术在教育中的应用 ································ 131
　　6.2.4　智能答疑系统 ································ 132
　　6.2.5　在线教育 ································ 134
　　6.2.6　学习分析技术 ································ 135

第7章　虚拟现实技术与教育 ································ 139
7.1　虚拟现实技术 ································ 140
　　7.1.1　虚拟现实技术概述 ································ 140
　　7.1.2　虚拟现实系统的组成 ································ 143
　　7.1.3　虚拟现实系统的关键技术 ································ 151
　　7.1.4　虚拟现实的应用领域 ································ 153
7.2　虚拟现实技术在教育领域中的应用 ································ 158
　　7.2.1　模拟训练 ································ 159
　　7.2.2　虚拟学习环境 ································ 159
　　7.2.3　虚拟实验室 ································ 159
　　7.2.4　仿真虚拟校园 ································ 160
　　7.2.5　虚拟图书馆 ································ 160
　　7.2.6　虚拟现实技术应用于教育的优势 ································ 161
　　7.2.7　虚拟现实技术在教育中的具体应用实例 ································ 161

第8章　社会性软件与教育 ································ 165
8.1　社会性软件 ································ 166
　　8.1.1　社会性软件的概念 ································ 166
　　8.1.2　社会性软件的分类 ································ 170
8.2　社会性软件在教育领域中的应用 ································ 173
　　8.2.1　微博及其教育应用 ································ 173

  8.2.2 维基及其教育应用 …… 176
  8.2.3 博客及其教育应用 …… 177
  8.2.4 腾讯QQ及其教育应用 …… 179
  8.2.5 微信及其教育应用 …… 181

第9章 教育游戏 …… 185
9.1 教育游戏概述 …… 186
  9.1.1 教育游戏的概念 …… 186
  9.1.2 教育游戏的分类 …… 188
9.2 教育游戏的设计与开发模式 …… 190
  9.2.1 教育游戏的设计策略 …… 190
  9.2.2 教育游戏的开发模式与技术支持 …… 192
9.3 教育游戏的应用 …… 193
  9.3.1 教育游戏的应用领域 …… 193
  9.3.2 教育游戏的教育应用模式 …… 194
  9.3.3 教育游戏的教育应用实例 …… 196
  9.3.4 教育游戏应用于课堂教学中的问题 …… 199
  9.3.5 教育游戏的发展趋势 …… 200

第1章 信息技术与教育信息化

【导言】

从一般意义讲,教育、教学一刻也离不开信息技术。远古时期,语言的出现和应用,诞生了口语教育;文字的产生,造纸和印刷术的成功,使信息的记录、储存、传递和使用的范围扩大,促使了学校教育和班级教学的产生和发展;视听媒体的出现,如幻灯片、电影、录像带的教学应用,能够直接记录图像和声音,从而出现了新的教育方式——视听教育;随着现代信息技术的不断发展,电视广播、计算机多媒体及计算机网络在教育中的应用,使教育、教学发生了新的飞跃,出现了能适合社会发展要求的多种教台、教学形式,如网络教台、数字教育等。

本章在厘清信息、信息技术、信息科学等概念的基础上,系统地介绍现代信息技术教学应用的基本概念、信息技术教学应用的发展概况、信息技术在教学中的优势及其应用的基本类型。

【思维导图】

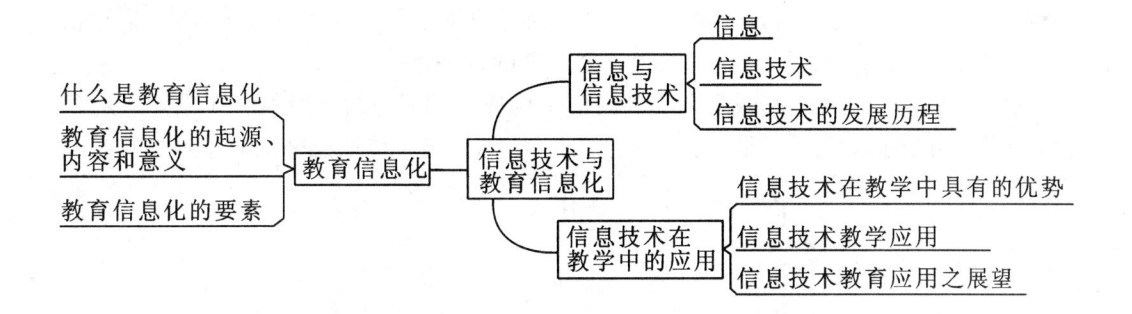

【学习目标】

通过对本章内容的学习,学生应该能够做到:
1. 深刻理解信息技术的基本含义,理解教育、教学与信息技术密不可分的关系。
2. 了解信息技术教学应用的发展概况和发展方向。
3. 理解信息技术在教学中的作用,明确信息技术同教师相比存在的优势和不足。
4. 掌握信息技术教学应用的基本类型及其特点。

1.1 信息与信息技术

1.1.1 信息

信息没有普遍被认可的权威定义。从广义上来说,信息就是消息,一切存在都有信息。信息是指对消息接收者来说预先所不知道的消息。信息是消息的内容。

经典的香农信息定义:信息是不确定性的消除,信息是不确定性的减少。

经典的维纳信息(准)定义:信息就是信息,信息既不是物质,也不是能量。

现代信息定义(肯定式):信息是事物及其属性标识的集合。

逆香农的信息定义:信息是确定性的增加。

逆维纳的信息定义:信息就是信息,信息是物质、能量、信息及其属性的标示。

信息作为独立研究对象,从本体论的意义上来说,是事物运动的状态和状态改变的方式。这里的事物指外部世界物质客体,或主观世界精神现象;运动指物体空间位移,或一切意义上的变化;运动的状态即事物在特定时空中的性状和形态;状态改变的方式即事物运动状态随时空变化而改变的具体样式。从认识论的意义上来说,是主体所感知的事物运动状态和状态改变方式,包括主体关心的这些运动状态及其变化方式的形式、含义和价值,也称全信息。因为它同时考虑了事物运动状态及其变化方式的形式(语法信息)、含义(语义信息)和价值(语用信息),是三者的统一体。

对象和主体以及将它们联系在一起的信息构成了抽象系统,如图1-1所示。对象运动的状态和状态变化方式是一种本体论意义的信息;被主体所感知的对象运动状态及

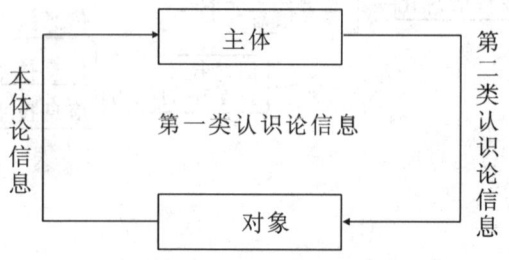

图1-1 两类认识论意义的信息

其变化方式是一种认识论意义的信息,称第一类认识论意义的信息;由主体思维产生的运动状态及其变化方式(代表主体意志)称第二类认识论意义的信息。

当主体要与对象(即系统)打交道时,如图1-2所示,通过获取信息和传递信息的方式将对象的本体论信息转变为第一类认识论意义的信息,通过处理信息的方式深入认识系统的运动状态和方式,形成知识,达到认知;然后在此基础上"再生"第二类认识论意义的信息(策略信息),指明如何把系统由初始状态转变到目的状态的控制策略;控制的作用则是执行策略信息,产生控制行为,引导系统达到预定的目的状态,完成主体对对象施行的变革。

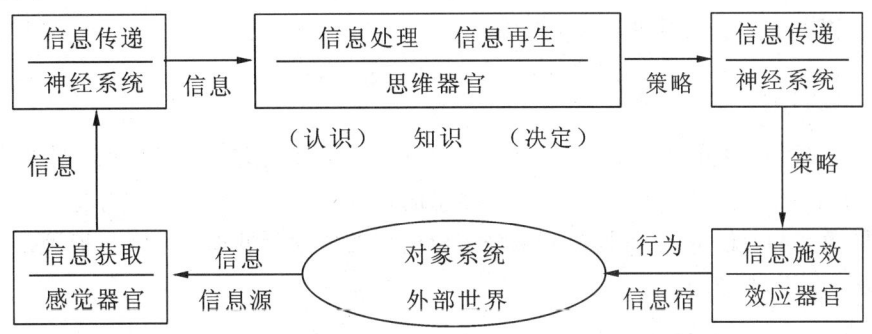

图1-2 典型的信息过程模型

典型信息过程模型具有特别重要的意义,它把信息科学的研究和人类自身的信息过程天然地联系起来,使人类自身信息过程和信息科学研究两者交相辉映、相得益彰。

信息具有如下特征:

①可量度。信息可采用某种度量单位进行度量,并进行信息编码。如现代计算机使用的二进制。

②可识别。信息可采取直观识别、比较识别和间接识别等多种方式把握。

③可转换。信息可以从一种形态转换为另一种形态。如自然信息可转换为语言、文字和图像等形态,也可转换为电磁波信号或计算机代码。

④可存储。信息可以存储。如大脑就是一个天然信息存储器;人类发明的文字、摄影、录音、录像以及计算机存储器等都可以进行信息存储。

⑤可处理。人脑就是最佳的信息处理器。人脑的思维功能可以进行决策、设计、研究、写作、改进、发明、创造等多种信息处理活动。计算机也具有信息处理功能。

⑥可转换。信息可以从一种形态转换为另一种形态。如自然信息可转换为语言、文字和图像等形态,也可转换为电磁波信号或计算机代码。

⑦可传递。信息传递是与物质和能量的传递同时进行的。语言、表情、动作、报刊、书籍、广播、电视、电话等是人类常用的信息传递方式。

⑧可再生。信息经过处理后,可以以其他形式再生。如自然信息经过人工处理后,可用语言或图形等方式再生成信息;输入计算机的各种数据文字等信息,可用显示、打印、绘图等方式再生成信息。

⑨可压缩。信息可以压缩,可以用不同的信息量来描述同一事物。人们常常用尽可

能少的信息量描述一件事物的主要特征。

⑩可利用。信息具有一定的实效性和可利用性。

⑪可共享。信息具有扩散性,可共享。

1.1.2 信息技术

信息技术的产生与发展,同其他科学技术一样存在着强烈的辅人性。现代信息技术是利用信息科学的原理和方法实现信息的采集、存储、传输、处理、使用等功能的一类技术,它主要包括用于信息采集的感测技术、用于信息传递的通信技术、用于信息处理的计算机技术和用于信息使用的控制技术等。

1.1.3 信息技术的发展历程

作为一般意义上的信息技术,其历史几乎和信息一样久远。各种使信息发挥作用的技术,古代是用手势、烽火台和驿站进行信息的传递和处理;现代则是用电话、电报、电视、传真、微波和通信卫星、计算机和网络进行信息的传递和处理。下面将梳理信息技术发展经历的五次革命。

1. 第一次信息技术革命——语言的产生和使用

发生在距今35000~50000年前。人类使用大脑存储信息,使用语言交流和传播信息。语言的产生是历史上最伟大的信息革命,它标志着人类信息活动的范围和效率的巨大提升,人类的信息活动从具体走向抽象。

2. 第二次信息技术革命——文字的创造

在3000多年前我国商代,出现了刻在龟甲或兽骨上的文字——甲骨文。从19世纪末至今,考古工作者陆续发现了大量刻有文字的甲骨。商代开始在青铜器上刻字铸字。文字打破了时间和空间的限制,使信息可以传得更久、更远。

3. 第三次信息技术革命——造纸术和印刷术的发明

在西汉时期,纸作为书写载体已经出现。纸的发明,使得信息的记载和传递有了轻便好用的载体,对世界文明产生了重大影响。印刷术,特别是活字印刷的应用,把知识和文化传播到了全世界。造纸术与印刷术的发明使人类信息传递的速度和范围急剧扩展,信息的存储能力进一步加强,并初步实现了广泛的信息共享,有力地推动了人类文明的发展。

4. 第四次信息技术革命——电信技术的普及

19世纪发明了电报、电话,开始了现代通信技术的发展。随着无线电的发明、光纤通信和卫星通信、电视技术的普及和应用,信息传播的速度和效率大大加快。

5. 第五次信息技术革命——电子计算机的普及、应用以及同现代通信技术的结合

第一台数字电子计算机出现在 1946 年,从此人类信息处理达到一体化和自动化。电子计算机可以模拟并代替人脑的部分思维功能,扩大了人类信息处理能力,实现了信息资源共享。由此,计算机广泛渗透到人类社会生产、生活中的各个领域,为人类社会从工业化社会向信息化社会过渡创造了条件。

1.2 信息技术在教学中的应用

信息技术的教学应用已成为教育技术和信息技术教育领域关注和研究的热点,信息技术教学应用会给教育教学带来哪些影响,如何在教学中发挥信息技术的优势而又避免可能产生的负面影响,等等,这些已成为必须面对、需要探究和解决的问题。

1.2.1 信息技术在教学中具有的优势

与传统媒体相比,现代信息技术在教学中具有明显的优势,主要表现在五个方面。

1. 信息处理的自动化和高速度

教师和学生可以利用信息技术的这一特性更方便地检索、获取、加工、利用、评价、创造和发布信息,有利于提高教学活动的效果和效率。借助这一潜在优势,教师和学生可以减少简单、机械的信息加工活动,而集中精力进行高水平的思维活动,包括:利用电子表格、数据库等工具分析数据资料蕴含的规律,发现和形成问题,寻找答案以及解释和呈现研究结果;利用计算机辅助测验系统或其他教学测评工具进行形成性评价和总结性评价,利用计算机管理教学工具更方便地对与教学有关的信息进行管理和分析;通过网络搜索引擎、数据库检索等更快速地查询、获取、下载所需要的信息,并对下载的信息进行评价、选择和整合利用;利用用户友好的网页创作工具设计、发布网上信息,将自己创新性的结果公布在网上。

2. 信息表征方式的多媒体化和非线性

信息技术能够为教学提供多媒体教学资源,从而激发学生的学习兴趣,拓展经验,促进对知识的理解和记忆。另外,超文本技术实现了信息的非线性组织,各种信息之间有丰富的链接,构成了立体的信息空间。因此,学生可以按照自己的思路进行学习,更好地适应每个学生的学习风格和学习进度。借助这一优势,教师和学生可以进行教学演示,让学生通过多种感官获得丰富的经验,并可以对演示过程进行自主控制;促进知识的可视化,促进学生对知识的深入加工;获取丰富的、不同类型的信息;丰富、扩展对学习主题的理解,表现自己的感受、知识、见解等。

3. 信息利用的动态交互性

计算机能针对用户的操作提供快速、动态的反馈和响应。动态交互性表现在：学生可以选择自己需要的学习内容，添加和扩充信息，回答问题，并得到计算机的反馈评价信息；对计算机模拟、建模以及虚拟现实场景等进行操纵和实验探索，建构自己的理解或通过虚拟现实工具进行虚拟实验、虚拟训练、虚拟参观，获得逼真的、动态的经验感受，培训实际技能，发现规律。

4. 信息共享与交流的灵活性和跨时空性

网络为教育提供了信息共享与交流的有效方式，包括同步交互和异步交互，可以是一对一的交互，也可以是一对多、多对多的交互，这大大促进学生、教师、家长、社区以及学科专家之间的跨越时空的沟通交流。利用网络可以实现优秀教学资源的全球共享、及时更新；远程教学和远程指导；利用电子邮件、BBS、聊天室等可以实现教师与学生彼此之间的交流沟通；各种网络工具还可以支持协同工作、合作学习。

5. 对学生的学习和思维的发展等产生影响

（1）促进学生的学习行为

当信息技术的应用能适应学生的能力和先前的经验，以及用信息技术为学生提供反馈和为教师提供关于学生的行为或进步；将信息技术与教学进行有效整合；将信息技术用于为学生提供设计和执行扩展课程内容的课题；利用信息技术为学生提供协作的机会；直接用于支持被评价的课程目标；使用信息技术支持教师、学校社区、学校和地区行政管理者。这些情况下信息技术都会促进学生的学习行为。

（2）提高学生的高水平思维技能

引导学生参与问题解决过程，并允许他们在问题解决中使用信息技术；让学生以小组协作方式利用计算机解决问题，信息技术能够促进学生的高水平思维技能的发展。当学生将信息技术用作通信工具以呈现、公布和共享他们的项目成果时，信息技术能够促进批判性思维技能的发展。

（3）激发学生的学习动机和兴趣

当学生使用计算机调整问题和任务，把自己的成功实践扩大到最大限度时；当学生将信息技术用作产生、论证并与他们的同龄人、教师和父母共享他们的工作成果时；学生使用他们喜欢的、富有挑战性的游戏程序和设计好的技术应用，以开发他们的基本技能和知识时，信息技术能够激发学生的学习动机、态度和兴趣。

（4）帮助学生成为未来的劳动者

当学生学习将要在实际工作中使用的技术，如文字处理、计算机辅助绘图、网站开发、程序设计等，信息技术能够帮助学生做好成为未来的劳动者的准备。

1.2.2　信息技术教学应用

2010 年 7 月颁布的《国家中长期教育改革和发展规划纲要（2010—2020 年）》中提

出:"信息技术对教育发展具有革命性影响,必须予以高度重视"。这里的"革命性影响",应理解为颠覆性的变革,就像文字的出现虽然只改变了信息记录方式,却颠覆了"口耳相传"式的知识传承模式一样,信息技术将全面渗透到教育的各个环节,彻底变革现行教育。

严格地说,无论是教学还是教育都离不开信息技术。信息技术在教学中有着广泛的应用,归纳起来主要表现在教学和管理两方面:

在教学中,信息技术又扮演两种角色:一是作为学习目标;二是作为提供资源和辅助学习的工具。信息技术的教学应用不仅改变了传统教学的教学方法和手段,而且对传统的教学思想、教学体制、教学管理和教学评价等都产生巨大的冲击。尤其是在提高教学效率,有效地促进学生对所学知识的深刻理解方面,以及培养学生获取信息、传输信息、加工处理信息和发布信息的能力等方面,都是传统教学难以或无法实现的,而这些又是当今社会对教育、教学提出的迫切要求和应实现的目标。

在管理方面,目前国内各级各类学校普遍都在进行信息化建设,其中,学校数据库管理、课程管理、学生学籍信息管理、校园卡管理等方面均得到信息技术的有力支持。信息技术对教育管理的影响是全面的、深刻的、革命性的。随着信息技术在教育管理领域的全面渗透,教育管理在内容、方法、模式,以至于对管理者的要求等方面,都会产生巨大的变化。特别是当今大数据时代的来临,信息技术为教育管理的全方位、精确化等方面能够提供更强大的支撑。

随着信息技术的迅速发展及其广泛应用,信息技术教育成为世界各国教育领域关注的课题,除追求信息技术的系统性、科学性和专业性外,各项研究更加强调的是信息技术的应用性,即培养学生应用信息技术的意识、能力以及关注应用信息技术中的伦理道德问题。

1.2.3 信息技术教育应用之展望

电子书包、无边界学习、云服务、移动终端伴随学习……在信息技术发展日新月异的今天,教育领域中信息技术的应用也在不断进行着新的尝试和探索。

在经历了轰轰烈烈的基础网络建设、资源库建设、人才队伍建设之后,教育领域对信息技术的应用呈现出实用、深入、创新的特点。从实用角度来看,现已得到广泛应用的学籍管理平台、学生报名系统、网络教研平台、课程管理系统等,都以其方便、快捷的特点,大大提高了效率。从深入角度来看,将信息技术与教育教学的不同方面进行深度融合,开发出如学生学业质量分析、反馈与指导系统,学科自适应测试平台,课堂教学平台,学生综合素质评价系统等,有针对性地提高了教育教学质量。从创新角度来看,创造性地进行网络课程开发、建立视频播客平台,将最新的云技术、泛在网络等引入课堂,为学习者带来一幅全新的学习图景。

未来,无处不在的信息技术将成为每个人时刻相伴相随的生命环境。我们以怎样的态度和实践来吸纳信息技术,必将决定未来我们的教育能否跟得上时代的发展。

1.3 教育信息化

信息和通信技术,毫无疑问是向那些教育落后、遭受饥饿困扰的国家和地区传播知识和信息,并使之摆脱贫困走向富裕的最有效的途径,而这些信息知识也正是教育的核心内容。

信息和通信技术成为教育内容和方法变革的主要工具,因此必须满足日益增长的信息技术教育和培训需求方面的变革,以适应面临的全球化和知识社会的需要。作为教育的一种工具,信息和通信技术应对现在和未来的需求不仅是重要的、必不可少的,而且也是可以实现的。

1.3.1 教育信息化的概念

教育信息化这一概念来源于"信息化"。这里存在一个合理的逻辑,即教育系统只是整个社会系统的一个子系统,整个社会的信息化理所当然要把教育信息化包括在内。所以学界对教育信息化的界定可以说是直接或间接地受承于人们对信息化的理解。

教育信息化是指在教育过程中比较全面地运用以计算机多媒体和网络通信为基础的现代化信息技术,促进教育系统的全面改革,使之适应正在到来的信息化社会对于教育发展的新要求。教育信息化不仅仅是教育形式和学习方式的重大变化,更重要的是对教育思想、观念、模式、内容和方法产生深刻影响,对深化教育改革、实施素质教育具有重大的意义。

所谓教育信息化,指的是在教育系统内由于信息技术的广泛使用而引起的信息文化衍生、发展,并培育信息文明的过程。

我们认为,教育信息化的目的是要通过对信息技术的利用,带动教育系统内的各个方面的变动;借助信息技术的广泛应用带来的信息文化的衍生和发展,来培育信息文明。所以,教育信息化的目的不是信息技术的使用本身,信息技术的使用本身只是手段,我们追求的应该是培育高度的信息文明,是为了人类福祉的最终实现。这也就是教育信息化的终极关怀。其中存在着三个阶段:首先是信息技术在教育系统的使用;其次,是信息文化的衍生与发展;再次,是培育出高度的信息文明和实现人类福祉。

由此可见,教育信息化是实现现代信息技术与教育整合的过程;信息化教育是现代信息技术与教育整合后的表现形态。因此,教育信息化是一个追求信息化教育的过程。

1.3.2 教育信息化的起源、内容和意义

1. 教育信息化的起源

20世纪末以来,现代信息技术的发展突飞猛进,以计算机和互联网为代表的信息技术推动人类社会进入信息化的时代,信息社会将要或正在从根本上改变人类的生存方式,以及改变人类的教育方式和学习方式。教育信息化的概念是在20世纪90年代伴随

着信息高速公路的兴建而提出来的。美国克林顿政府于1993年9月正式提出建设"国家信息基础设施"(俗称"信息高速公路")的计划,其核心是发展以Internet为核心的综合化信息服务体系和推进信息技术在社会各领域的广泛应用,特别是把信息技术在教育中的应用作为实施面向21世纪教育改革的重要途径。美国的这一举动引起了世界各国的积极响应,世界各国相继制定了推进本国教育信息化的计划。纵观世界各地的教育信息化发展趋势,有人将之概括为四句话,即"美国一马当先,欧洲稳步前进,亚洲后来居上,中国奋起直追"。

2. 教育信息化的内容

教育信息化的内容是信息技术在教育中的应用,其具体内容主要包括:

(1) 教育信息环境的完善

环境是指用于学习的环境,用于教育信息存储、处理和传递的信息环境。教育信息环境主要包括用于远程教育的信息网络系统、学校的校园网、多媒体教室等,用于教和学的各种支援系统以及用于各种教育资源、教育设施管理的管理信息系统。

(2) 教育资源的建设和使用

教育资源在教育中的应用具有更为直接的作用。教育过程主要是通过各种教育资源的应用予以展开和控制的。对各种教育信息资源的生成、分析、处理、传递和利用应根据教育信息的特点、教育过程的要求展开。

(3) 人才的培养

教育信息化的根本目的是推进素质教育,实现创新人才的培养。面向信息社会的新世纪人才应具备的一项基本素质是信息能力。它是信息社会中每一个人赖以生活、用于学习的基本能力,是进入信息社会的通行证,是实现国家信息化的重要基础和保证。

1.3.3 教育信息化的要素

作为一个行业的信息化,教育信息化包含教育信息化的技术基础(信息网络建设、信息技术应用)、数字化教育资源、信息化人才培养、信息技术和产业、信息化法规和标准等五个主要方面,构成了教育信息化的五大要素。它们是一个有机整体,共同构成了完整的教育信息化体系。

1. 教育信息化技术基础

教育信息化技术基础主要包含信息网络建设和信息技术的应用两大方面。

信息网络既是教育信息化建设的主体,又是实现教育信息化的物质基础和先决条件。我国目前已经建成并启用的中国教育与科研网、中国卫星宽带远程教育网络、中小学"校校通"工程、高校"数字校园"建设工程,以及应用于学校教学的多媒体综合教室、网络教室、语言实验室、电子阅览室、闭路电视系统等等,都是教育信息化中信息网络基础设施建设的重要内容。这一系列教育信息化基础设施的建设既是我国教育信息化建设的重大成就,也为我国教育信息化的进一步发展奠定了坚实的基础,同时也为信息化教育的实施创造了必要的条件。

信息技术的教育应用是教育信息化建设的根本出发点。有了信息网络和信息资源这些基础条件后,信息技术的教育应用便成为教育信息化的主角。如何因地制宜地做好与教学手段密切相关的硬件以及软件建设,并由此在教育信息化建设环境上建立与教育对象、教育内容相适应的信息化教育模式,与此同时,在不同层次开展教学管理的理论研究与实践,是教育领域信息技术教育应用的主要任务。教育信息化建设的水平和效益主要体现在应用这一环节。

2. 数字化教育资源

数字化教育资源是用于教育和教学过程的各种信息资源,它的开发和利用是教育信息化建设成败的关键。教育资源建设是实施教育信息化建设的核心内容,要努力丰富教育资源,才能使教育信息化建设落到实处。教育资源可以是与教学内容密切相关的文字、图片、声音、视频等。教育资源要用先进的数字化视、音频技术,实现文字、图形、图像和声音的同步传输,并要符合网络标准、有优良的交互控制。

数字化教育资源可分为两大类:一类是以教育信息为主要内容的教育软件资源;另一类是以管理信息系统的基础数据为主要内容的教育管理信息资源。数字化教育资源在教育中的应用最为直接,教育过程即是通过各种教育资源的应用予以展开和控制的。对各种教育信息资源的生成、整理、分析、处理、传递和应用,应根据教育信息的特点、教育过程的要求展开。

3. 信息化人才培养

若将教育看作是"产业",那么其可以被称之为超知识密集型产业。教育和教育信息化主要取决于教育人员的知识结构、创新精神和开拓能力。毫不夸张地说,人才是教育的生命,也是教育信息化的生命。

为了实现教育信息化,人才要先行,我国现在需要培养大量掌握信息技术知识、具备信息技术应用能力的教育信息化人才。教育信息化的根本目的是实现教育现代化,培养创新人才。面向信息社会的创新人才应具备的一项基本素质就是信息能力。它不仅是教育领域内的事情,更是信息社会中每一个人赖以生存的,用于学习、成长、进步的一项基本能力。

4. 信息技术和开发

信息技术是教育信息化的技术支柱,是教育信息化的驱动力。在教育信息化过程中,开展信息技术研究,不仅可以丰富教育信息化的研究内容,更重要的是可以将新的、更加有效的物态化技术和智能形态的技术应用于信息化教育中,提高信息化教育的质量和效果。

5. 信息化法规和标准

教育信息化是一项系统工程,为确保我国教育信息化工作的顺利进行,国家政府及相关部门必须对教育信息资源开发、教育信息网络建设、教育信息技术应用、教育信息技术和产业等各个方面制定一系列政策、法规和标准,建立一套完善的促进信息化建设的政策、法规环境和标准体系,以规范和协调各要素之间的关系,这既是教育信息化健康发展的重要条件和保障,也是开展教育信息化的依据和蓝图。

学习活动建议

本章教学重点是了解信息技术及其发展历程,以及信息技术在教学中的应用。建议学生可以开展以下活动(可选)。

活动1:结合自己的中小学状况,了解信息技术在中小学的应用现状,以及存在的问题,并思考相应的解决措施。

活动2:查找相关资料,了解优秀的教学资源的标准。

活动3:联系实际,讨论信息技术的应用为我们的生活学习带来哪些便利,以及积极影响和消极影响。

活动4:查找资料并结合实际,思考优秀的信息技术教师应该具备的知识素养和技术素养。

参考文献

[1] 程玉.浅论信息技术的发展历程及主要应用[J].电脑知识与技术,2008,3(7):19-20.

[2] 杨强.信息技术的发展历程及其未来趋势[J].魅力中国,2009(7).

[3] 师书恩.信息技术教育应用[M].北京:高等教育出版社,2004.

[4] 吴金南,郝斌.国外信息技术能力研究前沿探析与理论拓展[J].科技进步与对策,2012,29(8):155-160.

[5] 肖玉玲.收获在信息技术前沿[J].中国气象报,2008(1).

第 2 章　计算机技术与教育

【导言】

在人类诞生之初,计算便随之产生。最早的计算需求来自原始部落对食物的分配,最早的计算工具可能就是人类的手指。随着人类生产力的提高,手指不够用了,出现了用石头、树枝、贝壳、结绳、刻画、算盘等计数方法,直到计算机的出现。计算机的发明,大大加快了人们的计算速度,最终将人类从繁重的体力和脑力劳动中解放出来,深刻地影响着人们的生活方式、工作方式和学习方式。计算机成为现代人生存必备的工具。因此,了解计算机的相关知识是非常重要的。本章主要介绍计算机技术的基本内容及其在教育领域中的主要应用。首先介绍计算机技术的基本内容,包括计算机技术概念,计算机的发明历程,计算机的组成和类型,推动计算机发展的几种关键技术以及计算机的发展趋势。其次又从近几年迅速发展的电子书包介绍计算机在教育中的典型应用,并探讨了计算机教育中的负面影响。

【思维导图】

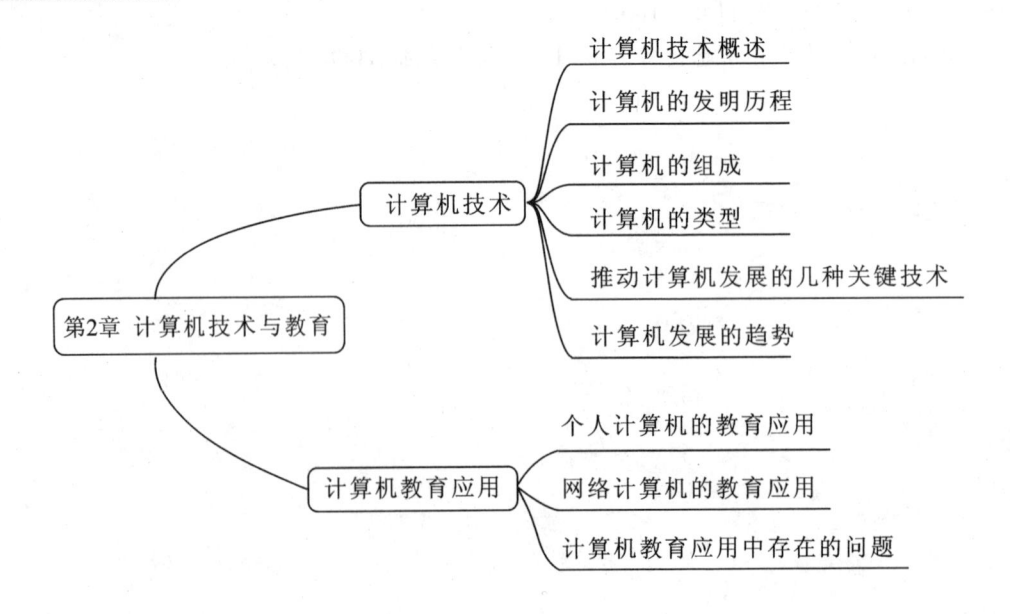

第2章 计算机技术与教育
- 计算机技术
  - 计算机技术概述
  - 计算机的发明历程
  - 计算机的组成
  - 计算机的类型
  - 推动计算机发展的几种关键技术
  - 计算机发展的趋势
- 计算机教育应用
  - 个人计算机的教育应用
  - 网络计算机的教育应用
  - 计算机教育应用中存在的问题

【学习目标】

通过对本章内容的学习,学生应该能够做到:
1. 区别"计算机技术"和"计算机科学"。
2. 简述计算机的发展历程,并能列举出计算机发展史上关键人物。
3. 能画出计算机硬件系统的结构示意图,并能简单描述出各部分的特征和功能。
4. 能说出各类计算机的功能特点和适用范围。
5. 了解影响计算机发展的几种关键技术,并掌握其最新发展动态。
6. 从教与学的角度阐述计算机在教育中的应用以及对教师和学生产生的影响。
7. 基于电子书包和智慧教室简述网络计算机在教育中的应用。
8. 理解计算机支持的协作学习的内涵、特点和基本系统结构。

2.1 计算机技术

无论你是否留意,世界正在步入一个新的历史时期,那就是以"知识经济""信息爆炸""地球村"等新概念为标志的崭新时代。这一切的到来与计算机技术的高度发展密不可分,以计算机为核心的信息技术正在改变着我们的工作、生活、交流、教育、娱乐等方式。如果我们仍无视计算机应用的存在,必将会被世界淘汰。

2.1.1 计算机技术概述

计算机技术作为信息技术的核心技术,已成为世界各国经济增长的主要动力。计算机科学是研究计算机的设计、制造和利用计算机进行信息获取、表示、存储、处理、控制等理论、原则、方法和技术的学科。它包括科学和技术两个方面。

①计算机科学侧重研究现象、揭示规律。

②计算机技术侧重研制计算机和使用计算机进行信息处理的方法和技术手段,包括计算机系统设计、分布式计算机系统、新型计算机体系结构、计算机语言及其处理系统、操作系统、数据处理、算法设计、人工智能、专家系统、图像处理与图形学、计算机网络与通信技术、计算机安全技术、计算机外部设备技术等。

2.1.2 计算机的发展历程

从1946年第一台电子计算机诞生至今,计算机的发展经历了"五代变革"。第一代是电子管计算机,第二代是晶体管计算机,第三代是集成电路计算机,第四代是大规模集成电路计算机。目前正在向第五代智能计算机过渡,已经取得了很大突破,分子计算机、光子计算机、生物计算机都在加速研究中。计算机技术正孕育着重大变革,从而向人们展现人类将制造出"会思考"的机器的美好前景。

2.1.3 计算机的组成

一个完整的计算机系统应当包括硬件系统和软件系统两大部分。硬件系统是指组成计算机的各种物理设备,包括计算机的主机和外部设备;软件系统则是指管理计算机软件系统和硬件系统资源、控制计算机运行的程序、命令、指令、数据等。广义上说,软件还包括电子和非电子的有关说明资料,如 README.TXT、说明书、用户指南、操作手册等。计算机是依靠硬件和软件的协同工作来执行具体任务的。

一般来说,计算机硬件是由 CPU、内部存储器、外部存储器、输入设备、输出设备等 5 个基本逻辑部件组成。

1. CPU

CPU 又称为中央处理器,由控制器和运算器组成,通常集成在一块芯片上,是计算机系统的核心设备。计算机以 CPU 为中心,输入和输出设备与存储器间的数据传输和处理都通过 CPU 控制执行。控制器是计算机的指挥中心,根据指令操纵计算机各个部件,使它们协调工作。运算器负责完成各种算术运算和逻辑运算。

2. 内部存储器

内部存储器(简称内存,又称主存储器)是计算机用于直接存取程序和数据的部件,计算机在执行程序前必须将程序装入内存中。内存又分为只读存储器 ROM 和随机存取存储器 RAM 两类。

3. 外部存储器

外部存储器(简称外存,又称辅助存储器)主要用来长期存放"暂时不用"的程序和数据,这些数据必须送到内存后才能由 CPU 进行处理。它速度慢,容量大,价格低,可以移动,便于不同计算机之间进行信息交流。常用的外存有软盘、硬盘、光盘和闪存等。

①软盘通常采用磁介质作为存储材料,是个人计算机中最早使用的可移动介质。软盘因容量较小且容易损坏,已逐渐被 U 盘所取代。

②硬盘通常采用磁介质作为存储材料,是由若干片硬盘片组成的盘片组,一般被固定在计算机机箱内。

③移动硬盘是一种以硬盘为存储介质,强调便携性的存储产品。

④光盘主要分为只读式、一次写入、多次读出式与可读写式三类。

⑤闪存存储器是采用 USB 接口和闪存技术,且方便携带、外观精美时尚的移动存储器。它以 Flash Memory 为介质,具有可多次擦写、速度快、防磁、防震、防潮的优点。

4. 输入设备

输入设备是用来接收用户输入原始数据与程序,并将它们变成计算机能识别的二进制数据存放到内存中。常用的输入设备有键盘、鼠标、扫描仪、荧光笔、摄像头等。

5. 输出设备

输出设备用于将存放在内存中、由计算机处理结果转变为人们所能接受的形式输出。常用的输出设备有显示器、打印机、绘图仪等。

2.1.4 计算机的类型

按照组成计算机的规模大小,常见的是将计算机分为巨型机、大型机、小型机、工作站、微型机和嵌入式计算机等几类。由于计算机技术的飞速发展,各种类型计算机之间的界限也变得越来越模糊。

(1) 巨型机

巨型机产生于 20 世纪 70 年代,运算速度超过 1 亿次每秒,存储容量大,主存容量甚至超过几千兆字节。其结构复杂,价格昂贵,研制这类巨型机是现代科学技术,尤其是国防尖端技术发展的需要。如大范围天气预报、卫星照片处理、研究洲际导弹、宇宙飞船、制定国民经济的发展计划等,依靠巨型计算机能较顺利地完成。

(2) 大型机

直到 20 世纪 60 年代后期,大型机才被研制出来。它的运算速度一般在 100 万次每秒至几千万次每秒,字长 32～64 位,主存容量在几百兆字节以上。它有比较完善的指令系统、丰富的外部设备和功能齐全的软件系统。其特点是通用,有极强的综合处理能力,主要应用于大银行、政府部门、金融行业、大型企业、大学等。

(3) 小型机

小型计算机一般为中小企事业单位或某一部门所用,美国 DEC 公司生产的 VAX 系列机、IBM 公司生产的 AS/400 机,以及我国生产的太极系列都是小型机的代表。

(4) 工作站

工作站是 20 世纪 80 年代兴起面向工程技术人员的计算机系统,它以个人计算机和分布式网络计算为基础,具备强大的数据运算与图形、图像处理能力,主要应用于动画制作、科学研究、软件开发、金融管理、信息服务、模拟仿真等专业领域。

(5) 微型机

微型机采用微处理器、半导体存储器和输入输出接口等芯片组装,使得微型机具有设计先进、软件丰富、功能齐全、价格便宜、可靠性高、使用方便等特点。

(6) 嵌入式计算机

嵌入于宿主设备,智能地完成宿主设备功能的计算机就是嵌入式计算机,或简称为嵌入式。尽管嵌入式一词是在 20 世纪 80 年代中期由 Intel 公司率先使用,但如今嵌入式一词在计算机科学领域广为流传。尽管嵌入式与主从的服务关系依然未变,但嵌入式的构成却发生了巨大的变化。新一代嵌入式计算机的主要特征是:系统内核小、专用性强、系统精简。现多应用于手机、电视机顶盒、数码相机、电视机、汽车、遥控电风扇、电子显示屏等等。

2.1.5 推动计算机发展的几种关键技术

计算机的飞速发展离不开芯片技术、接口技术、显示技术、存储技术等关键技术的发展。

1. 芯片技术

芯片技术与计算机是密不可分的。先进的微电子技术制造出先进的芯片,而先进的计算机则是由先进的芯片组成的。芯片是微电子技术的结晶,是计算机的核心。按功能划分,芯片有三种类型:处理器、记忆芯片和特定功能芯片。

(1)处理器

处理器又可从其应用范围细分为通用处理器、嵌入处理器、数字信号处理器、数学协处理器(别称:数字或算术协处理器)。大部分处理器都具有用户编程性,常用的编程语言为 C 语言和 ASSEMBLY。计算机里的 CPU 是通用处理器,PDA 里面是嵌入处理器,高清晰电视机里面是数字信号处理器,大多数计算机里都有一个专职算术的数学协处理器。

(2)记忆芯片

这种芯片的分类比较复杂,常见的有以读写、记忆更新性、电源依赖性、标准、外观、类别、整体性等方面的分类。此外,还有其他各种各样的非主流记忆芯片种类。

(3)特定功能芯片

比如记忆管理芯片、以太网控制器、IO 控制器、显示芯片等。

随着技术的不断发展和更新,微电子技术、计算机技术与生物技术、纳米技术等先进技术逐渐结合,出现了基因芯片、蛋白芯片、分子芯片等。同时伴随着芯片集成度的提高,芯片从单功能向多功能方向发展,"多核"芯片成为研发的主流。

2. 接口技术

接口是指两个电路或设备之间的分界面或连接点。接口技术是采用硬件和软件技术相结合的方法,研究微处理器和外部世界之间如何实现安全、可靠、高效的信息交换的技术。

接口有存储器接口和 I/O 接口。I/O 接口的功能是负责实现 CPU 通过系统总线把 I/O 电路和外围设备联系在一起,具体是设置数据的寄存、缓冲逻辑,以适应 CPU 与外设之间的速度差异,接口通常由一些寄存器或 RAM 组成,如果芯片足够大还可以实现批量数据的传输。

3. 显示技术

图形的显示及处理是计算机必须具备的功能之一。与符合"摩尔定律"的 CPU 发展相比,显示技术发展得较为平缓。

(1) 显示器

显示器是一种将一定的电子文件通过特定的传输设备显示到屏幕上再反射到人眼的显示工具。根据制造材料的不同，显示器可分为阴极射线管显示器(CRT)、离子显示器 PDP、液晶显示器 LCD 等。按屏幕表面曲度，显示器可分为球面、平面直角、柱面、完全平面四种。

(2) 显卡

显示器的显示效果与显卡工作性能密切相关。显卡在计算机中的主要作用就是在程序运行时根据 CPU 提供的指令和有关数据，将程序运行的过程和结果进行相应的处理，并转换成显示器能够接受的文字和图形显示信号后，经过屏幕显示，以便为用户提供继续或者程序运行的判断依据。即显示器必须依靠显卡提供的显示信号才能显示各种字符和图像。

4. 网络存储技术

计算机的发展从单片机时代开始，历经客户服务器时代和互联网时代之后，现在正逐步走向网络时代。网络数据存储中一般有三种存储技术：直连存储(DAS)、网络直连存储(NAS)和存储区域网络(SAN)。其中，DAS 是一种将存储介质直接安装在服务器上或者安装在服务器外的存储方式；NAS 采用面向用户设计的、专门用于数据存储的简化操作系统，内置有与网络连接所需的协议，因此使整个系统的管理和设置较简单；SAN 作为存储解决方案中的重要一员，是最昂贵的，同时也是最复杂的。当前，数据存储技术是在 NAS 和 SAN 这两种基本架构的基础上迅速发展的。占据主流市场的有六大存储：DAS 存储、磁盘阵列、NAS 网络存储、SAN 网络存储、IP 网络存储、ISCSI(Internet Small Computer System Interfuce) Internet 小型计算机系统接口技术。

2.1.6 计算机的发展趋势

1. 光计算机

光计算机充分利用光与电的特征，有着其他类型计算机无法比拟的优点：第一，光器件允许通过的光频率高、范围大，传输和处理的信息量极大；第二，信息传输中畸变和失真小，信息运算速度高，光计算机的运算速度在理论上可达每秒千亿次以上；第三，光传输和转换时，除激光源需要一定能量外，能量消耗极低。鉴于此，科学家们正在致力于这方面的研究。

2. 量子计算机

量子计算机是一种遵循量子力学规律，进行高速运算、存储及处理量子信息的物理装置，其运行的是量子算法，处理速度惊人，比传统计算机快数十亿倍。量子计算机具有"平行"运算处理的能力。量子计算机使计算的概念焕然一新，这是它与其他计算机，如光计算机等的不同之处。随着现代网络工程的迅速发展，量子计算机的研究正在迅速发展之中。

3. 化学计算机

化学计算机以化学制成品中的微观碳分子做信息载体实现信息的传输存储,因此,它具有更小的体积、更快的运算速度和巨大的运算能力,其信息传输速度甚至有可能比人脑思维速度还要快若干倍,具有十分诱人的发展前景。目前这方面的研究还处于探索阶段。

4. 生物计算机

计算机的主要原材料是生物工程技术产生的蛋白质分子,并以此作为生物芯片,生物芯片有天然独特的立体结构,其密度要比平面性的硅集成电路高出5个数量级。生物计算机芯片本身还具有并行处理的功能,运算速度比当今最新一代的计算机快10万倍,能量消耗仅相当于普通计算机的十亿分之一,存储信息的空间仅占百亿亿分之一。生物芯片一旦出现故障可以自我修复,具有自愈能力。

学习活动建议

本节教学重点是计算机技术概念、计算机硬件系统的组成、计算机的类型以及推动计算机发展的关键技术。建议学生开展以下活动:

活动1:利用思维导图软件画出本节的知识体系,包括计算机的发展历程、计算机硬件系统的组成、计算机的类型、推动计算机发展的关键技术、计算机发展的趋势。

活动2:回顾在日常生活和学习中,自己是如何利用计算机的,并思考计算机对自己的学习产生了哪些影响,包括积极的和消极的。

活动3:在学习"计算机硬件系统"时,查找有关如何组装计算机的资料,并亲自动手组装计算机。

活动4:通过查找相关的图书文献或利用网络搜索引擎,收集一些重要的计算机协会和组织,了解计算机技术的最新发展状况。

活动5:观察计算机在日常生活、工作和学习中的应用,并思考"计算机对于人类的发展来说,是否具有不可替代性"。

2.2 计算机教育应用

在信息时代,计算机已经成为人们工作、生活和学习不可或缺的工具。以计算机为核心的信息技术的高速发展,对教育产生了巨大冲击,改变了以往的教育观念、教育方式和学习方式,改变了资源分布形态和所属关系,以及教育教学的时空结构。以下从个人计算机和网络计算机的角度,介绍计算机在教育教学中的具体应用,从中来体会信息技术为教育带来的深刻变革。

2.2.1 个人计算机的教育应用

随着社会的发展,终身学习成为每一个人必须具备的能力。因此,计算机在人类学习的过程当中发挥着越来越重要的作用,成为必不可少的工具之一。

计算机以其快速、准确的处理能力,海量的存储空间,灵活的人机交互等特点,不论对教师还是学生来讲,都是一个功能强大的工具。

1. 具体应用

教师可以利用计算机作为教学工具,主要的应用有三个方面:

(1)计算机辅助教学(Computer-Assisted Instruction,CAI)

计算机辅助教学是计算机应用于教育的一种传统形式。交互式多媒体将各种媒体材料与计算机相连,使以文本和图形为基础的 CAI 变得图文并茂,吸引学习者注意力。智能计算机辅助教学(ICAI)是 CAI 未来的趋势。教师还可以利用计算机进行电子备课,提高工作效率。

(2)计算机管理教学(Computer-Managed Instruction,CMI)

由于教师工作的一部分是教学管理,这就要求教师关注学习者的学习进展,选择合适的教学策略,安排课程的内容和教学进度等。计算机在教学中能记录、收集、监控学习者的学习过程,辅助教师组织和管理教学,教师的工作由此便可以更有目的性和针对性。

(3)计算机辅助测验(Computer-Assisted Testing,CAT)

在教学过程中,测验是一个必不可少的环节,它包括测验的构造、组织以及评价。计算机在生成测验、组成测验和测验后分析各方面都能给教师以帮助。计算机的快速处理能力可以在极短的时间内完成对学生能力与水平、试卷编制、教学情况等教育信息的系列分析,为提高测试水平和教育质量创造条件。目前以计算机为基础的新测验日益受到重视,可以更真实地反映学习者的学习水平和特点。

学习者有了计算机这一协助学习的工具,可以通过计算机来获取信息、处理信息、展示和交流信息,从而让计算机真正变成了认知工具、效能工具和情感激励工具。

2. 应用实例

1)在一般学习中的应用

(1)语言学习

计算机辅助语言学习(Computer Assisted Language Learning,CALL)是语言教育中正在脱颖而出的新型方式,它建立在多媒体计算机和互联网的基础上。科技的发展使文字、图表、动画、录像可以直接从一台计算机上得到,这样学习者就能够按照自己的步骤,沿着自己选择的路径,利用多种媒介,在计算机和互联网上遨游。

English Discovery 是迄今为止比较先进的交互式多媒体语言学习课件,它的结构与设计是建立在建构主义学习理论基础上的,其特色是:学习是基于个人的探索;学习是基于个人的发现;学习者的学习意愿要被本能地激发;学习者应该有明确的学习动机和目标;学习是解决问题的过程;应当建立个性化的学习方式。English Discovery 允许并鼓励学习者使用"自由化的学习方式",来创建自己需要和感兴趣的学习模式;提供学习者所需的各种工具来帮助他们独立学习,并通过对比的手段来传达英语知识和文化成绩的真实反馈。很多语言学家都认可并推崇这种计算机辅助语言学习的方式和特点。English Discovery 允许学习者在一个"自主的环境"下进行学习,在这种环境下,学习者可以按照个人的需求和兴趣来建立自己的学习方法。该软件为真正的独立学习提供各种帮助,并以隐喻的方式传递各种反映有关英语在语言及文化方面实际情况的信息,同时具有电脑辅助语言学习功能。

(2) 体育训练

随着科学技术的发展,体育训练正从经验时代走向科技时代,现代科学技术已渗透到体育训练的各个环节,并起着越来越大的作用。计算机和信息处理技术对提高体育运动水平,特别是作为辅助训练手段,正发挥着不可忽视的作用。

除了最常见的利用多媒体技术进行教学外,计算机图像技术、虚拟仿真技术等在体育训练中的应用也越来越广泛。例如,利用计算机图像技术对运动技术视频图像进行二维和三维解析后,获取运动员技术表现的图像或数据信息,再通过科学的分析,评价技术训练水平,从而用直观的方式对运动员进行技术动作监控和评价,同时也能激发运动员学习动力和提高运动技术的兴趣。

2) 在特殊教育中的应用

自 20 世纪 70 年代以来,争取教育权利的平等和满足每一个儿童的特殊教育需要成为特殊教育发展的主流。在此潮流中,计算机在特殊教育中的应用给人们带来了新的希望,人们把计算机作为实现特殊教育目的的重要手段。

对于盲人,计算机及其系统的发明无疑为他们的学习和工作打开了一扇"窗"。盲用计算机装有盲文标注的键盘,可以帮助盲人凭借触觉直观地感觉出键位。同时,计算机还预装有能够"读电脑"的盲用语音软件,应用先进的语音合成技术,可以准确"读"出计算机屏幕信息;准确的鼠标位置语音判断功能,可以读出鼠标的位置、点击的图标名称和网页上的文字。

对于聋哑人,利用计算机进行口语翻译,能够有效地促进他们与外界进行交流。在进行人机对话的过程中,聋哑人要戴上一副特制的手套,计算机根据他打出的手语进行识别,通过语音合成系统就可以把图像信息翻译成语言信息。同时,系统还能够完成将正常人的语言翻译成有表情、动作的三维图像,从而最终达到与正常人之间进行交流的目的。

对于其他身体残疾的人,在高性能计算机和传感器的支持下,残疾人带上数据手套后,就能将自己的手势翻译成讲话的声音,配上目光跟踪装置后,就能将眼睛的动作翻译成手势、命令或讲话的语音。

对于智力有障碍的人,可以利用多媒体课件帮助他们进行反复的练习和训练,从而提高学习的效率。

2.2.2 网络计算机的教育应用

1. 网络计算机的特点

随着技术的发展,计算机系统逐渐迈向网络化,形成了庞大的计算机网络。它将分布在不同地理区域的计算机与专门的外部设备用通信线路互联成为规模大、功能强的网络系统,从而使人们可以方便地传递信息,共享硬件、软件、数据信息等资源。因此,网络计算机拥有了单个计算机无法比拟的功能。网络计算机的特点如下:

(1) 信息的存储与共享

个人计算机的存储容量十分有限,但是一旦接入网络成为网络计算机后,便可以将信息上传到服务器,从而节约个人计算机的存储空间,需要时再从服务器下载相应的信息。由于网上提供的服务越来越丰富便利,用户借助网络计算机极易获取信息的同时,也可以将资源与他人共享,从而丰富了网络信息,并减少资源开发的成本。

(2) 信息的发布

通过网络计算机,用户足不出户就能及时地了解如最新的国家教育政策、学校管理信息、课程通知等,用户也可以通过 BBS、E-mail、QQ 等将个人信息发布出去供他人阅读。

(3) 协作与交流

网络计算机扩大了用户的知识面与交流范围。用户能够通过网络学习课堂以外的知识,并与其他地区、国家的学习者、教师和专家进行交流。当用户独自无法完成某项学习任务时,也可以加入一些虚拟学习社区、网上联合项目等,与他人一起协同解决问题。

(4) 科学计算

当网络中的某计算机系统负荷超重时,可以将其处理的任务传送到网络中的其他计算机系统中,以提高整个系统的利用率。对于大型的综合性的科学计算和信息处理,可以通过算法将任务分散到网络中不同的计算机系统进行分布式处理。如通过联网计算机分析地球外空间的声音、利用教育网络处理图像数据等等。

2. 应用实例

在日常教学中,应用最广泛的计算机是可以联网的计算机。下面介绍几种网络计算机教育应用的实例。

1) 计算机支持的协作学习(CSCL)

CSCL 是由计算机支持的协同工作(CSCW)与协作学习(CL)的理论和方法相结合的产物,主要是指利用计算机技术(多媒体和网络)来辅助和支持协作学习。CSCL 借助多种类型的信息网络,一方面,可以实现远程交互式授课、讨论和辅导等,人们可以不受地域、时间的限制使用优质的教学资源;另一方面,可以通过协同式工作,异地共同完成某一教学或学习任务。

CSCL具有开放的时空环境,突破了传统的学校教育的时空界限,使得学习、交流、合作在更广阔的空间进行;丰富多样的多媒体教学信息,有利于仿真的协作学习情境的创设,激发学习者的学习兴趣;超媒体的信息组织方式,符合人类联想思维的特点,激发学习者自主探索知识的积极性;友好一致的交互界面、多样化的交互形式,促进展开各种形式的协作与会话,实现知识的意义构建;教学模式以学习者为中心,学习的协作性增强。

2)基于Web的协作学习学习环境及结构模型

基于Web的协作学习是CSCL的扩展,是指利用网络技术支持协作学习,包括电子邮件、电子公告牌、多媒体会议系统、在线数据库、协作文档编辑、远程协作学习系统、虚拟教室等。

利用Web技术构造的虚拟学习环境和界面是由三部分组成:共享协作空间、资源空间和个人私有空间。其中,所有协作学习的功能都是在协作学习服务器上实现的,用户的多媒体客户机与本地通信/协作服务器相连,通过Internet与协作学习服务器相连,完成异步通信和实时多媒体通信以及协作任务,从而构成了虚拟协作学习环境。系统采用Client/Server结构。协作学习服务器端存放学习资源,包括电子课件库、参考资料库、用户数据库等。组成系统的每一个代理都是自主完成某项任务或一系列任务的实体。本地通信/协作服务器主要功能是将协作学习服务器的信息广播给本地用户,并完成本地用户间的协作工作,其协作代理对参与者进行登记(包括参与者的标识、身份、参与的应用)并加入到用户数据库中。当参与者参与讨论时,还要控制本地成员之间的信息通信,完成定向发送、接收和处理协作信息的任务。在协作学习服务端,协作代理是群体协作学习的组织者,对学习者的状态、行为和权限进行管理,包括发言权的请求及释放等。当协作代理检测到某些参与者提出协作学习的申请时,首先对申请者进行身份认证并确定其权限,随后将其加入到应用中。协作学习服务器协作代理是发言的授权者,所有讨论内容都是在共享协作窗口内进行的。

3)国外网络协作学习支撑平台

国外比较有特色的网络协作学习支撑平台如下:

WEB CT是由British Columbia大学计算机科学系开发,包括会议系统、在线聊天、学习者学习过程跟踪、小组项目组织、学习者自我评价、成绩管理与发布、访问控制导航、课程内容搜索等功能。

Virtual-U是由加拿大Simon Fraser大学开发的基于Web的教学和培训集成工具,它可以使教师方便地建立和管理协作小组,创建会议以方便主题讨论,允许学习者进行角色扮演、插入多媒体素材等。

WISH(Web Instructional Services Headquarters)是由美国宾夕法尼亚州立大学开发,包括课堂管理、电子通信、课程公告牌、电子白板、实时音频系统、邮件列表等系统模块。该系统的特点是提供教学资源管理服务,网络教学功能通过一些通用的工具实现。

LUVIT(Lunder University Virtual Interactive Tool)是第四代远程教育工具中较先进的

一种。主要功能有电子邮件、新闻论坛、分散式聊天、视频会议、电子白板、个人主页等。

ClassFronter(课堂先锋)是由挪威 Fronter 公司开发的网络教学平台。它提供了 40 多个模块，包括日历表、活动计划、联系人名单、聊天室、论坛、写字板、测试等部分。可以实现多个学习者实时合作书写同一文件的功能。

PREP 是由卡内基梅隆大学开发的写作工具。PREP 使用两位的文本表格，类似于展开的表单，学习者独立工作。文本被分割成水平的、每个学习者都可以处理的部分。学习者可能会对自己的部分进行评论、重写或编辑。另外，允许他们浏览其他学习者处理的部分。这样通过使用 PREP，学习者开发了自己的文本部分，也能了解其他人的工作。PREP 在处理诸如类型、句子分析和段落结构等问题时很有用，而对于全面组织和文档结构这样大型的问题用处则较少。

4) 智慧教室

随着智慧社区、智慧城市、智慧校园等新兴概念不断涌现，智慧教室的兴起也是一种必然的趋势。随着"个人探究""小组协作"等多种教学模式的不断出现，原本以支持知识传授为主的教室环境无法满足当前课堂教学在功能多样性方面的实际需求，普通教室、多媒体教室和网络教室在设计上亟待改善。如果分别从"内容呈现""资源获取"和"及时交互"三个维度来增强教室的设计，可把教室建成高清晰型、深体验型和强交互型三种典型的智慧教室。

"高清晰"型智慧教室更多应用于"传递—接受"式教学模式，该教学模式的产生背景和美国著名教育心理学家奥苏贝尔提出的有意义接受学习理论有直接的关系，该理论认为，学习者的学习主要是接受学习，而不是发现学习，即学习者主要通过教师讲授和呈现的材料来掌握前人的知识与经验。但这种接受学习应该是有意义的，而不是机械的；为此，新知识必须与原有认识、原有观念之间建立适当的、有意义的联系。

"深体验"型智慧教室更多应用于探究性的教学模式，该模式是指在教学过程中，学习者在教师的指导下，通过以"自主、探究、合作"为特征的学习方式，对当前教学内容中的主要知识点进行自主学习、深入探究并进行小组合作交流，从而较好地达到课程标准中关于认知目标与情感目标要求的一种教学模式。

"强交互"型智慧教室更多应用于小组的协作学习，它是以小组活动为主体进行的一种教学活动，学习者之间的互相合作、相互作用是教学活动赖以进行的动力源泉。

智慧教室的特点表现在：无处不在的泛感知，各种各样的学习资源可以随时随地地进行采集，不再受地域和时间的限制；泛在的智能通道，即公网与校园网相结合，有线与无线相互补充，实现高效、稳定的网络保障教育资源；云计算数据中心，解决信息孤岛的问题，实现各机构信息关联共享；丰富全面的教育应用，制订多样的智慧教室解决方案以适应多种学习方式；绿色创新运营平台，软件具有开放性，全民可以共同参与。

陕西师范大学立人中小学数字化教育研究所指导的智慧教室试点之一"长庆径渭小学"。该智慧教室选择数学和英语课作为试点课程，将小学 3 年级 6 班作为试点班，并将试点课程教师所负责的其他同年级各班作为对照班。技术运行环境采用电子书包作为终端，配套安装安卓操作系统以及互动学习管理系统，教室运行环境基于 WiFi 局域网构建，云端服务器面向用户提供账号管理与信息防护等安全服务。经过第一阶段(2012 年 8 月到 2013 年 1 月)的试点，该班级学生的数学成绩有小幅度的提升，试点前该班级的平均成绩低于对照班 0.4 分，试点后该班级的成绩则较对照班高出 0.26 分，高出全年级平均成绩 2.6 分。通过课堂教学观察和教师课后访谈，均发现学生思维更加灵活，自信心和创新能力有了较大提升，敢于发表自己的见解，部分学生的创意甚至超出教师的预期。

5) 电子书包

(1) 概念

目前学术界对于"电子书包"尚未形成一个明确的、统一的定义。电子书包在国外一般称为"e–Schoolbag"或"e–Book Package"。国外学者从技术与应用的角度对电子书包进行了界定，主要存在两种观点：一是电子书包是一个计算机支持的数字化协作学习空间，它以网络为环境基础，支持师生、学生间的同步或异步交流与资源共享；二是电子书包是一种支持非正式学习的通用网络设施，学生可以使用基于蓝牙、无线网络等技术的设备，随时随地登录、退出电子书包，管理自己的数字资源。国内学者倾向于将电子书包作为学具。

(2) 功能与特点

电子书包除了具有移动媒体的基本功能之外，其教育教学功能主要包括课堂同步教学与笔记功能、教学管理与评价功能、学习记录与跟踪功能、"家—校—社"协同互动功能、学具管理与应用功能等。

电子书包的主要特点包括：

①学习终端的便携性、移动性。便携性是指学习终端外观与课本相当，轻薄、便于携带，支持手写、滑屏、自动翻页等；移动性是指学习终端具有无线网络接入功能，可以实现随时随地的学习。

②学习资源的多媒体化、微型化、多元化。多媒体化指电子书包中的资源是一种与多媒体内容整合的数字化资源，具有视音频、动画等多媒体形式，可以为学生创设生动、形象的学习情境；微型化是指资源设计逐步向片段化、微型化发展；多元化是指电子书包不但拥有学校教育资源，而且拥有家庭教育和社会教育资源。

③支持服务的多样化、个性化。电子书包的应用涉及学校、家庭和社会，使用者包括学生、教师、家长以及社会教育工作者。因此，服务平台能为使用者提供多样化服务，满足使用者的个性化需求。

(3) 使用方式

电子书包在教学中主要有内容播放、互动学习、在线学习、测试评价等使用方式。

(4) 应用案例

利用了电子书包移动、便携、资源丰富等特点，让学习回归生活世界，立足学生的直接经验，并关注学生的协作探究过程，培养了学生的观察反思、协作探究能力，提高了学生获取、判断、使用信息的能力。

以下用具体案例加以说明借鉴 Kolb 体验学习圈的操作流程,本案例在小学五年级科学课程的"校园植物知多少"专题中开展基于电子书包的体验学习,如图 2-1 所示。该专题综合运用科学、信息技术等学科知识,在教师的指导下,利用电子书包开展了校园植物识别、校园植物摄影、植物常识调查等一系列活动,以培养学生的认知体验、信息获取、反思观察和协作探究等能力。

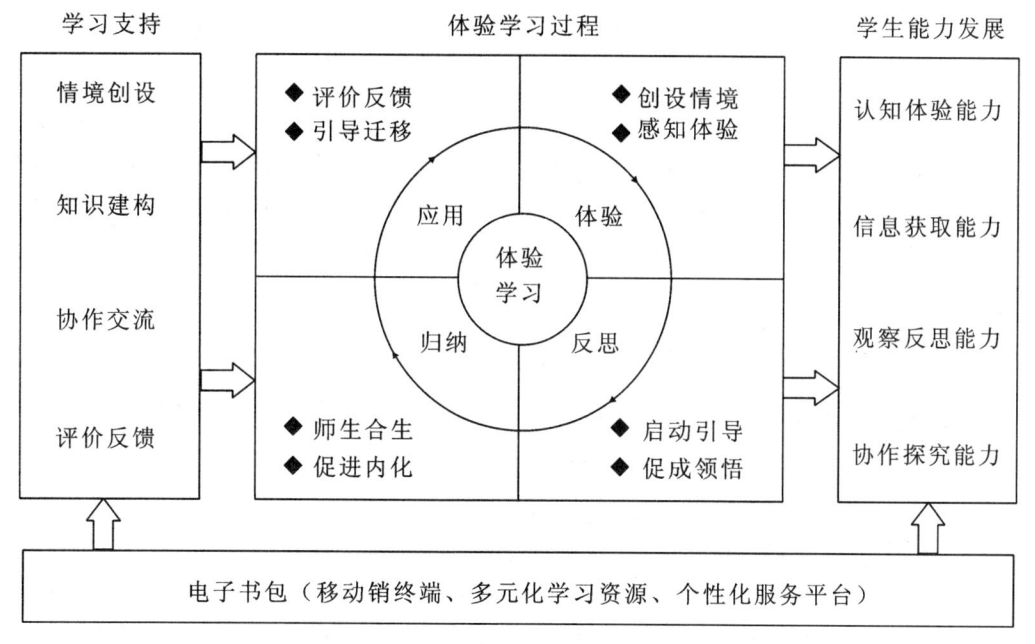

图 2-1 电子书包支持的体验学习活动模型

- **体验** 教师借助电子书包丰富的数字化学习资源创设学习情境,让学生联系现实生活,激发学生学习兴趣。学生建立协作小组并制订计划、明确分工;师生回归生活,进行校园体验——认识校园植物,如校园植物识别、校园植物测量、校园植物标本制作。在校园体验过程中,学生借助电子书包采集校园中植物的相关数据,利用网络资源进行植物识别;同时可以通过电子书包服务平台与教师、同学交流,分享学习体验。
- **反思** 在体验实践之后,教师引导学生对体验过程和结果进行反思,在反思的过程中,学生提出问题并进行问题解决分工。学生借助电子书包,在服务平台中将问题、组内分工及其他要求发布在网络上,学生或教师可以对问题发表观点、提出建议。
- **归纳** 教师引导学生查阅相关资料,通过交流讨论,对问题进行研究分析,并形成自己的观点。在师生合作、共同探索的过程中,学生领悟知识,完成知识的内化。
- **应用** 学生通过服务平台进行协商讨论,确定问题解决方案,撰写体验报告,并派代表汇报成果,最后利用电子书包的数字化资源,以游戏的方式检测学生认知体验方面的成长。

电子书包作为学生的学习终端,让我们看到了未来课堂教学中学与教方式变化的突破口和发展方向:课堂教师讲授方式由多媒体知识演示,到师生观念、教学方法、交互活动,再到面向学习者的个性化指导的发展;学生学习方式由接收式知识记忆,到有意义发现学习,再到个性化主动意义建构发展。

2.2.3 计算机教育应用中存在的问题

随着计算机技术的发展,计算机在教育教学中的应用越来越受到重视,计算机对于优化教学效果有着不可忽视的作用。但在利用计算机进行教学的过程中,也产生了诸多不良的影响。

1. "数字鸿沟"逐渐扩大

计算机教育应用的初衷是为广大师生提供更丰富的教育资源和更强大的教与学的工具、扩大交流范围、实现资源共享,最终达到教育公平目的。有调查结果表明,世界上居住在乡村和边远地区的贫困人口70%却很少有机会接触信息技术。因此,因贫富差距扩大和信息技术迅猛发展导致的"数字鸿沟"也日益加剧,教育不公平性日益突出。

2. 信息意识与伦理道德迷失

进入网络虚拟世界,由于失去了现实生活中面对面交流时必须承担责任和必须遵守的道德伦理约束,有些学生开始在网上肆无忌惮地发泄自己的情感,如在BBS、聊天室使用不文明语言进行人身攻击、泄露他人隐私;利用OICQ欺骗;更有甚者,借助网络传播虚假信息、劣质信息、无聊信息和色情信息等。

还有些学生崇尚技术决定论,在他们的思想中颠倒了计算机网络技术与人、与社会的关系,用对计算机网络技术的狂热迷恋来取代一切,整天沉迷于计算机,造成学业荒废,甚至产生严重的越轨行为,如制造或恶意散布计算机病毒、非法入侵他人计算机系统、盗用他人IP账号或金钱等,把这些行为视为一种"自我实现"。

3. 信息过量造成网络迷航

计算机集文字、声音、动态图像为一体,超越了文本和静态图像的桎梏,构成一种立体化的传播形态。人们可以非常迅速、便捷、低价地获得信息,这对开阔眼界,促进开放的创新思维具有正面作用,但过量的信息又构成一个过度刺激的环境,造成信息超载甚至信息真假难辨,影响到人们正常的认知活动。信息过量对学生认知活动造成的负面影响主要表现在:一是网上过量的信息影响了有用信息的清晰度和效用度,不利于对知识的正常吸收。部分学生通宵达旦、不加选择地浏览和下载大量的信息,不仅造成生理上的伤害,而且难以集中注意力学习相关的学科知识,导致思维上的混乱。二是受到其他冗余信息的干扰。三是受到不良信息的污染。

4. 不利于深层次思维的培养

在信息网络环境中,人们开始习惯于依赖计算机来获取信息,剪辑、重新组织信息,却可能因此忽视人的思维与机器"思维"的本质区别,忽视自身创新能力和思辨能力的养成;伴随着计算机储存能力的提高,人类在提高记忆能力的同时,思辨的意识却有所麻术;人们可以通过网络快速地获取大量信息,却忽视了信息与知识、思想的差异,忘却了"学而不思则罔"的道理,从而使思维趋于平面化、浅显化,缺乏深刻性和创新性。

教学活动建议

本节教学重点是了解计算机在教育中的应用以及计算机教育应用中存在的问题。建议教师可组织以下活动(可选)。

活动1:采用头脑风暴的方式组织学生列举计算机在学校中的具体应用,并思考计算机在这些应用中的优势以及存在的问题。

活动2:以"电子书包"的应用案例为引子,说明计算机在新时期教育中的应用,组织学生利用数字图书馆、搜索引擎等收集类似案例。

活动3:组织学生思考计算机在教育中对学习产生的影响,包括积极的和消极的影响。

学习活动建议

本节教学重点是了解计算机在教育中如何应用以及计算机教育应用中存在的问题。建议学生可以开展以下活动(可选)。

活动1:利用思维导图画出本节的知识体系,包括个人计算机在教育中的应用、网络计算机在教育中的应用,以及计算机教育应用中存在的问题。

活动2:联系自身实际情况,列举计算机在学校中的具体应用,并思考计算机为学校教学带来的影响,包括积极的和消极的影响。

活动3:回顾自己是如何利用计算机进行学习的,计算机对自己学习产生的影响,包括积极的和消极的影响。

活动4:利用数字图书馆、搜索引擎等收集一些关于我国计算机教育应用的实例,思考计算机技术是加大了"数字鸿沟",还是缩小了"数字鸿沟",并给出理由。

参考文献

[1] 董荣胜,古龙天.计算机技术与科学发展论[M].北京:人民邮电出版社,2002.

[2] 马秀麟,赵云英.计算机应用基础北京[M].北京:清华大学出版社;北京交通大学出版社,2005.

[3] 王晓堤,华斌.计算机应用基础[M].北京:电子工业出版社,2002.

[4] 武法提.网络教育应用[M].北京:高等教育出版社,2003.

[5] 徐晓东.信息技术教育理论与方法[M].北京:高等教育出版社,2004.

[6] 甘永成.Web协作学习CSCL的应用研究[J].中国远程教育,2003(1):54-57.

[7] 韩光艳,何烽.网络计算技术及其教育应用展望[J].中国电化教育,2005(10):95-97.

[8] 李爱东,苑廷刚,李汀,等.视频图像技术的发展及在田径训练中的应用[J].体育科学,2005(6):42-46.

[9] 李凌.走进现代音乐教学的新境界[J].大连民族学院学报,2004,6(4):80-82.

[10] 刘城,赵鹏,俞建新.计算机存储技术的新动向[J].计算机工程与设计,2004,25(10):1734-1737.

[11] 穆荣军.基于Web的远程协作学习(WebCL)平台的设计与开发[J].现代远距离教育,2002(2):44-46.

[12] 姚方莉.智慧教室——未来教育的新方向[D].西安:陕西师范大学,2014.

[13] 黄荣怀.智慧教室的概念及特征[D].北京:北京师范大学,2014.

[14] 林君芬,赵建华,郑兰桢.电子书包——探索个性化教育的新模式[D].广州:华南师范大学,2013.

第 3 章　通信技术与教育

【导言】

自古以来,通信就一直是人类的重要需求。如今,通信更是渗透到生活的各个角落,如报纸、广播、电视、接入互联网的计算机等,通信在现代社会发挥着极其重要的作用。通信技术是当今发展最快的技术之一,目前已成为信息社会的重要支柱。因此,如何有效地学习通信技术,并将其与教育紧密地结合起来,则是摆在我们面前的一个严峻的问题。本章首先从通信的内涵讲起,简单介绍通信系统的基本模型,进而介绍通信技术基础知识、具体形式及发展趋势;然后将重点讨论通信技术在远程教育中的应用。

【思维导图】

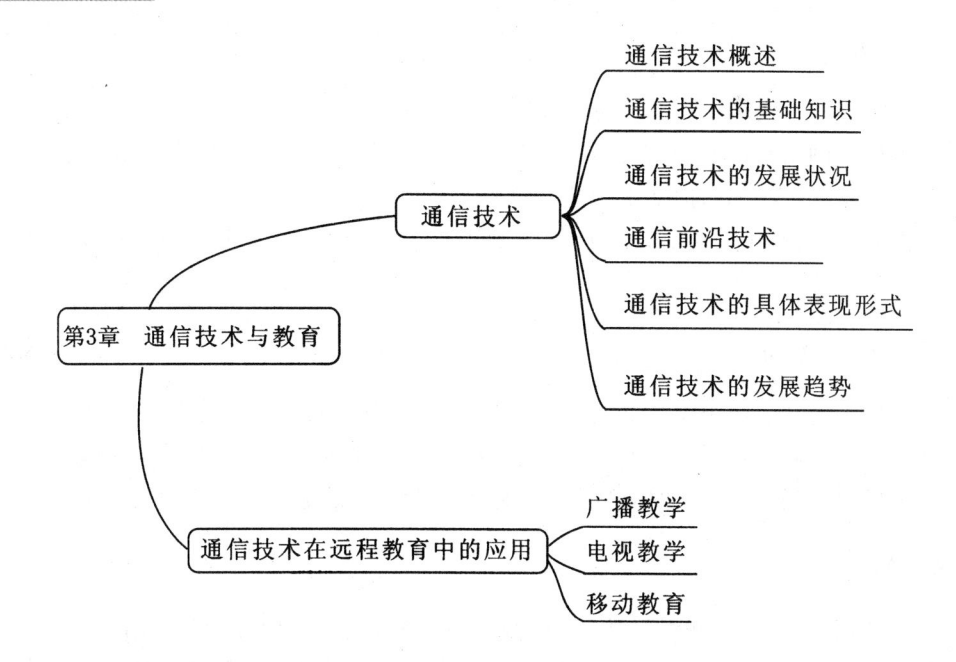

- 第3章 通信技术与教育
  - 通信技术
    - 通信技术概述
    - 通信技术的基础知识
    - 通信技术的发展状况
    - 通信前沿技术
    - 通信技术的具体表现形式
    - 通信技术的发展趋势
  - 通信技术在远程教育中的应用
    - 广播教学
    - 电视教学
    - 移动教育

【学习目标】

通过对本章内容的学习,学生应该做到:
1. 了解什么是通信,能说出一些具体的通信方法。
2. 了解简单通信系统的模型,能够用这个模型解释一些常见的通信现象。
3. 了解什么是通信技术。
4. 区别以下类型的通信:
(1)模拟通信与数字通信;
(2)有线通信与无线通信;
(3)单工通信、半双工通信与全双工通信;
(4)并行输入与串行输入。
5. 陈述通信前沿技术中的光通信技术种类及其应用特点。
6. 陈述通信前沿技术中的无线通信技术种类及其应用特点。
7. 从通信技术的表现形式角度,列举通信技术的应用实例。
8. 描述五代通信系统的不同特点及其使用的终端设备。
9. 探讨通信技术的发展趋势。
10. 列举通信技术在教育中的典型应用。
11. 了解通信技术在具体教育应用形式中能解决哪些教育问题。
12. 指出各种通信技术在教育中是如何发挥作用的。

3.1 通信技术

目前世界电信网络正朝着信息网络转变,以 Internet 为基础的信息高速公路将彻底使传统的电信网络基础平台转变成一个提供综合信息服务的宽带信息平台。本节首先介绍通信的基本内涵和通信技术的基本模型。在了解什么是通信的基础上,进而介绍通信技术的相关知识,包括通信技术分类、通信前沿技术、通信技术的具体表现形式及通信技术的发展趋势等。

3.1.1 通信技术概述

通信领域是一个历史悠久而具有广阔发展前景的领域。通信是推动人类发展的巨大动力。从远古时代到近代文明社会,人类社会的各种活动都与通信密切相关,特别是当今世界已进入信息时代,通信已渗透到生活的各个领域,通信产品也随处可见。

1. 通信的概念

谈到通信,其实我们并不陌生,无论是古时人们通过烽火台、击鼓、驿站、信鸽等方式进行信息传递,还是如今通过广播电视、电话手机、互联网等方式进行交流沟通,都是人类相互通信的重要手段。因此,通信就是传递信息,其根本任务就是完成信息的传输和交换。通信技术的发展拉近了人与人之间的距离,提高了通信的效率,深刻地改变了人类的信息交流。

2. 通信系统模型

实现信息传递所需的一切技术设备和传输媒质的总和称为通信系统。基于点对点之间的通信系统的模型可用图 3-1 描述。信源是消息的产生地,其作用是把各种消息转换成原始电信号,称之为消息信号或基带信号。电话机、电视摄像机、电传机、计算机等各种数字终端设备就是信源。发送设备的基本功能是将信源和信道匹配起来,即将信源产生的消息信号转换成适合在信道中传输的信号。转换方式是多种多样的,在需要频谱搬移的场合,调制是最常见的变换方式。对数字通信系统来说,发送设备常常又可分为信源编码和信道编码。信道是指传输信号的物理媒质。在无线信道中,信道可以是大气(自由空间),而在有线信道中,信道可以是明线、电缆或光纤。有线信道和无线信道均有多种物理媒质。媒质的固有特性及引入的干扰与噪声直接关系到通信的质量。噪声源不是人为加入的设备。噪声的来源是多样的,可分为内部噪声和外部噪声。外部噪声往往是从信道引入的,为了分析方便,往往将噪声源视为各处噪声的集中表现而抽象加入到信道。接收设备的基本功能是完成发送设备的反转换,即进行解调、译码、解码等。它的任务是从带有干扰的接收信号中正确恢复出相应的原始基带信号,对于多路复用信号,还包括解除多路复用,实现正确分路。信宿是传输信息的归宿点,其作用是将复原的原始信号转换成相应的消息。通信系统的组成反映了系统的共性,因此称之为通信系统的一般模型。

信源 → 发送设备 → 信道 → 接收设备 → 信宿

噪声 → 信道

图 3-1 通信系统的一般模型

3.1.2 通信技术的基础知识

1. 通信技术的定义

之前,技术与信息技术是两个完全不同的范畴:通信技术着重于消息传播的发送技术;而信息技术着重于信息的编码或解码,以及在通信载体的传输方式。随着技术的发展,这两种技术慢慢变得密不可分,从而渐渐融合成为一个范畴。通信技术主要包含传输接入、网络交换、移动通信、无线通信、光通信、卫星通信、支撑管理、专网通信等技术。

2. 通信技术分类

1) 按传输方式分类

根据信道传输种类的不同,通信系统可以分成模拟通信和数字通信。在模拟通信中,信道传输的是随时间连续变化的模拟信号;在数字通信中,信道传输的是不随时间连续变化的离散的数字信号。

模拟信号的主要优点是,信道利用率较高;其缺点是抗干扰能力弱、保密性差。数字信号的优点是抗干扰能力强,通信的保密性好,传输距离远,同时可以构建综合数字通信网;而其缺点是占用频带较宽,技术要求复杂,尤其是同步技术要求精度很高。

2) 按信道介质分类

按照传输媒介的不同,通信系统又可以分为有线通信与无线通信。

(1) 有线通信

同轴包缆 如图3-2所示,是以电话线、电缆、光缆等作为介质的通信系统就是有线通信,有线介质主要有同轴电缆、双绞线、光纤等。

同轴电缆 如图3-2所示,是一种电线及信号传输线,一般是由四层物料制成:最内里是一条导电铜线,铜线的外面有一层塑胶(做绝缘体、电介质之用)围拢,绝缘体外面又有一层薄的网状导电体(一般为铜或合金),导电体外面是最外层的绝缘物料作为外皮。根据尺寸不同,同轴电缆有不同标准规格,其直径从1/8英寸到9英寸不等。

图3-2 同轴电缆的结构　　图3-3 双绞线的结构　　图3-4 光纤的结构

双绞线 如图3-2所示,是由两条相互绝缘的导线按照一定的规格互相缠绕(一般以顺时针缠绕)在一起而制成的一种通用配线,属于信息通信网络传输介质。

光导纤维 如图3-3所示,简称光纤。光纤是一种能够使光在玻璃或塑料反射的物料制成的纤维,以全反射原理传输的光传导工具。微细的光纤封装在塑料护套中,使得它能够弯曲而不至于断裂。包含光纤的线缆称为光缆。由于光在光导纤维的传输损失要比电在电线传导的损耗低得多,而且其主要生产原料是蕴藏量大、较易开采的硅,所以其价格便宜,这些因素使得光纤用作长距离的信息传递媒介。光纤主要分为渐变光纤和突变光纤。前者的折射率是渐变的,而后者的折射率是突变的。另外,还分为单模光纤和多模光纤。近年来,又有新的光子晶体光纤问世。

> **扩展阅读**
>
> 　　光导纤维是双重构造,核心部分是高折射率玻璃,表层部分是低折射率的玻璃或塑料,光在核心部分传输,并在表层交界处不断进行全反射,沿"之"字形向前传输。这种纤维比头发稍粗,这样细的纤维要有折射率截然不同的双重结构分布,是一个非常惊人的技术。各国科学家经过多年努力,创造了内附着法、MCVD法、VAD法等,制成了超高纯石英玻璃,特制成的光导纤维传输光的效率有了非常明显的提高。现在较好的光导纤维,其光传输1千米损失只有0.2dB;也就是说传播一千米后只损失4.5%。

(2) 无线通信

无线通信是一种利用电磁波信号在空间的传播以进行信息交换的通信方式,利用收音机、无线电等都可以进行无线通信。无线通信包括各种固定式、移动式和便携式应用,例如双向无线电、手机、个人数码助理及无线网络。随着社会进步、技术发展,无线通信技术的种类也在不断地更新和完善。

无电线波 无线电波或射频波是指在自由空间(包括空气和真空)传播的电磁波,其频率 300MHz 以下(下限频率较不统一,在各种射频规范书,常见的有三种,为 3kHz ~ 300MHz,9kHz ~ 300MHz,10kHz ~ 300MHz)。无线电技术是通过无线电波传播信号的技术。在天文学上,无线电波被称为射电波,简称射电。

激光 激光是 20 世纪以来,继原子能、计算机、半导体之后,人类的又一重大发明,被称为"最快的刀""最准的尺""最亮的光"和"奇异的激光"。激光的亮度约为太阳光的 100 亿倍。激光的原理早在 1916 年已被著名的美国物理学家爱因斯坦发现,但直到 1960 年激光才被首次制造成功。

红外线 红外线是波长介于微波与可见光之间的电磁波,波长在 760 nm 至 1mm 之间,比红光长的非可见光。高于绝对零度(- 273.15℃)的物质都可以产生红外线。由于它含有热能,现代物理学称之为热射线。医用红外线可分为两类:近红外线与远红外线。太阳的热量主要通过红外线传到地球。

表 3 - 1 具体列出了无线通信的类型。

表 3 - 1 无线通信的类型

波段	波长	频率	主要用途
长波	30000 ~ 3000m	10 ~ 100kHz	超远程无线电通信
中波	3000 ~ 200m	100 ~ 1500kHz	无线电广播和电视
中短波	200 ~ 50m	1500 ~ 6000kHz	
短波	50 ~ 10m	6 ~ 30MHz	
微波	米波 10 ~ 1m	30 ~ 300MHz	无线电广播、电视、导航
	分米波 10 ~ 1dm	300 ~ 3000MHz	电视、雷达、导航
	厘米波 10 ~ 1	3000 ~ 30000MHz	
	毫米波 10 ~ 1mm	30000 ~ 300000MHz	

3) 按通信方式分类

(1) 按信号传送的方向划分

单工通信 不论任何时刻,信号传输始终是一个方向,发信者只发不收,收信者只收不发,如图 3 - 5(a) 所示,例如广播系统、电视系统等。

半双工通信 任何一个时刻信号只能单向传输,或从甲向乙方,或者从乙方向甲方,每一方都不能同时收发信息,如图 3 - 5(b) 所示。典型的半双工通信是对讲机,按下按钮就可以讲话,松开就能听对方讲话。

全双工通信 任何一个时刻,信号能够向双向传输,如图3-5(c),每一方都能同时进行收信与发信工作;比如标准的电话系统等。

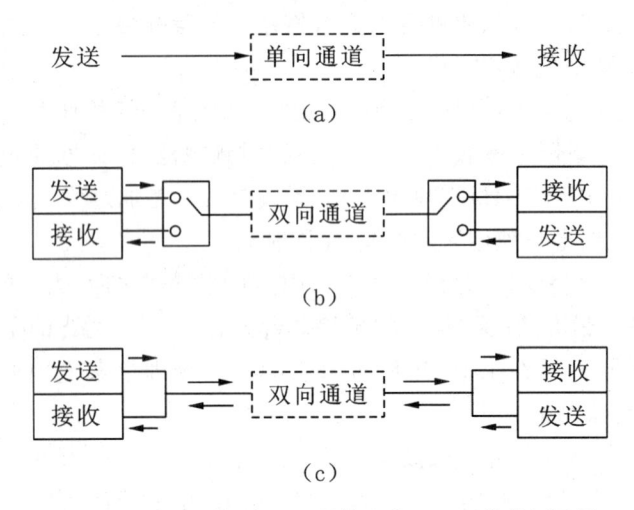

图3-5 单工通信、半双工通信和全双工通信的原理图

(2)按数字信号排序方式划分

串行输入 在数据传输过程中,只使用一个传输通道,数据的若干位顺序按串行排列成数据流,有利于远程传输,但缺点是传输效率较低。

并行输入 数据的每一位各占用一条信道,即数据的每一位放在多条并行的信道上同时传送,从而实现了高速的数据传输。

3.1.3 通信技术的发展状况

1. 以固定电话为主

在1876年贝尔发明电话之后的100多年来,电话技术有了很大的发展,以PSTN(电话交换网)和互联网络为基础的电话技术一直是电信产业的核心。20世纪80年代中后期,固定电话网正处于由传统的步进制、纵横制向数字程控交换转型时期,随着新型程控交换设备的大量普及,使通信技术有了长足的进步和发展。

2. 移动通信的崛起

随着移动技术迅速发展,PSTN不再享有唯我独尊的地位,全球各地的市场纷纷出现PSTN被移动技术替代的现象。移动技术由于其本身的优势,用户能在任何时间和地点与任何地点的另一个人进行语音、数据、传真、图像等各种通信。在短短的几年之内,移动技术从无到有,从小到大。我国目前已拥有全球最大的移动运营商,这就是移动通信技术发展的最好例证。

3. 卫星通信

卫星通信是地球上(包括地面和低层大气中)的无线电通信站间利用卫星作为中继而进行的通信,具体如图 3-6 所示。20 世纪 90 年代,随着信息技术的飞速发展,全球卫星通信产业得到广泛认可,卫星通信技术和电子技术取得了突破性进展,一代又一代的新系统不断涌现。短短的 20 年间,包括中、低轨道全球卫星移动通信系统在内的新系统得到快速发展。

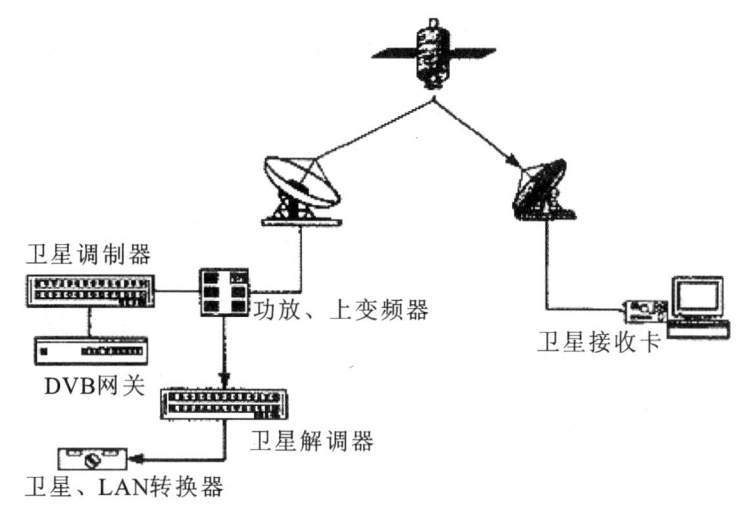

图 3-6 卫星接收示意图

4. 光纤通信

光纤通信从光通信中脱颖而出,在现代电信网中起着举足轻重的作用。自 20 世纪 80 年代以来,由于光纤通信容量大、传输距离远,一根光纤的潜在带宽可达 20THz 等优点,因此,光纤通信成为电信传输的主要手段。现代传输网开始向着智能化方向发展。数字传输技术正经历着从准同步数字系列(synchronous digital hierarchy,SDH)、同步数字系列向异步转移模式的发展过程。同步数字系列 SDH 技术与相关技术相结合,如光波分复用(WDM)、ATM 技术,使其具有强大的网络运行、管理和维护功能,衰减低,带宽宽,横向兼容等特点,适用于长距离、大容量的光纤传输。

3.1.4 通信前沿技术

1. 光通信技术

1) 光纤通信技术

光纤通信是以光为信息载体,利用光导纤维传输信号,实现信息传递的一种通信方式。可以把光纤通信看作是以光导纤维为传输媒介的"有线"光通信。光纤通信技术的特点是:

(1) 频带极宽,传输容量大

与电缆和铜线相比,光纤的传输带宽要大得多。通信容量的大小与光纤的直径没有关系。对光纤通信系统而言,随着终端设备的改进和密集波分复用技术的应用,又给它增添了带宽和传输容量大的优势。

(2) 损耗低,中继距离长

与其他传输介质相比,光导纤维的损耗是最低的。在信号传输距离相等的情况下,光缆中用的信号再生中继器要比电缆中少得多,这表明通过光纤通信系统,可以减少系统成本,带来更好的经济利益。

(3) 抗电磁干扰能力强

石英有较强的绝缘性和抗腐蚀性,同时还是电气绝缘体,抗电磁干扰的能力比较强,不用担心形成接地回路。光纤传输过程中不受外部环境的影响,也不受人为架设的电缆干扰。特别适用于强电领域的通信应用。

(4) 无串音干扰,保密性好

在电波传输的过程中,电磁波的传播容易泄露,保密性差。而光波在光纤中传播,不会发生串扰的现象,保密性强。此外,光纤还有具有纤径细、质量轻、易于铺设;原材料丰富,成本低;耐温性好、使用寿命长等特点。

2) 光纤技术的分类

(1) 光纤光缆技术

光纤技术的进步可以从两个方面说明:一是通信系统所用的光纤;二是特种光纤。早期光纤的传输窗口只有 3 个,即 850nm(第一窗口)、1310nm(第二窗口)以及 1550nm(第三窗口)。近几年相继开发出第四窗口(L 波段)、第五窗口(全波光纤)以及 S 波段窗口。

(2) 光放大技术

光放大器是放大光信号的器材,光放大器的开发成功及其产业化是光纤通信技术中的一个非常重要的成果,它大大促进了光复用技术、光孤子通信以及全光网络的发展。

(3) 光交换技术

光交换技术是指不经过任何光电转换,在光域直接将输入光信号交换到不同的输出端。光交换技术的交换方式主要可以分为:空间分光交换方式、时间分光交换方式、波分光交换方式、ATM 光交换方式、码分光交换方式、自由空间光交换方式和复合型光交换方式等。

(4) 光网络技术

为了适应互联网迅猛发展,以及对网络结构和功能提出的新需求,光纤通信网络发生多次重大变革。首先是 1.55m 波段传输系统的开发以及掺铒光纤放大器(EDFA)和密集波分复用(DWDM)技术的实用化,这在全球干线网络中扮演了重要的角色。其次是点到点的波分复 WDM(wavelength division multiplexing) 系统向全光网络的发展和演变。光通信网络的另一个重大变革是光网络与数据网的融合以及光网络向智能化的发展。随着信息领域相关技术的发展,特别是 Internet 对数据业务增长的强大推动,人们对光网络的功能提出新的、更高的要求,要求光网络能够实时、动态地调整网络的逻辑拓扑结构,能够快速、高质量地为用户提供各种带宽服务与应用,实现资源的最佳利用和实时的流量工程,从而引发了智能光网络。

2. 无线通信技术

无线通信又被称作光无线通信,是光纤通信和无线通信相结合的产物,是以激光波为载体,在真空或大气中传递信息的一种通信技术。

无线光通信系统具有如下特点:无需频率许可证、频谱资源丰富;组网方便灵活;拥有光纤传输的宽带性能,且其传输的隐蔽性与安全性较好;抗磁干扰力较强;成本较低等。但是大气激光通信受气象条件、地形状况、外来物等影响较大,难以实现全天候、超视距的通信;一般常采用定向天线,需要自动捕获瞄准跟踪系统,因此适合骨干网的扩建、光纤网络的备援、宽频接入、无线基地台数据的回传等领域以及其他需要高速接取的终端。

1) 蓝牙

蓝牙已成为新兴的短距离无线通信技术。在各种远距离无线通信技术飞速发展的同时,短距离无线通信技术也逐步得到发展。目前各种短距离便携式设备之间的通信连接采用的主要是红外线链路,虽然使用 IRDA(infrared data association)可以免去电线电缆的连接,但是在使用的便利性上还较为欠缺。蓝牙技术的出现解决了在短距离内为公众和商业用户提供服务的无线网络。数据和语音的接入点,替代电线和电缆,包含硬件、软件和互操作需求的一种无固定中心站的网络等,这三个方面的短距离无线连接都可以通过蓝牙技术实现。蓝牙主要可以应用于三合一电话(蓝牙手机或蓝牙智能电话实现蓝牙规范的蓝牙无绳电话应用模式和蓝牙对讲机应用模式,并且与蓝牙语音/数字网关一起使用形成一个小的蓝牙电话系统,蓝牙技术成为移动网络与固网的无缝连接)、因特网网桥、交互性会议、数字相机中图像的无线传输、各种家用设备的遥控和组成家电网络等。

2) WiFi

WiFi(wireless fidelity,无线保真技术)是由 AP(access point,接入点)和无线网卡构成。WiFi 网络作为无线通信技术和计算机网络技术结合的产物,最初是针对公司、校园、公寓等室内区域的无线网络覆盖,由于其带来的便利性,近年来已被广泛应用到各类公共区域。组网灵活、传输速率高、移动性强、成本低廉等都是 WiFi 网络具有的优势。WiFi 网络的应用,给通信带来了移动化、高效化、简捷化的用户体验,成为对移动通信网络的补充,有利于移动通信网络的分流。

3) UWB

UWB(Ultra-Wideband,超宽带无线)属于一种时域通信技术,是一项超高速的无线接入技术,具有高速率、低成本、低功耗的显著特性。UWB 技术传输方式能够直接用超短期脉冲替代传统的载波传输,凭借其自身的优点能够提高传输速度。它不使用载波,而采用超短周期脉冲进行调制,把信号直接按照0或1发送。脉冲调制产生的信号为超宽带信号,谱密度极低,信号的中心频率在650MHz~5GHz之间,平均功率为亚毫瓦量级,抗干扰能力和多径分辨能力强,具有多个可利用信道,而且时域通信系统结构简单,成本相对较低。

4) WIMAX

WIMAX(worldwide interoperability for microwave access,微波存取全球互通)技术是一种依托现代化先进技术进行远距离传输的先进的通信技术,能够大范围地满足较多用户的上网需求,使得良好的通信信号不再因室内、室外存在限制和区别,甚至能够实现全程通信网络的覆盖。WIMAX优势主要体现在解决了无线城域网的问题,WIMAX可以将信号传送达31千米之远,网络连接速度为70MB/s。WIMAX的覆盖范围之广和传输速度之快会对3G构成威胁。在成本、覆盖范围和传输速度等方面的优势使WIMAX技术有可能成为一项打破产业格局的技术。

5) 5G

5G,第五代移动通信系统,是面向2020年以后移动通信需求而发展的新一代移动通信系统。5G具有超高的频谱利用率和能效,在传输速率、资源利用率、无线覆盖性能、传输时延、系统安全和用户体验等方面将得到显著的提高。同时5G是一个多业务多技术融合的网络,通过技术的演进和创新,满足未来包含广泛数据和连接的各种业务的快速发展需要,提升用户体验,构成新一代无所不在的移动信息网络,满足未来10年移动互联网流量增加1000倍的发展需求。5G移动通信系统的应用领域也将进一步扩展,对海量传感设备及机器与机器(M2M)通信的支撑能力将成为系统设计的重要指标之一。未来5G系统还需具备充分的灵活性,具有网络自感知、自调整等智能化能力,以应对未来移动信息社会难以预计的快速变化。

5G已经成为国内外移动通信领域的研究热点。2013年初欧盟在第七框架计划启动了面向5G研发的METIS(mobile and wireless communications enablers for the 2020 information society)项目,韩国和中国分别成立了5G技术论坛和IMT-2020(5G)推进组。目前,国际电信联盟已经完成了5G愿景研究,2017年底将启动5G技术方案征集,2020年将完成5G标准制定。全球主要国家和地区纷纷提出5G试验计划和商用时间表,力争引领全球5G标准与产业发展。中国或于2018年进行5G网络的试用,将力争在2020年实现5G网络商用。目前在工信部统一领导下,依托IMT-2020(5G)推进组,开展5G技术研发试验[1]。

---

[1] 人民日报:5G时代中国将成为标准制定引领者.中国日报网 2016-02-05

3.1.5 通信技术的具体表现形式

近几年来,全球通信技术的发展日新月异,尤其是近两三年来,无线通信技术的发展已经超过了有线通信技术,呈现出如火如荼的发展趋势。下面介绍通信技术的几种具体表现形式。

1. 广播

广播是传播媒体中传送声音、影像或视频等内容给广大公众的行为。在传播学上,广播的受众不单是听众,也有观众,例如电视台、电台、商场、学校体操场、车站大堂、巴士的车厢内等,也经常是"正在广播"。

2. 电视

电视技术发展的初期,电视覆盖的手段主要是无线电视。随着卫星电视与有线电视的发展,使用无线电视的用户数量在逐年减少。特别是近年来应用光纤技术、光传输技术和网络技术,有线电视正在形成全国大联网,其双向宽带优势必将导致电视、通信、数据三者的融合,成为一条完整的信息高速公路。

(1) 数字电视

数字电视是从电视节目录制、播出到发射、接收全部采用数字编码与数字传输的新一代电视技术。与模拟电视相比,它容量更大、图像清晰度更高、伴音质量更好。目前,电视网站、交互电视、股票行情、视频点播等新业务的开展,也使用户从单纯的收视者变成积极的参与者。

(2) 楼宇电视

楼宇电视是一个为人们提供了解各类信息平台的新兴媒体,主要传播广告、新闻等信息。在很多场所,如办公楼、写字楼、宾馆大厅、电梯等候间、银行等人口密集的地方,都能看到楼宇电视。

(3) 移动电视

移动电视是国际公认的新兴媒体,被称为第五媒体。它以数字技术为支撑,通过无线数字信号发射、地面数字接收的方式播放和接收电视节目,能在移动状态、时速120km以下的交通工具上保持电视信号的稳定清晰。目前,移动电视已广泛应用于出租车、轮渡、轨道交通等移动交通工具中。

(4) 网络电视(IPTV)

网络电视(IPTV)是一种利用宽带网的基础设施,以计算机或"普通电视机+网络机顶盒"为主要设备终端,向用户提供视频点播、Internet访问、电子邮件等多种交互式数字媒体个性需求的崭新服务。

(5) 手机电视

手机电视是利用具有操作系统和流媒体视频功能的智能手机观看电视的业务。不仅能提供音视频播放功能,还能通过手机网络完成交互功能。

(6)卫星电视

卫星电视与普通电视的不同仅仅体现在型号的转发方式上,卫星电视用的是距离地面 35700km 的同步地球卫星,从而使传输距离大大加长。

3. 固定电话

固定电话,简称固话,通常指固定在某个位置不移动的电话。固话通过声音的振动利用话机内的话筒调制电话线路上的电流电压,即将声音转换为电压信号,通过电话线传送到另外一端电话机,再利用送话器将电压信号转换为声音信号。

(1)程控电话

程控电话指接入程控电话交换机的电话,程控电话交换机是利用计算机来控制的交换机,它以预先编好的程序来控制交换机的接续动作。具有接续速度快、业务功能多、效率高、声音清晰、质量可靠等优点。

(2)IP(Internet Protocol)电话

IP 电话始于 1995 年,是在 IP 网上通过 TCP/IP 协议实时传送语音信息的应用。最初的 IP 电话技术只是计算机对计算机的语音传输技术,双方用户都必须与 Internet 相联,同时具备一套 IP 电话软件、音频卡、麦克风和扬声器等设置,虽然能通话,但范围有限,算不上是真正的 IP 电话。真正意义的 IP 电话出现是在 1996 年 3 月,当时一家美国公司推出了 Internet 传送国际长途电话的业务,实现了从普通电话机到普通电话机的 IP 电话。目前 IP 电话已经通过网关把 Internet 与传统电话网联系起来,和普通电话用户一样,只要有电话机就能打 Internet 的国际长途电话,而资费远低于国际长途电话费用。

(3)无绳电话

无绳电话是一种可以进入 PSTN 的无线双工移动电话设备。它由一个连接到 PSTN 用户线的座机和一个或多个手持无绳电话机构成,在限定范围内能完成普通电话机的功能。无绳电话机发展的基础是公共市话网。电话机要用一根双芯电话线连到电话局,电话机的座机还要用一根四芯电缆连到装有话筒耳机的手柄上。因此,电话机随意移动受到限制,在这种需求的推动下,装有话筒耳机的手柄与电话机座机之间用无线电波连接的电话机——无绳电话机便应运而生,可移动通话方式也由此产生。

(4)可视电话

可视电话是一种利用电话线路实时传送语音和图像的通信方式,是由电话机、摄像设备、电视接收显示设备及控制器组成的。电话机用来通话,摄像设备摄取本方用户的图像并传送给对方,电视接收显示设备接收对方的图像信号并在荧屏上显示。如果说普通电话是"顺风耳",那么可视电话就既是"顺风耳",又是"千里眼"了。

4. 移动电话

移动电话(mobile telephone),通常称为手机,是可以在较广范围内使用的便携式电话终端。在过去的十几年中,移动电话使用户彻底摆脱终端设备的束缚,实现了完整的个人移动性、可靠的传输手段和接续方式,并逐渐演变成社会发展和进步必不可少的工具。

(1) 1G

1G,第一代移动通信系统,是指以模拟蜂窝技术为主的通信技术,开辟了移动通信技术发展的道路。移动通信技术主要采用的是模拟技术和频分多址(FDMA)技术。频分多址技术主要将不同的用户分配在时隙相同而频率不同的信道上。1G 技术最大的缺陷是受传输带宽的限制,不能进行移动通信的长途漫游,保密性差、通话质量低、容量小、制式多、互不兼容,在数据业务方面的表现也差强人意,只是一种区域性的移动通信系统。

(2) 2G

2G,第二代移动通信系统。移动通信在第二阶段得到了前所未有的发展,使得移动通信迅速跃居通信的主导地位。2G 采用了时分多址(TDMA)、频分多址(CDMA)和电路交换技术为主的数字蜂窝技术,以电路域话音通信为主,功能性得到了增强,标准化程度高,具有保密性强,频谱利用率高等特点,提供的业务更加丰富多彩。全球主要有 GSM 和 CDMA 两种体制,但是由于 2G 采用不同制式,移动通信标准不统一,用户只能在同一制式覆盖的范围内进行漫游,而无法全球漫游;由于 2G 带宽有限,限制了数据业务的应用,无法实现高速率的业务。

(3) 3G

3G,第三代移动通信系统,以码分多址(CDMA)分组交换技术为主要特征,支持数据和多媒体业务,如可变速率数据、移动视频和高清晰图像等多种业务,实现多种信息一体化,从而提供快捷、方便的无线应用,如无线接入 Internet。各国的 3G 系统在设计上具有良好的通用性,能在全球实现无缝漫游,具有低成本、优质服务质量、高保密性及良好的安全性能等特点。但是 3G 通信标准共有 WCDMA、CDMA2000 和 TD-SCDMA 三大分支,成员间存在相互兼容的问题;频谱利用率比较低;3G 支持的速率不够高,如单载波只支持最大 2Mbit/s 的业务,远远不能适应未来移动通信发展的需要。

(4) 4G

4G,第四代移动通信系统,是集 3G 与 WLAN 于一体,能够传输高质量视频图像且图像传输质量与高清晰度电视不相上下的一种移动通信技术。4G 以正交频分复用(OFDM)和多入多出(MIMO)为主要特征,频谱利用率高,传输速率高,支持宽带数据和移动互联网业务,语言、数据、影像等多媒体通信服务质量高。4G 能够以高达 100Mbit/s 的速度下载,比拨号上网快 2000 倍,上传速度可达 20Mbit/s,并能满足几乎所有用户对无线通信服务的要求。

3.1.6 通信技术的发展趋势

现代通信技术的主要内容及发展方向是以光纤通信为主体,卫星通信、无线电通信为辅助的宽带化、综合化(或数字化)、个人化、智能化的通信网络技术。

1. 宽带化

宽带化是指通信系统能传输的频率范围越宽越好,即每单位时间内传输的信息越多越好。由于通信干线已经或正在向数字化转变,宽带化实际是指通信线路能够传输的数字信号的比特率越高越好[一个二进制位即"0"或"1"信号,称为1bit(比特),数字通信中用比特率表示传输二进制数字信号的速率]。而要传输极宽频带的信号,非光纤莫属。据计算,人类有史以来积累起来的知识,在一条单模光纤里,用 3~5min 即可传输完毕。

自 1973 年世界上第一根通信光缆在美国投入运营至今,光纤通信技术发展极其迅速,在全球得到了广泛应用,光缆铺设逐年增加。2013 年 CRU 在柏林举行的第 7 届世界线缆电缆大会上宣称,到 2013 年 7 月,在全球铺设的光缆总量累计将超过 20 亿芯 km 光纤,这是光纤光缆发展史上一个重要的里程碑,意味着铺设的光缆可以在赤道绕地球 49900 圈,或者地球至月亮距离的 5200 倍。其后 5 年,全球每年平均将铺设 800 万皮长 km 光缆,约 2.68 亿芯 km 光纤。预计到 2018 年,全球铺设的光纤总量累计将达 35 亿芯 km。

光纤传输光信号,传输频带宽,通信容量大;传输损耗小,中继距离长;抗电磁干扰性能好;保密性好,无串音干扰;体积小,质量轻。光纤通信技术发展的总趋势是:不断提高传输速率和增长无中继距离;从点对点的光纤通信发展到光纤网;采用新技术,其中最重要的是光纤放大器、光电集成和光集成。

2. 综合化(或数字化)

综合化就是把各种业务和各种网络综合起来,业务种类繁多,有视频、语音和数据业务。把这些业务数字化,不仅能提高数据流的传输效率和速率,而且通信设备易于集成化和大规模生产,在技术上便于微处理器处理和采用软件进行控制和管理。1988 年,国际上一致认为,未来世界网络的发展方向是宽带综合业务数字网。

以高速光传输、节点光交换、宽带光接入及智能光联网等技术为核心,面对 IP 互联网应用的光波技术,已成为了光纤通信技术研究的热点和发展方向。从现代通信技术发展趋势来看,WDM 技术将会向着更高的信道速率、更多的信道数及更密的信道间隔等趋势发展;而从现代通信应用的角度而言,光纤通信网络则是向着 IP 互联网方向发展,业务融入更多、资源配置更灵活和生存性能更优越。

3. 个人化

人们每天都在通过电视、手机、互联网等日益普及的现代通信工具进行交流,个人化,即通信可以达到"每个人在任何时间和地点与任何其他人通信"。每个人将有一个识别号,而不是每一个终端设备有一个号码。个人化的实现意味着相应的终端和高智能化网络的实现。

4. 智能化

智能化发展是现代通信技术发展的重要趋势。智能化一般是能够灵活方便地开设和提供新业务的网络。它是隐藏在现存通信网里的一个网,不是脱离现有的通信网而另建一个独立的"智能网"。用户需要新增业务或者改变业务种类时,只需在系统中增加一个或几个模块即可。当网络提供的某种服务因故障中断时,智能网可以自动诊断故障和恢复原来的服务。

总之,通信技术正进入一个新的高速发展期,互联网和通信网络的深入融合成为信息通信网络发展的重要特征。一方面,互联网业务的蓬勃发展和各种颠覆性新技术的不断涌现,对通信网络提出了更高的要求;另一方面,IT技术进步,尤其是新型数据中心和云计算技术的成熟和广泛应用,推动通信网络向超宽带"云"网络发展。用户的需求已从单一的语音业务向个性化、多样化、专业化和体验化的信息服务发展。最高的网络性能、最低的每比特传送成本和最个性化的网络,是未来网络将要重点面对的三大需求。通信技术的发展必然要围绕如何实现网络架构的优化和创新,不断为信息通信业务、移动互联网业务、物联网等各种创新性业务提供保障和开展更好的用户体验。宽带化、移动化、泛在化和融合化将是未来网络的发展趋势。

学习活动建议

1. 以小组为单位,选取某一节内容作为选题,以任务驱动的方式贯穿整个课程的学习。
2. 比较通信系统的模型与其他信息传播模式,找出异同并分析。
3. 从"什么技术能解决什么问题"的角度,归纳和分类不同类型的通信技术。
4. 通信标准是通信领域的重要问题,查找相关的图书文献,或利用网络搜索引擎了解中国的4G标准,展望未来的发展。

3.2 通信技术在远程教育中的应用

通信技术已经广泛渗透到军事国防、国民经济、日常生活等方方面面,以下将详细介绍通信技术在远程教育领域中的典型应用。

3.2.1 广播教学

1. 广播教学的内涵和特点

广播电视教学是指主要依靠广播传递教学信息的一种教学模式,是一种开放式的教学模式。在广播教学模式中,教师事先将教学内容编制成录像带或录音带,利用广播等媒体传播教学信息,学生通过座谈、电话、定期辅导等方式向辅导教师反馈信息。

广播教学具有的优点是:覆盖面宽,能共享优秀教师的教学和优秀的教材,大大扩展学校的教学资源,特别适合解决那些办学资源较差的学校师资不足、实验设备简陋的问题。

广播教学的缺点是:单向传播,教学过程中缺乏师生之间的及时交流、互动,因此需要安排面授来辅助;可控性差,广播的时间安排是固定的,很难(甚至不可能)配合课程时间表灵活安排收听时间。

2. 广播教学应用实例

校内教育一般通过广播室广播,校内在各教室、礼堂、会议室、操场等活动场所接收广播,节目可以是教学性质和娱乐性质的。下面以"北京第二外国语学院数字 IP 网络广播应用"为例来介绍具体的广播教学。

北京第二外国语学院将每栋教学楼作为一个小的分区,在广播中心将所有楼任意组合或整体控制定时上、下课铃声。校园内的背景音乐部分分为固定的几个分区,可以同时收听同一音源,也可以分别广播。采用网络化广播系统,利用现有局域网并实现多网合一,减少施工布线。全数字化传输,覆盖整个校区。突破传统公共广播只能下传和由机房集中控制的格局,具有互动功能,终端具有点播、控制和无线遥控功能。

广播教学还能实现如下功能:

(1) 同时播放不同的音源

如学校不同的科、系,在播放音乐及相关教学内容时,可以针对不同的科或系播放相应的题材等。教学的音乐铃声,内外分区播放,全校的背景音乐可以分区或全区播放,可以灵活自行设置需要播放的区域。

(2) 教师工作站(制作教学题材)

无须到主控室,教师可通过工作站软件,即可提交定时播放任务,对权限范围内的教室安排语音播放计划及教学所需的教学题材,创造良好的学习氛围。自制的语音教学语音课件也能上传到服务器,定时自动播放或供课堂上点播。

(3) 领导工作站

具有远程控制及寻呼功能,校长无须到机房,在自己的办公室即可发布对学校的管理信息;校长办公室电脑安装分控软件,一个普通话筒即可实现校长足不出户进行全校广播讲话,打破传统校长必到主机房才能对全校讲话的局限。

(4) 学生广播站

负责学校的广播宣传工作。采访报道学校的重大会议、活动,负责组织策划和承办学校重大文体活动,丰富广大师生课余生活,提高校园文化品位,全面反映校园生活,充分发挥舆论导向作用,充当桥梁纽带作用。

(5) 定时音乐打铃

系统可根据设定,自动启闭设备电源,多套作息时间,全天 24 小时编程(精确到秒)。人性化的音乐铃声、课间操和电台节目的自动播放,每天可以设置不同的上下课铃声和休息时间播放校园歌曲及升旗、课间操、眼保健操等,丰富校园生活。作息时间表可以按照春秋季自动调整,并提供晴雨天、节假日特殊配置选项。

3.2.2 电视教学

1. 电视教学的内涵和特点

电视教学是现代化的先进教学方法,是传播知识的快速工具,也是巩固、运用学者研究成果于实践的一种良好媒介。电视教学主要用于成人教育,目前在电大、函大、夜大等业余文化、技术进修学校中广泛使用。

电视教学的优点是:形象生动,临场感、亲切感较强,能逼真地再现一些不常见的现象和过程等,比较适合理工科和部分文科课程的教学;教学不受时间、空间、地域、气候的影响,随时可播放,四季可学习,被人们称为"知识的集装箱";播讲者是学有专长的专家、学者,教材具有较高的知识性和权威性,是求知者难得的"捷径";听讲人数不限,辐射面广;教学设备简单,使用方便,比较适用于听力教学和语言教学。

电视教学也存在一些缺点与不足:学习者把它视为一般的看电视,学习过程中思想不集中;播映图像、音韵有时不清晰,演算模糊;或讲得过快,学习者看不清、记不下;电视讲课中,只能听、看,不能面对面地提问,疑难问题不易解决。这就要求教学节目制作要精细,授课要尽量考虑学习者的接受程度,严格清除盗版,勿让劣质录像贻误学习;加强辅导工作,从而发挥电视教学的快速、准确、权威的作用。

2. 电视教学应用实例

(1) 中央广播电视大学

中国广播电视大学是采用计算机网络、卫星电视等现代传媒技术,运用文字教材、音像教材、多媒体课件、网络课程等多种媒体进行远程教育的开放性高等学校。它是由中央广播电视大学,省级广播电视大学,地市级、县级广播电视大学分校和工作站组成的覆盖中国大陆的远程教育系统。

(2) 农远工程

农远工程是农村中小学现代远程教育工程的简称,也称农村现代远程教育工程,是为促进城乡优质教育资源共享,提高农村教育质量和效益,从2003年起开展的以信息技术为手段,采取教学光盘播放点、卫星教学收视点、计算机教室等三种模式将优质教育资源传输到农村的教学方法试点工程。

按照国家规划,到2007年底前,在全国普遍实施农村中小学现代远程教育工程建设。随着农远工程的加紧实施,农远工程应用研究与实践不断深入,已有不少专家、学者或一线教师进行了不同程度的探索。该工程争取用4年左右的时间,使全国约11万个农村小学教学点具备教学光盘播放设备和成套教学光盘,在全国38.4万所农村小学初步建成卫星教学收视点,在全国3.75万所农村初中基本建成计算机教室。该工程投入由省级政府统筹安排,国家根据不同区域经济社会发展情况予以适当补助。

(3) 空中课堂

空中课堂是指利用先进的网络信息技术和现代通信技术,实时直播教师的视频、语音、课件、板书等,把讲课过程逼真地搬到网上,对学员端无特别要求,只要能上网,就能加入课堂听课,参与答疑,师生之间通过音频、视频、课件等方式进行实时交互的一种课堂形式。

空中课堂系统可稳定地运行在互联网、专网、教育城域网、卫星网上,并且空中课堂采用成熟先进的分布式架构,确保系统具有强大的并发性,可支持万人同时听课。相较于一般的课堂教学,空中课堂可以跨越时间和空间的限制,让师生在任何时间、任何地点,足不出户就能进行实时而又快捷地课堂交互。例如,在"非典"时期,利用空中课堂为在家中的学生授课。

3.2.3 移动教育(学习)

1. 移动教育的内涵和特点

移动学习领域是涉及移动通信技术、计算机科学、教育学、心理学等跨学科的研究领域。它是现代社会信息技术向"一切皆无线(wireless everything)"发展的产物之一,是知识经济社会人们教育需求和职业发展需要的反映,是移动通信技术在教育领域的具体应用。移动学习在一定程度上拓宽了教育领域,受到越来越多人的关注。

我国移动学习的理论发展与实践发展齐头并进,交叉发展,出现了"校讯通"、无线网络、"移动校园""校园网""农信通"和"行学一族"等形式的移动学习。面对未来更多机遇,研究移动学习服务的发展趋势、制约因素及发展对策显得尤为重要。

与其他形式的学习相比,移动学习模式特点突出:

(1)自由的学习模式

移动学习在学习时间和学习资源上十分灵活,学习者能够根据自己的需求自由支配。在学习时间上,移动学习不受时间的限制,能够随时提供学习,学习者可以使用零碎时间学习。从学习工具上来看,学习者可以利用智能手机等便携式移动设备充分学习;从学习内容上看,学习者可以选择自己需要的资源进行学习。学习者可根据自己的学习时间、地点和学习内容,决定学习进度、学习模式、学习方法等,制订适合自己的个性化学习方案。

(2)高效性

移动学习摆脱了时间、地点的束缚,学习者能够充分抓住零碎时间随时随地进行学习和交流,从而提高学习效率。互联网是移动学习的平台,利用移动学习工具接入,实现网络教学而提高效率。从学习资源上来看,互联网为学习者提供的资源更加实时、丰富。

(3)及时性

由于移动设备的便携性,能够随时为学习者提供学习体验与服务,方便与同伴交流学习,加强教与学的沟通互动。突破时间空间限制,随时展开活动,能够将最新的学习资源上传或下载。有效合理的资源配置,缓解教育资源的不合理分布。

(4)虚拟性

学习者能够通过网络动态组建班级、教学讨论组、项目实施小组等一些虚拟学习环境,管理者也能够进行虚拟管理。

(5)普及性

移动学习具有很高的普及性,任何具备移动学习工具的用户,不分年龄、性别、学历和国籍,都能够使用移动学习资源,具有大范围推广的可能性。

2. 移动学习的基本方法

根据无线通信技术的现状,目前可以实施的移动学习方法有基于短消息的移动学习、基于链接浏览的移动学习和基于校园无线网络的准移动学习等形式。

(1) 基于短消息的移动学习

基于短消息的移动学习是通过短消息传递文本和语言信息。一方面,学习者之间可以通过短消息分享学习资源进行学习讨论,另一方面,学习者可以向服务器发送请求并进行交互。学习者通过手机等移动学习终端向互联网教学服务器发送短消息,教学服务器将接收用户的短信息后转化成数据请求,并进行数据分析、处理,再发送到学习者的手机。利用这一特点,可实现学员通过无线网络与互联网之间的通信,完成一定的教学活动。

(2) 基于链接浏览的移动学习

对于基于链接浏览的移动学习,由于数据通信的间断,不能实时连接,导致不能利用该种方式实现移动学习终端对学习网站的浏览,使得多媒体教学资源难以输出显示。但是通信技术的快速发展,移动通信协议将得到很大改进,通信的速度也会大大提高,基于链接浏览方式的移动学习将会得到广泛的应用。

(3) 基于校园无线网络的准移动学习

准移动学习是指可以在局部范围内实现移动学习的移动产品。由于技术标准始终没有统一,大范围的使用链接方式完成移动学习仍需一段较长的时间,但无线局域网络技术的发展为准移动学习的实现提供技术保障,这也是目前作为传统教育的补充——移动学习成为最现实可行的学习方式。

3. 移动学习工具

移动学习的无线终端设备主要有三类:电脑笔记本、手机、PDA(个人掌上电脑)。在这三者中,手机价格最低,普及率最高,也是目前公认的移动学习的主要工具,很多移动学习的硬件和软件都是基于手机设计的。从便携的角度来说,电脑笔记本最不方便携带,由于手机体积较小、相对便于携带,更符合移动学习的需求。目前市面上的课件种类繁多,教学资源开发各种各样,在软件兼容性方面,由于电脑笔记本能安装的软件较多,几乎不存在软件兼容问题,能够播放各类课件,但手机和 PDA 并不能播放所有课件资源,所以教育资源的开发仍有待统一。显然,伴随有关移动学习的各项技术逐渐成熟,手机是支持移动学习的最佳工具。

4. 移动教学应用实例

自 1994 年,全球第一个移动学习的研究项目——美国卡耐基—梅隆大学的校园无线连接的 Wireless Andrew 研究项目发展以来,国外针对移动学习的研究已经进行了整整 20 年,研究时间早,范围广,内容深。

目前对移动学习的研究比较集中于北美和欧洲等经济发达的国家,先后组织了近 40

个项目对移动学习进行探讨。从研究目的考虑,移动学习可分为两类:一类由教育机构发起,以学校教育的视角认为,移动学习的新技术能够帮助他们改善教学和管理;另一类则由 E-learning 的提供商发起,以社会商业的视角认为,移动学习的新技术能够用于企业培训、商品交易或者其他领域。比较有代表性的案例有:2001 年斯坦福大学学习实验室(SLL)的研究、欧盟 M-learning 项目、非洲农村移动学习研究项目、欧盟 IST 计划开展移动学习研究等。

(1) 斯坦福大学学习实验室(SLL)的研究

斯坦福大学从学校教育角度出发,于 2001 年把移动电话应用于该校的语言教学中,开发出适用于外语学习内容的移动学习化的初试模块。用户根据课程内容的安排,查阅单词、生词练习、测验、翻译词组等,以此项模块联系来帮助学习者利用每天的"碎片"时间。这样的移动设备在预设中能安全、可信、个性化地提供学习、复习、练习的机会。

(2) 欧盟 M-learning 项目

由英、瑞、意 3 个国家的 5 个组织共同承担欧盟 M-learning 项目,其目标是通过使用移动通信技术,使 16～24 岁缺乏基本读写计算能力的青少年重新获得学习和受教育的移动学习环境。M-learning 项目的开发是基于 J2EE 体系结构的学习管理系统,使边缘性青少年能够适应学习。学习的方式和内容是通过 Web 浏览器的 HTML 的网页形式呈现。

(3) 非洲农村的移动学习

非洲农村的移动学习本来是一个正常的研究生教育计划,由南非普里多利亚大学领导,后作为移动学习的一个项目开展。农村学生通过移动电话来进行学习。由于参加这个项目学习的农村学生没有台式电脑、手提电脑、掌上电脑等电子设备,学生学习的全部终端设备是移动电话。在整个教学过程中,移动电话作为教务管理系统,将事先设计的短信批量发送给所有相关的学生;根据特定的学生群体,支持从数据库中选择性发送定制短信;能够为具体的教务支持,向学生发送个人定制短信。

(4) 欧盟 IST 计划开展移动学习研究

欧盟 IST 计划于 2001 年正式开展,计划对移动学习进行资助研究。Erickson、Nokia、Insite、Telenor Mobil、IT ForenebuKnowation 及英、美、德等国的诸多大学参与了此项目。该项目的研究报告中,Tove Kristiansen 博士详述了 3G 应用导论,即利用手机实现移动教育的方法。学习本课程的 18 位学员每人利用手头的 WAP 移动电话进行移动学习。这种特制的爱立信手机具有预订服务、练习、测试、课程评估等功能。使用中的学习者认为,WAP 移动电话是他们学习该课程的一种积极有效的辅助手段。移动电话的便携性使他们即便在晚上也可以进行有效的复习;测试反馈及时;可随时随地、随心所欲地学习。可见以爱立信为代表的商业公司,从微观细节的层次上开展的"移动学习"研究,也取得了突破性的进展。

(5) 北京大学移动教育

北京大学的移动教育实验项目主要设计了短信移动教育系统。研究分为几个阶段:基于网络和移动设备的移动教育平台的研究阶段,这一阶段利用短信解决信息交互问题,实现基于移动网和互联网的信息共享;基于移动教育平台的研究阶段,为了开发具有普适性的教学资源,使得手机和PDA可以浏览同一种资源,该平台主要利用本体技术;基于制作教育资源和教育资源上传、下载的研究阶段。该平台主要整合了上述的技术功能。除此之外,为了扩充教育资源,统一教育服务的开发规范,还增加了本体技术,同时对教育语义提前做了研究铺垫。教育语义网络平台主要利用语义技术提升平台智能性,利用语义和本体技术建立多功能的教育服务平台。

(6)移动教育——家校互动平台

家校互动平台是一套应用于教育系统的高科技信息互动平台,它是集现代计算机信息技术、网络技术和无线通信技术于一体,实现家庭与学校的互动、快捷、实时沟通的教育网络信息平台;是一套可以通过手机短信互动查询的方式,有效解决教师和家长之间沟通的短板,帮助学生健康成长。该平台通过家校信息互动形式,可实现校务点播查询;学生到(离)校刷卡,信息中心自动反馈学生到(离)校信息到家长的手机,有效地解决了家长对孩子的担心和忧虑,给学校和家长带来了极大的方便。此外,教师还可以将学生在学校的表现情况、考勤情况、考试成绩、每周和期末评语、学校的动态和临时通知等信息,通过学校的信息中心自动发送给家长,让在百忙之中的家长也可以轻松掌握孩子的基本动态。同时,家长也可以通过系统的留言箱向学校和班主任发表自己的看法和建议。这样既可以帮助教师和家长及时解决学生任何时刻出现的问题,又可以让教师和家长共同分享学生身上随时出现的亮点所带来的喜悦,使孩子少走弯路,健康成长。该平台充分调动了社会教育资源,利用现代信息技术架起学校和家庭之间的实时、快捷、有效沟通的桥梁,形成社会、学校、家庭和谐共育的局面,促进学生身心健康发展。

另外,该系统还具有可与学校OA系统有机结合起来,学校的任何员工可以在自己的办公电脑上收发短信,而所有学校通信录和收发信记录都会统一保存在信息管理服务器上等应用特色。

教学活动建议

1. 讨论通信技术在日常学习与教学中的应用实例,思考通信技术解决了教育教学中的什么问题,还有哪些问题不能解决。

2. 通过查找相关的图书文献或利用网络搜索引擎,了解广播教学、电视教学、移动教学以及远程教学的其他典型应用。

3. 选择自己感兴趣的应用实例,可以通过查找相关的图书文献或利用网络搜索引擎获得更多的资料,思考其优势与不足。

本章自测题

1. 根据通信系统的模型,分析"拉斯韦尔的5W模式",提取它们共同的组成部分。
2. 下列不属于生活中常见的有线通信的介质是(　　)。
   A. 同轴电缆　　　B. 光纤　　　C. 微波　　　D. 双绞线

3. 请思考生活中哪些是模拟通信,哪些是数字通信,并分别列举一个。

4. 请列举移动通信系统的4个阶段与各阶段的主要特征。

5. 随着通信技术的发展,当达到五代移动通信时代时,你认为那时的通信技术会对教育产生何种影响?

6. 根据你的理解,谈谈未来移动教育的发展及所采用的通信技术手段。

参考文献

[1] 刘明,张治中,程方.5G与Wi-Fi融合组网需求分析及关键技术研究[J].电信科学,2014(8):99-105.

[2] 彭小平.第一代到第五代移动通信的演进[J].中国新通信,2007(4):90-92.

[3] 王贵.多媒体通信技术研究及在远程教育中的应用[J].时代教育,2012(11):262.

[4] 方静.基于Android系统的移动学习平台的设计和实现[D].武汉:华中师范大学,2014.

[5] 郭小溪.论光纤通信技术的分类与应用[J].科技视界,2014(14):82.

[6] 苏和.浅谈现代通信技术的发展趋势[J].内蒙古科技与经济,2013(5):66-67.

[7] 肖波.回顾我国移动通信技术的发展历程[J].才智,2013(23).

[8] 曹赛.现代远程教育移动学习模式与系统研究[D].贵阳:贵州师范大学,2014.

[9] 刘长城.我国无线通信技术的现状和发展前景[J].科技视界,2015(8):70-71.

[10] 赵晗.现代无线通信技术的发展现状及未来发展趋势[J].企业技术开发,2011(8):86-87.

[11] 庞立永.无线光通信技术应用前景分析[J].民营科技,2015(7):30-31.

[12] 毛谦.我国光通信技术和产业的最新发展[J].光通信研究,2014(1):1-4.

[13] 李鑫峰.电视教学点滴谈[J].特立学刊,1996(2):57.

[14] 黄荣怀,马丁,张进宝.信息技术与教育[M].北京:北京师范大学出版社,2008.

第 4 章　多媒体技术与教育

【导言】

自 20 世纪 90 年代以来,多媒体技术迅速兴起并蓬勃发展,其应用遍及社会生活的各个领域,正在对人们的生产方式、工作方式乃至生活方式带来巨大的变革。同样,多媒体技术对教育也产生了深刻的影响,引发了教育理念、教育模式、教学方法的变革。深入理解多媒体技术在教育中的应用,必须首先弄清楚"媒体""多媒体""多媒体技术"的基本含义。本章首先从传播学的角度系统阐述多媒体和多媒体技术的含义、基本元素、发展历程、关键技术及其在各个领域中的典型应用;然后详尽阐述了多媒体教学的原则、多媒体选择的方式和模型、利用多媒体教学的 ASSURE 模式、多媒体技术在教育各个方面的典型应用以及对教育产生的重大影响。

【思维导图】

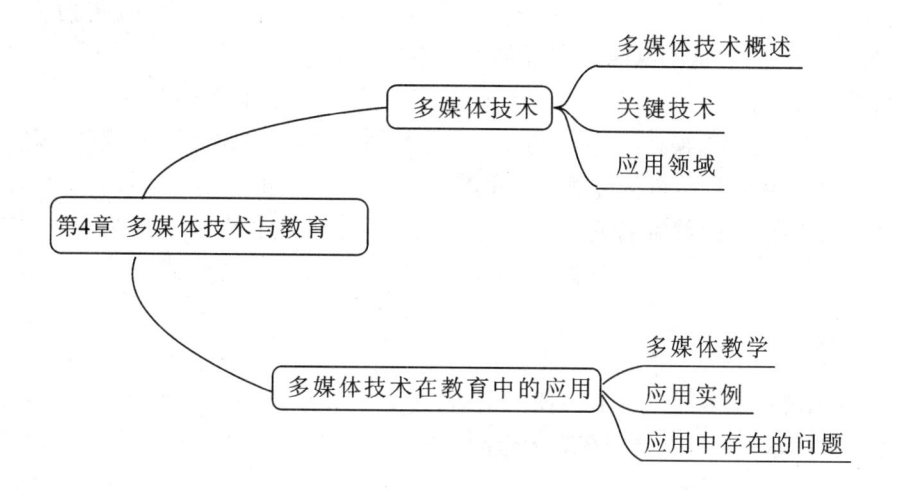

- 第4章 多媒体技术与教育
  - 多媒体技术
    - 多媒体技术概述
    - 关键技术
    - 应用领域
  - 多媒体技术在教育中的应用
    - 多媒体教学
    - 应用实例
    - 应用中存在的问题

【学习目标】

通过学习本章内容,学生应该做到:
1. 区别媒介、大众传播媒介、媒体和多媒体的不同内涵。
2. 了解多媒体的基本元素。
3. 了解多媒体技术的发展历程以及各阶段的关键技术。
4. 掌握数据压缩与编码技术、多媒体信息处理技术、多媒体存储技术、多媒体网络与通信技术、多媒体专用芯片技术、多媒体系统软件技术的内涵,体会它们的重要性。
5. 列举多媒体技术在教育、商业、家庭、娱乐、远程通信中的典型应用。
6. 理解教学媒体的含义。
7. 说出各种类型教学媒体的特点和适用条件。
8. 掌握选择数字媒体的原则和方法。
9. 能够利用ASSURE模式评价一份教学设计方案。
10. 列举多媒体技术在教育教学中的典型应用。
11. 描述多媒体教室、多媒体语音教室和微格教室在教学中的具体应用。
12. 了解交互白板、电子书包在教学中的应用现状和发展趋势。
13. 能够辩证认识多媒体技术对教育的影响。

4.1 多媒体技术

许多技术从一开始出现,人们就为它们界定了清楚明了的概念,这样,无论是技术专家还是初学者都不会对其混淆。而多媒体技术则不同,人们很难弄清楚"什么是多媒体",造成这一现象的原因有很多。首先,多媒体技术是由通信、计算机与传播等多种技术融合在一起产生的,这就意味着多媒体技术有着更复杂的技术内涵。其次,一些商家出于商业需要,把本来不属于多媒体范畴的技术也冠以"多媒体技术";许多文献从不同角度的界定,尤其是在"媒介""大众媒体""新闻媒体""传媒""媒体""多媒体"这样众多名词术语纷纷登场时。本章从传播学的角度出发,结合媒体的发展对多媒体做一个较为完整、全面的梳理,力图使读者对多媒体与多媒体技术的内涵有一个较为清晰、完整的认识。

4.1.1 多媒体技术概述

为了弄清哪些是多媒体技术的技术术语,首先要对什么是多媒体,它的基本元素有哪些,以及多媒体技术的发展历程有大致的了解。

1. 基本概念

传播媒介多种多样,人类利用自身器官作为传播媒介,即身体媒介;利用特定的工具技术作为媒介,即技术媒介。我们与人聊天、打招呼都是利用身体媒介。在技术媒介中,传播规模小且以个人为传播单位的,称为个人媒介,如电话、电子邮件;传播规模大,以职业化的传播机构为传播单位的,称为大众传播媒介。现代社会,信息在更大范围内以更高的效率传播,承担这一传播重任的媒介就是我们所说的狭义的媒介——大众传播媒介。

从比较宽泛的角度理解大众传播媒介,是将其作为传播机构和传播渠道工具的总和(press 或 media),更多的是指传播者,又包含了传播渠道工具,同时涵盖了软件和硬件部分。这也是现代社会中"媒介"一词的特定含义,最常用的如特指书籍、报纸、杂志、广播、电视、电影、因特网,以及正在兴建的信息高速公路等。现在所说的"媒体",是特指大众传播媒介,概念的外延较"媒介"稍狭窄一些,更多的是指大众传播媒介的组织结构层面,即特定的媒介机构,又可笼统地涵盖其组织机构和传播的渠道设施两大部分。也是指信息的载体和加工、传递信息的工具。在20世纪80年代初"多媒体"一词出现后,"媒体"一词逐渐取代了"媒介",但这并不意味着"媒体"就取代了"媒介",就可以片面地说"媒体"就是"媒介"。关于媒体理论的研究,影响较大的有麦克卢汉的《媒体研究》和梅罗维茨的《媒体理论研究》。在教育媒体研究领域中,影响较大的有戴尔经验之塔理论。国际电报电话咨询委员会(CCITT)把媒体分成如下几类:

(1)感觉媒体(perception medium)

感觉媒体是指直接作用于人的感官,产生感觉的媒体。例如,语言、音乐、音响、图形、动画、数据、文字、文件等都是感觉媒体。

(2)表示媒体(presentation medium)

表示媒体是为了对感觉媒体进行有效的传输,以便于进行加工和处理而人为构造出的一种媒体。主要有视觉类媒体、听觉类媒体、触觉类媒体三大类。例如,语言编码、静止和活动图像编码,以及文本编码等,都称为表示媒体。

(3)显示媒体(display medium)

显示媒体就是显示感觉媒体的设备。显示媒体又分为两类,一类是输入显示媒体,如听筒、摄像机、光笔及键盘等;另一类为输出显示媒体,如扬声器、显示器及打印机等。

(4)传输媒体(transmission medium)

传输媒体是指传输信号的物理载体。例如,同轴电缆、光纤、双绞线以及电磁波等都是传输媒体。

(5)存储媒体(storage medium)

通过存储表示媒体,存放感觉媒体数字化后的代码的媒体称为存储媒体。例如磁盘、光盘、磁带纸张等。

2. 基本元素

随着多媒体在各个领域的广泛应用,多媒体元素家族里也在不断地出现许多新的名词术语,多媒体应用要求能动态地处理数据,这些数据是由文本、音频、视频和动画等混合而成的,完整的多媒体应用允许用户从全部或任一元素中切出一部分,并将它们拼贴到新的文档或应用。表 4-1 具体列出了多媒体技术的相关元素。

表 4-1 多媒体技术的相关元素

元素	定义
文本	各种文字,包括各种字体、尺寸、格式及色彩的文本
图形	从点、线、面到三维空间的黑白或色彩几何图
图像	由像素点阵组成的画面,如传真图像、文档图像、摄影图像和全息图像。
视频	图像数据的一种,若干有联系的图像数据连续播放便形成了视频,目前,为建立虚拟现实的概念,已开始采用三维视频技术
音频	包括音乐语音和各种音响效果
动画	利用人眼的视觉暂留特性、快速播放一连串静态图像、在人的视觉上产生平滑流畅的动态效果就是动画。二维计算机动画按生成的方法可分为逐帧动画、关键帧动画和造型动画等,若每帧图像为计算机产生的具有真实感的图像时称为三维真实感动画

3. 发展历程

自 20 世纪 40 年代第一台计算机诞生至今,计算机从简单的二进制不断向文本和几何图形处理方面发展,这也为多媒体技术向多元化发展提供了前提条件。20 世纪 70 年代,出版、广播以及计算机技术的综合使用为多媒体技术的发展奠定了实质性基础。多媒体技术的产生和发展是技术和应用发展的必然。在信息社会,人们迫切希望计算机能以人类习惯的方式提供信息服务,因而多媒体技术应运而生。它的出现,使得原本"面无表情""死气沉沉"的计算机有了一副"生动活泼"的面孔。用户不仅可以通过文字信息,而且可以通过直接看到的影像和听到的声音,来了解感兴趣的对象,并参与或改变信息的演示。

在多媒体技术整个发展过程中,计算机技术和多媒体技术相关的技术标准不断形成,进一步推动了多媒体技术的发展。伴随着网络的出现,对计算机技术的发展又起到了极大的促进作用。而在计算机技术发展过程中,多媒体技术中的信息储存受到一定的限制,但是自从光存储技术出现后,多媒体信息的存储问题就得到解决,多媒体技术在信息存储方面实现了低成本存储。多媒体信息传输的实时性和同步问题在宽带发展后也得到明显解决。广播电视业在技术发展过程中也逐渐实现了数字化发展。由此说明,多媒体技术在不断发展过程中已经渐渐进入到了网络时代发展阶段。

4. 对多媒体技术发展的展望

研究和建立新一代多媒体,使多媒体从单机、单点向分布协同多媒体环境发展,在全球范围内建立一个可自由交互的综合业务通信。

①利用图像理解、语音识别、全文检索等技术,研究多媒体基于内容的处理,开发能进行基于内容处理的系统是多媒体信息管理的重要方向。

②多媒体标准化仍是研究和发展的重点。

③多媒体技术与相关技术的结合,提供完善的人机交互环境。

④多媒体技术与外围技术构造的虚拟现实研究仍在继续发展。

总的来看,多媒体技术正向两个方面发展:一是网络化发展趋势,与宽带网络通信等技术相互结合,使多媒体技术进入科研设计、企业管理、办公自动化、远程教育、远程医疗、检索咨询、文化娱乐、自动测控等领域;二是多媒体终端的部件化、智能化和嵌入化,提高计算机系统本身的多媒体性能,开发智能化家电。

4.1.2 关键技术

多媒体技术是通信、计算机和大众传媒等各种技术联合发展的必然结果。在20世纪中期,广播、影视和通信,印刷出版业,计算机制造业几乎是各自独立发展的三个领域。但是随着时代的发展,这些领域相互融合,相互渗透,已经整合成一个多媒体信息系统。图4-1表示了这一发展过程。

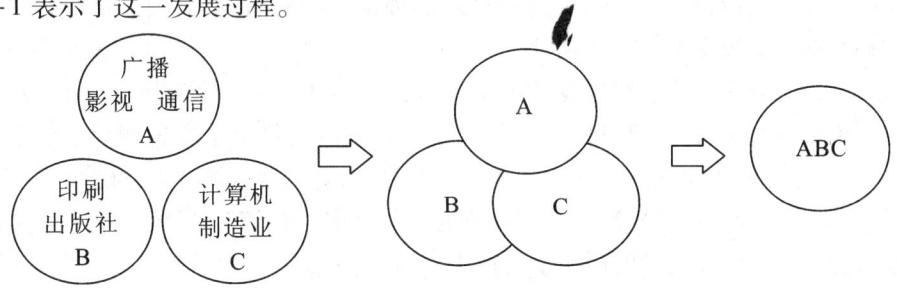

20世纪70年代各自独立发展——→相互渗透——→多媒体系统

图4-1 信息产业的发展

多媒体计算机实质上是借助计算机,并以计算机识别的方式(数字信息),把音频视频处理技术、图形图像处理技术、编码解码技术、存储技术等集成在一起,从而方便地对信息进行存储、加工、控制、编辑、变换、查询、检索等操作。

1. 数据压缩与编码技术

对于多媒体计算机,除了硬件设备和系统软件的支持外,需要解决的一个重要问题是数据的存储、处理和传输,而解决这一问题的关键手段就是数据压缩和编码技术。

数据压缩就是以最少的数码表示信源所发的信号,减少容纳给定消息集合或数据采样集合的信号空间。下面是一个未经压缩的数字化信息的简单例子。

计算机屏幕的分辨率为$640×480$,色彩为24位(3bytes)色,则一幅图像所占的数据量为$640×480×3$bytes,未经压缩的数据传输速率($0.9MB×25/s=22.5MB/s$)已超过CD-ROM和硬盘的传输能力,在网络上传输就更加困难。另外,若按44.1kHz的采样频率和16位音频信号的数据量约为10MB,而一张CD-ROM的容量约为650MB,只能存储70min的双声道立体音乐信息或存储30s左右的视频图像。

经研究发现,图像数据表示中存在着大量的冗余,如空间冗余、时间冗余、结构冗余、知识冗余等,除去冗余数据可以使原始图像数据大大减少,而压缩技术就能够在这一方面起到至关重要的作用。

上面例子中的数据信息经过压缩后,可以做到在一张CD-ROM盘上存储可播放70min的电视图像信息。由此可见,高效实时地压缩音频和视频信号是为了减少多媒体信息的存储量和传输量。

1994年，M. Burrows和D. J. Wheeler共同提出了一种全新的通用数据压缩算法。这种算法的核心思想是对字符串轮转后得到的字符矩阵进行排序和变换，类似的变换算法被称为Burrows – Wheeler变换，简称BWT。如今BWT算法在开放源码的压缩工具bZIP中获得巨大成功，表明即便在日趋成熟的通用数据压缩领域，只要能在思路和技术上不断创新，仍能找到新的突破口。

分形压缩技术是图像压缩领域近几年来研究的热点。这一技术起源于B. Mandelbrot于1977年创建的分形几何学。从20世纪90年代开始，人们陆续提出了许多试验性的分形压缩算法。无论其前景如何，分形压缩技术的研究与发展都提示我们，在经过了几十年的高速发展后，也许，我们需要一种新的理论，或是几种更有效的数学模型，以支撑和推动数据压缩技术继续向前跃进。

人工智能是另一个可能对数据压缩的未来产生重大影响的关键技术。假设人工智能在某一天成熟起来，计算机可以像人一样根据已知的少量上下文猜测后续的信息，那么，将信息压缩到原大小的万分之一乃至十万分之一，恐怕就不再是天方夜谭。

目前，新的压缩算法和标准正在积极研究中。其中，基于知识的编码技术、小波编码技术被认为是很有应用前景的压缩编码技术。

1）多媒体数据压缩编码的种类

多媒体数据压缩方法根据不同的依据，可产生不同的分类，通常根据压缩前后有无质量损失分为失真（损）压缩编码和无失真压缩编码，具体如图4 – 2所示。

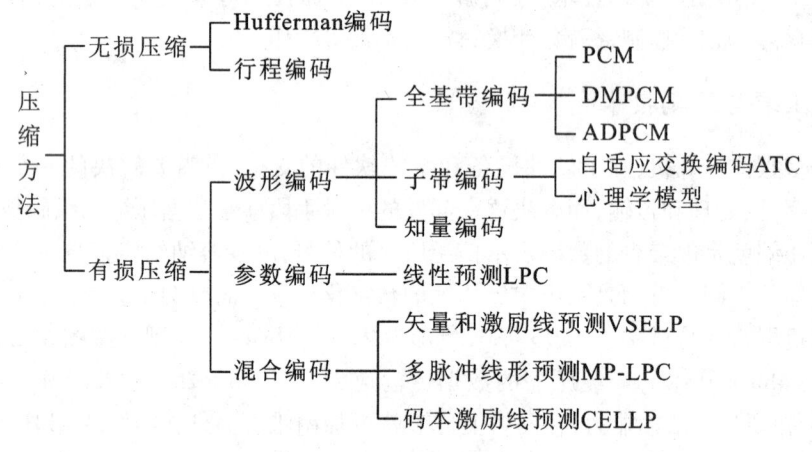

图4 – 2　音频信号的压缩方法

（1）无损压缩

无损压缩利用信息相关性进行的数据压缩并不损失原信息的内容。无损压缩是一种可逆压缩，即经过文件压缩后可将原有的信息完整保留的数据压缩方式，如RLE压缩、Huffman压缩、算术压缩和字典压缩。

（2）有损压缩

有损压缩是经压缩后不能将原来的信息完全保留的压缩，是不可逆压缩。如静态图像的JPEG压缩和动态的MPEG压缩等。有损压缩丢失的是对用户来说并不重要的、不敏感的、可以忽略的数据。

无论是有损压缩还是无损压缩，其作用都是将一个文件的数据容量减小，又基本保持原来文件的信息内容。压缩的反过程——解压缩，将信息还原或基本还原。

压缩编码的方法有几十种之多，如预测编码、变换编码、量化与向量编码、信息熵编码、子带编码、结构编码、基于知识的编码等。其中，比较常用的编码方法有预测编码、变换编码和统计编码。没有哪一种压缩算法绝对好。压缩效率高的算法，其具体的运算过程相对就复杂，即需要更长时间进行转化编码操作。

2) 多媒体数据压缩编码的国际标准

国际电话电报咨询委员会(CCITT)和 ISO 联合制定的数字化图像压缩国际标准，主要有三个：用于计算机静止图像压缩的 JPEG、用于活动图像压缩的 MPEG 数据压缩技术和用于电视会议系统的 H.261 压缩编码。

（1）JPEG 标准

联合图像专家小组多年来一直致力于标准化工作，他们开发研制出连续色调、多级灰度、静止图像的压缩编码方法。这个压缩编码方法称为 JPEG(joint photographic experts group)算法。该算法不仅适用于静止图像的压缩，而且适用于电视图像序列的帧内图像的压缩编码。采用 JPEG 标准可以得到不同压缩比的图像，图像质量得到保证的情况下，可以从每个像素 24bit 减到每个像素 1bit，甚至更小。

JPEG 标准定义了两种基本压缩算法：一是基于 DCT 变换有失真的压缩算法；二是基于空间预测编码 DPCM 的无失真压缩算法。

（2）MPEG 标准

MPEG(Moving Picture Experts Group)的中文意思是活动图像专家小组。MPEG 和 JPEG 两个专家小组，都是 ISO 领导下的专家小组，其小组成员也有很大的交叠。JPEG 的目标是专家集中于静止图像压缩，MPEG 的目标是针对活动图像的数据压缩，但是静止图像与活动图像之间有密切关系。

（3）H.261 标准

H.261 标准是面向可视电话和电视会议系统的视频压缩算法的国际标准。

扩展阅读

MPEG 标准的产生

时　间	事　件
1988～1992 年	提出标准化方案
1991 年 11 月	提出草案
1992 年	通过 ISO/SEC 11172 JPEG 和 MPEG 同属于一个工作组
1993 年 11 月	通过 ISO IEC 13818
1995 年 5 月 15 日	MPEG 标准正式通过

> 多媒体计算机技术的标准化工作将进一步拓宽多媒体技术的应用范围,普及多媒体计算机的应用。从目前来看,除继续完善现有的标准和不断提出新的标准外,还应进一步降低成本,提高多媒体计算机软硬件的质量。随着多媒体技术的高速发展和多媒体计算机的普及应用,21世纪将会产生一场新的技术革命。

2. 多媒体信息处理技术

多媒体信息处理技术是指利用数字、美工等方法和多媒体硬件技术的支持来获取、压缩、识别、综合多媒体信息的技术。获取和压缩可以合并成变换技术。多媒体信息的获取是指对不同形式的表示媒体信息都需经数字化后才能被计算机处理,计算机处理的数字化结果需转化成声、图、文、像等自然媒体形式反馈给人。多媒体信息的数据压缩是利用特定算法去除大容量的数据编码中的冗余以减少信息存储量的变换方式。多媒体信息的识别是对数字化信号进行特征抽取而得到参数和数据的处理方式,如语音识别能将音频信号映射成一串字、词或句子。多媒体信息的综合就是利用模式识别、人工智能等手段将不同媒体形式表达的各种数据综合还原成本来物体对象的处理方法,如语音合成器能将语音的内部表示合成自然人语输出。从获取到合成是多媒体信息处理程度不断深化的过程。

1) 图形、图像处理技术

图像处理技术包括图形图像获取、存储、显示和处理,其获取的方式有很多种;图形图像文件的存储也有很多格式(如 BMP、GIF、JPG、EPS、PNG 等);图形图像的显示原理与呈现图形图像的主要设备有关;图形图像的处理技术更是多媒体技术的关键,它决定了多媒体在各领域中应用的成效和影响。

计算机存储和处理的图形图像信息都是数字化的。因此,无论以什么方式来获取图形图像信息,最终都要转换为二进制代码表示的离散数据的集合,即数字图像信息。

图形处理包括二维平面和三维空间图形处理技术,具体处理技术有平移、旋转、缩放、透视、投影等几何变换,以及配色、阴暗处理、纹理处理、隐面消除等。而图像的处理包括图像变换、图像增强、复原、合成、重建,以及图像的分割、识别、编码压缩等。

2) 音频、视频处理技术

多媒体技术的特点是交互地、综合地处理声音、图像信息,在多媒体的广泛应用过程中,声音以及动态图像(视频)为我们提供了一个更加真实的交流方式。

音频(如 IP 电话、MP3 音乐等)携带的信息很大、精细、准确,被人们用来传递消息、情感等,是人类最熟悉的传递信息的方式。视频图像信息是在计算机的不断发展中产生的,它能通过视觉感受和动态效果给人以生动、深刻的印象。视频电话、视频会议、交互视频游戏,以及虚拟现实技术,都是视频信息在人类社会中的重要应用。

音频、视频处理技术涵盖了很多内容,如音频信息的采集、抽样、量化、压缩、编码、解码、编辑、语音识别、播放,视频信息的获取、数字化、实时处理、显示等。

这里将详细介绍音频信号的数字化。声音的物理形式是声波,图像的物理形式是由二维或三维空间中连续变化的光和色彩组成的。它们都属于模拟信息。这些模拟信息是关于时间的连续函数,如图4-3所示。

而在计算机内部只能存储和处理数字信息,这些信息是离散的,不是关于时间的连续函数,如图4-4所示。

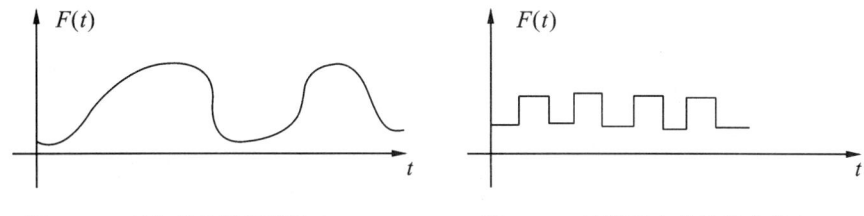

图4-3 真实世界的模拟信息　　图4-4 计算机内部的数字信息

因此,多媒体信息除了文字媒体外,其他媒体,例如,声音、图像等模拟信息都必须转换成数字信号。图4-5是声音信号数字化的过程。从这个例子中,能够初步了解模数转换(模拟信息转换成数字信息)的基本过程。

声音模拟量 → 采样 → 量化 → 编码 → 数字化

图4-5 声音信号数字化的过程

声音信号数字化的过程包括采样、量化和编码。

(1)采样

将声音信号在时间上进行离散化处理,即每隔相等的一段时间在声波信号波形图上采集一个信息样本。

(2)量化

对采集后的声音信号的振幅进行离散化处理,采样后的数值不一定就能在计算机内部被表示,所以必须将每一个样本值归入预先编排的最近的量化级上,如图4-6所示。如果幅度的划分是等间隔的,称为线性量化,否则称为非线性量化。

X 越小即采样的频率越高,越逼近模拟信号

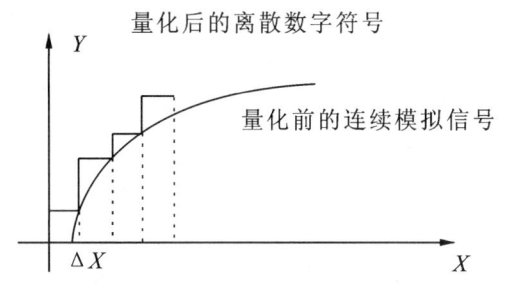

图4-6 量化过程

(3)编码

将采样和量化后的数字化信息以二进制形式并按照一定的数据格式进行表示,整个

过程称为编码。

视频信号的数字化过程与音频信号的数字化原理是一样的,也要通过采集、量化、编码等必经步骤。但由于视频信号本身的复杂性,其数字化过程又与音频信号有一些差别。例如,视频信息的扫描过程中,要充分考虑视频信号的采样结构、色彩、亮度的采样频率等。

3. 多媒体存储技术

多媒体的音频、视频、图像等信息虽经过压缩处理,但仍需相当大的存储空间,数字化的多媒体对存储技术提出了很多的要求,其中之一就是大容量存储技术,这也是多媒体存储技术的基本出发点。此外,多媒体数据中的声音和视频图像都是与时间有关的信息,在很多应用的过程中都要进行实时处理(压缩、传输等),而且多媒体数据的查询、编辑、显示等都向多媒体数据的存储技术提出了很高的要求。

1) 机械存储技术

机械存储技术出现于 19 世纪后期。采用机械存储的有留声机技术,其原理是将声音的变化转化为针头的振动刻录在唱盘上,从而成为由许许多多凹坑和凸点组成的螺纹线。由于其存储的是声音的模拟信号而不是数字信号,所以这种存储方式容易丢失数据,播放时声音信号容易失真。

2) 磁存储技术

磁存储技术出现于 19 世纪末,是利用磁性材料的矩形磁带回线或磁矩的变化来存储信息的。计算机的硬盘和软盘中利用磁带回线的两个剩磁状态(+ Mr 和 - Mr)记录二进制数字信息"0"和"1"。录音机将声音信号转化为电信号,控制磁头中的磁场的变化。当磁带紧贴磁头匀速通过时,磁带上的磁粉被磁化,这样就将声音信号转化为磁信号储存在磁带上,这样,在播放时同样也能被认知。

最初作为磁存储介质的是细钢丝,钢丝具有不易损坏的优点,因此直到现在仍有一些磁存储产品用钢丝作为磁存储介质。随着光电技术的发展,磁存储技术应用的范围正逐渐变小。

3) 光存储技术

20 世纪 70 年代末出现了光存储技术。光存储技术的最早应用是从 CD 机开始的。光存储技术的主要部分有光盘的制作和读写技术,光盘是一张具有极高加工精度的玻璃盘,其表面涂敷着一层光阻材料,这种光阻材料对激光很敏感。当刻录光盘时,激光头射出一种带有数字信息的激光束,沿螺旋轨迹扫描光盘,在光阻材料层上刻出精细的由凹坑和凸点组成的螺纹,螺纹的宽度约为 $0.5\mu m$。这些凹坑和凸点代表数字信息符号中的"0"和"1"(即二进制符号)。当播放光盘时,激光头发射出一束激光,沿螺纹线扫描光盘,光束被盘面的凹坑和凸点反射后变成带有数字信息的光束,数字光束被光电管接收后转化为数字信息,即由"0"和"1"组成的编码,从而能被计算机的硬件或者其他电路板认知和接收。

光存储产品的优点是读取速度快、容量大、介质携带方便等,其缺点是容易损坏。例如,有的盘片常因保存不善而发霉,导致无法被计算机的硬件或者其他电路板读取。光存储技术应用比较广泛。

4) 电存储技术

电存储是近几十年出现的、当前最先进的,也是应用最广泛的一种存储方式,例如,计算机中的内存、移动存储器(如MP3、MP4、MP5、移动硬盘等)和彩色电视机中的存储电路采用的都是电存储的技术。

存储电路的基本单元利用了三极管能稳定在饱和态或截止态的特性,使该电路能呈现出两个稳定状态——截止状态和饱和状态,这两种状态表示数字信息的"0"和"1"。这种数字信号被计算机所认知接收并且执行。

电存储产品的优点是存储内容速度快、易保存、传送快、容量大、丢失易寻回、介质携带方便等,而其缺点是某些电存储产品容易因感染电子病毒而导致数据丢失。

5) 云存储

针对数据的飞速发展和数据安全要求的不断提高,如何建立安全性价高的存储成为业界的普遍需求。云存储成为首要选择,因为它能够根据所需容量大小对用户进行定制,用户不需要进行硬件的管理维护,缩减了用户成本和人力投入。而且云存储具有易扩容、易管理、价格低、数据安全、服务不中断等优点。云存储是在云计算概念上延伸和发展出来的新概念,通过集群应用、网络技术和分布式文件系统等功能,将网络中大量各种不同类型的存储设备通过应用软件集合起来协调工作,共同对外提供数据存储和业务访问功能的一个系统。存储是一个以数据存储和管理为核心的云计算系统。

2010年开始,云存储的运用越来越广泛,例如,在互联网、平安城市、视频制作、数字传媒、家庭娱乐、个人网盘等方面,都得到了广泛应用。

4. 多媒体网络与通信技术

进入21世纪以来,计算机技术、通信技术、网络技术取得了较大的飞跃和进步,在如今的信息社会中发挥着不可替代的作用。

1) 多媒体技术对网络、通信技术的要求

多媒体数据的分布性、结构性以及计算机支持的协同工作等应用领域都要求计算机网络上传送声音、图像数据,在传输的过程中,就要保证传输的速度和质量。而多媒体通信是通信技术和多媒体技术结合的产物,它兼收并蓄着计算机的交互性、多媒体的复合型、通信的分布性以及电视的真实性等优点。在协同工作中,由于要用到摄像机、监视器、话筒等多媒体设备进行发送和接收信息,这就对同时在网络上传输的多路双向声音

和图像要求非常高。比如现有局域网是基于各节点可共享网络宽带的思想设计的,它假设各节点间传送的数据在时间上是相互独立的,因此可知,局域网技术不能满足多媒体通信的传输连续性的要求。

除此之外,相关数据类型的同步、可变视频数据流的处理、信道分配,以及网络传输过程中的高性能、可靠性等,仍是多媒体技术对网络通信技术提出的要求。

2) 流媒体对网络、通信技术的要求

多媒体在网络上传输和共享都是基于传统的 TCP/IP 协议对传输信息的控制实现的。当通过 TCP/IP 协议下载文件时,服务器会按照一定的次序将文件分成若干个独立的数据包,然后依次发送出去。而客户端会将这些数据包重新组装,最终形成与原来一样的完整的文件。流技术与传统的传输方式不同,不是将数据文件打包再解包,而是按照特定的顺序将文件发送出去,在接收端一边接收一边播放,如图 4-7 所示。为了使播放更加稳定连贯,通常客户端会通过为接收数据开辟缓存区的方法来解决网络拥塞问题。这种在网络中使用流式传输技术的媒体称为流媒体。

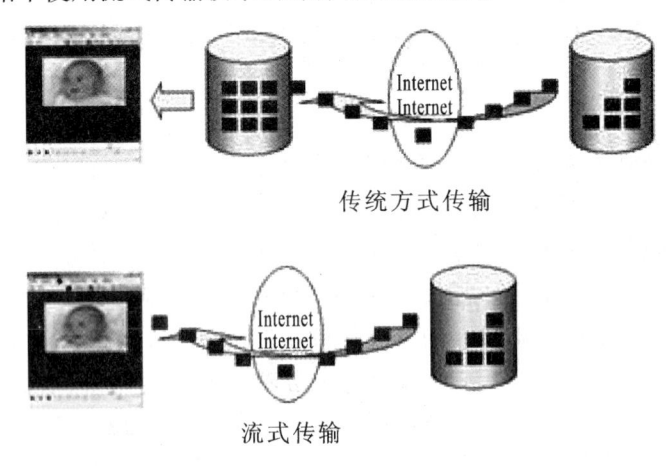

传统方式传输

流式传输

图 4-7 传统传输与流传输

目前,流媒体技术已经在多媒体新闻发布、在线直播、视频点播、远程教育等领域得到广泛的应用。但这种传输方式又会对网络和通信技术提出更高要求,因为多媒体数据必须进行预处理(降低质量、采用高效的压缩算法等)才能适合流式传输。此外,流式传输需要缓存以及适当的传输协议。例如,采用 HTTP 传输控制信息,使用 RTP/UDP 传输实时声音数据。

5. 多媒体(计算机)专用芯片技术

多媒体计算机的专用芯片可分为两类:一类是固定功能的芯片;另一类是可编程数字信号处理器 DSP。除专用处理器芯片外,多媒体系统还需要其他集成电路芯片支持,如数/模(D/A)和模/数(A/D)转换器,音频、视频芯片,彩色空间变换器及时钟信号产生器等等。

6. 多媒体系统软件技术

多媒体系统软件技术主要包括多媒体操作系统、多媒体编辑系统、多媒体数据管理技术、多媒体信息的混合与重叠技术等,这里是主要介绍多媒体操作系统和多媒体数据库技术。

1) 多媒体操作系统

多媒体操作系统要求该操作系统要像处理文本、图形文件一样方便灵活地处理动态音频和视频。在控制功能上,要扩展到对录像机、音响、MIDI 等声响设备以及 CD-ROM 光盘存储技术等。多媒体操作系统要能够处理多任务,易于扩充,要求数据存取与数据格式无关,提供统一友好的界面。

2) 多媒体数据库技术

数据库技术是存储数据的方式和方法。在应用多媒体技术来支持多媒体应用时,由于多媒体数据和传统数据存在结构表示多方面差异,需要将多媒体数据的各种固有特性(如是否采用编码形式)同多种表示形式(如图像数据文件、图形结构等)结合起来考虑。传统的关系数据库不适用于多媒体信息管理,因此必须研究多媒体数据库技术,即对现有的关系数据库模型进行扩充;研究面向对象数据库以及研究超文本数据库模型。当前针对多媒体数据技术的研究主要在如下方面:

①多媒体数据模型;
②数据压缩和解压缩;
③多媒体数据管理及存取方法;
④用户界面;
⑤分布式技术。

4.1.3 应用领域

20 世纪 90 年代以来,多媒体技术得到迅速发展,应用领域也在不断扩大,这是社会需求与科学技术发展相结合的结果。多媒体技术和多媒体系统的应用多种多样、丰富多彩,为人类提供了多种交流表达信息的方式。多媒体技术的发展改变了计算机的使用领域,使计算机应用由办公室、实验室中的专供信息咨询、商业广告、军事指挥与训练扩充到家庭生活与娱乐等领域。

1. 教育中的多媒体

多媒体图、文、声并茂,还有活动影像,使教学的表现形式多种多样,提供最理想的教学环境。多媒体计算机辅助教学(MCAI),是继 20 世纪 90 年代多媒体技术发展后,多媒体技术与计算机辅助教学技术相结合的产物。其优点是,它能根据学生的实际能力水平采取不同的教学方案,根据反馈信息为学生提供及时的教学指导;创造生动逼真的教学环境,增强学习效果。

2. 商业中的多媒体

1) 出版业上的应用

多媒体技术给图书的编辑和出版带来了巨大影响。电子图书和电子报刊就是应用多媒体技术的产物。随着计算机技术、多媒体技术的发展,电子出版物越来越普及,大量的图书资料也存放在光盘上,并通过多媒体终端进行阅读。图书馆的多媒体阅览室已相当普及,一般可将电子出版物分为两类:

①网络型电子出版物,包括在互联网上进行检索、电子报刊、电子图书、电子广告、电子视音频资料等。

②单机型电子出版物,指利用光盘作为存储媒介的电子出版物。

2) 咨询业务上的应用

触摸查询一体机,是一台带有外壳的电脑,其中安装有一套包括大量资料的触摸查询软件。触摸查询一体机具有以下特点:

①操作方式极其"傻瓜",适用于展览会和公司大厅等场所,方便不同层次用户使用。

②造型美观大方、高档,具有时代特色,是集表面声波触摸技术、集合电脑技术、多媒体技术、音响技术、网络技术、机械制造技术于一体的完美设计,不仅使广大用户享受到高科技带来的高质量服务,同时也使发展商迅速树立起良好的社会形象。

③具有自动开机功能和自动关机功能,这两项功能可以为工作人员带来极大的方便。

在机场、车站、旅游胜地、各大百货商店、旅馆、商场和娱乐中心等公共场所,原来的信息服务处需要有人值守,耗费人力物力,而利用多媒体技术建立起各种"信息指南亭""无人询问服务站"等,人们通过"看和听",就能立即得到传统手段无法获得的效果。

3) 商业领域的应用

在商业经营中,广告和销售服务是成功的重要条件。形象、生动的多媒体在这方面可以大有作为。例如,在汽车销售领域,企业销售汽车,就要做宣传,而宣传的方式、方法有多种,其中最易于被大众理解和接受的,还属直观介绍。但是又源于不可能在任何场合都将整部汽车现场解体,面向客户讲解,而多媒体软件就可以做到。演示程序可以模拟出整部汽车;各个悬浮、自旋的零件可以让客户或经销商看个透彻;点击零件就可以得到它们的各项参数;还可以让汽车组合起来,更换车身的颜色等。此外,演示程序刻录在光盘上,成本低,各地的经销商可以在短时间内收到。

目前,企业面对客户的直接宣传方式已经由过去以单一纸张为介质的平面式宣传,步入了一个由平面式宣传+多媒体光盘+Internet等方式相结合的立体式宣传时代。其中,作为传统主力的宣传册,其最大的优势在于不需要任何设备便能观看,但是其容量太小且形式单一,同时检索查找有一定难度,其体积和重量不利于客户携带和传阅。资料的整理和保存也有较大困难。而 Internet 方式的宣传,具有容量大、数据新、互动性强的特点,但由于受到联网带宽的限制,展示效果会受到影响。

在国外及中国港台地区,多媒体光盘已经成为重要的宣传方式,对于弥补传统宣传媒介的宣传缺陷,从根本上打动客户有着重要作用。

3. 家庭、娱乐与多媒体

多媒体技术将改变未来的家庭生活。信息技术领域的多媒体技术和信息高速公路等,将丰富人们的家庭生活,集电视、电话、录像、计算机等功能于一体的多媒体技术已日趋成熟,用多媒体计算机便可以收看电视、录像,打电话、发传真。

(1)智能手环

智能手环是一种穿戴式智能设备。一般采用医用橡胶材质、记忆橡胶材质。智能手环天然无毒,外观设计高档时尚、大方,不仅具有运动健康秘书的功能,还具有时尚配件的功能,外观有流线花环,颜色多样。智能手环内置了一颗续航时间可达 10 天的锂电池,一个震动马达和一个动作感应加速计。手环末端小尺寸银帽则是用于更改设置的按键,另外一段则是用于和手机连接的 3.5mm 插头。通过这款手环,用户可以记录日常生活中的锻炼、睡眠、饮食等实时数据,并将这些数据与手机、平板、ipod touch 同步,起到通过数据指导健康生活的作用。

(2)智能手机

智能手机是指像个人电脑一样,具有独立的操作系统、独立的运行空间,可以由用户自行安装软件、游戏、导航等第三方服务商提供的程序,并可以通过移动通信网络来实现无线网络接入的手机类型的总称。

智能手机的使用范围已遍布全世界,但不是人人都全能知晓和使用。由于智能手机具有优秀的操作系统、可自由安装各类软件(仅安卓系统)、完全大屏的全触屏式操作感这三大特性,所以完全终结了键盘式手机的市场。

(3)多媒体卡拉 OK 点歌系统

多媒体卡拉 OK 点歌系统具有强大的、完善的 KTV 点歌服务、酒水自动卖送服务、电脑自动传呼服务等各项餐饮娱乐业的电脑服务功能,具有良好的实用性。

多媒体技术在家庭中的应用将使人们在家上班成为现实。人们足不出户就能够在多媒体计算机前办公、上学、就医、购物、订旅馆、计划旅行、观看电影,还可以开电视会议或与同事进行演讲、讨论等。就像电视机、音响等设备全面进入家庭一样,多媒体计算机现在已进入平常百姓家,已经或正影响人们的学习、工作和生活的观念,多媒体计算机已从专业人员的研发设备,逐渐演变成为人们的学习、工作和生活的工具。

4. 在远程通信上的应用

多媒体技术的应用,离不开通信技术、网络技术的支持。通信与网络领域同样融合了多媒体技术,其应用也越来越广。目前,应用前景比较广阔的主要有以下领域:

(1)多媒体医疗保健咨询系统

以耳鸣诊疗多媒体咨询系统为例,耳鸣诊疗多媒体咨询系统主要由"病理概要"(运用图像、文字、动画、拍摄视频解释耳鸣的生理和病理过程)、"检查结果"(通过医院的数据库,调用医院对患者的检查报告,让医生根据报告给出诊断结果)、"病情分析"(通过动画和虚拟现实的表现方式,让医生对患者的病情进一步解释)、"诊疗方案"(医生根据患者病情,在系统中选择出治疗方案,系统中对各个治疗手段有文字解释,并连接外部输出设备打印出书面文件)4部分组成。系统首先需向患者具体解释声音的生理过程到耳鸣产生的病理过程,但是其中相当一部分内容比较抽象,在视觉表现时就需要采用3D数字动画来模拟表达,同时配合一些图像和文字,让患者对自己的听觉系统和耳鸣的产生有一个基本的认识。

(2)多媒体会议系统

随着多媒体通信和视频图像传输数字化技术的发展,以及个人计算机和网络的结合,使多媒体会议系统成为多媒体技术最重要的一个应用领域。

(3)远程监控系统

多媒体技术的快速发展,促进了它向其他各个领域的渗透。将多媒体技术引入到已较为成熟的监控系统中,使常规的保安监控系统更加易于操作,报警表现形式更加丰富,人机交流的界面更加友好。

远程监控系统是以多媒体计算机为核心,利用最新多媒体技术和通信技术,并融合电视技术、传感技术、自动控制技术等,实现了多方位、多功能、综合性的监视报警系统。在我国,远程监控系统的应用已经有了较大的规模和范围,其中包括在工厂、银行、宾馆、监狱、住宅小区、街道、车库等的应用,甚至已进入到家庭。

教学活动建议

本节教学重点是对多媒体技术内涵的理解,着重阐述媒体、多媒体和多媒体技术的含义,几种多媒体关键技术的内涵和重要性。建议教师可组织如下活动。

活动1:列举目前容易混淆的几个概念"媒介""媒体""大众媒体""多媒体"等,引导学生分析它们之间的区别与联系。

活动2:布置任务,让学生通过互联网了解多媒体存储技术中云存储的最新发展状况,并进行小组汇报。

活动3:用头脑风暴的方式让学生列举多媒体技术在他们实际生活中的应用,引导学生思考多媒体技术的介入对他们生活和学习产生的影响。

学习活动建议

本节教学重点是对多媒体技术内涵的理解,着重阐述媒体、多媒体和多媒体技术的含义;几种多媒体关键技术的内涵及重要性。建议学生可以开展以下活动。

活动1：利用思维导图软件画出本节知识体系，包括多媒体相关的基本概念、多媒体基本元素、多媒体技术发展历程及关键事件、几种多媒体关键技术的内涵、多媒体技术的应用领域。

活动2：列举多媒体技术在自己生活中的应用，并思考对自己生活和学习产生的影响。

4.2 多媒体技术在教育中的应用

进入20世纪90年代，多媒体技术迅速兴起、蓬勃发展，其应用已遍及国民经济与社会生活的各个领域，正在对人类的生产方式、工作方式乃至生活方式带来巨大的变革。特别是由于多媒体具有图、文、声并茂，甚至有活动影像这样的特点，能提供最理想的教学环境，它必然会改变教学模式、教学手段、教学方法，最终导致整个教学思想、教学理论，甚至教学体制的根本变革。

4.2.1 多媒体教学

实验心理学家赤瑞特拉(Treicher)做过两个著名的心理实验。一个实验是关于人类获取信息的来源，即人类获取信息主要通过哪些途径。他通过大量的实验证实，人类获取的信息83%来自视觉，11%来自听觉，这两个加起来就有94%。还有3.5%来自嗅觉，1.5%来自触觉，1%来自味觉。多媒体技术既能看得见，又能听得见，还能用手操作。这样通过多种感官的刺激所获取的信息量，比单一地听老师讲课大得多。信息和知识是密切相关的，获取大量的信息就可以掌握更多的知识。另一个实验是关于知识保持，即记忆持久性的实验。其实验结果是：人们一般能记住自己阅读内容的10%，自己听到内容的20%，自己看到内容的30%，自己听到和看到内容的50%，在交流过程中自己所说内容的70%。这就是说，如果既能听到又能看到，再通过讨论、交流用自己的语言表达出来，知识的保持将大大优于传统教学的效果。这说明多媒体计算机应用于教学过程不仅非常有利于知识的获取，而且非常有利于知识的保持。

1. 教学媒体及其分类

教学媒体是采集、传递、存储和加工教育、教学信息的工具和载体(或中介)，包括教与学两方面的媒体，它是在教与学活动中，传递、承载和控制教育、教学信息的载体或中介，是教学系统的重要组成部分。

随着科学技术的发展，教学媒体逐渐从图片、印刷品、口头语言、黑板等朝着电子化的方向发展。这些电子化媒体的功能越来越强，种类也越来越多。这里将电子化教学媒体称为现代化教学媒体。根据媒体对受传者感官的刺激，将现代教学媒体分为视觉媒体、听觉媒体、视听觉媒体和交互媒体四种类型。表4-2简单列出了四种类型教学媒体在教学中的应用。

表4-2 四种类型教学媒体在教学中的应用

媒体类型	典型媒体	在教学中的应用方法
视觉媒体	幻灯机、投影仪、视频展示台	**书写教学法**:即在透明胶片上用书写笔边讲边写,这是投影教学中最基本、最常用、最简便的一种方法。若投影片需要长期保存时,则需用油溶性书写笔;若随写随擦,则用水溶性书写笔,也可直接写在投影器的载物玻璃上 **图片教学法**:利用已设计制作好的幻灯、投影图片来进行教学,也是最常用的一种方法。教师还可利用幻灯片、投影片提出问题,引导学生在已有经验、知识的基础上,回答教师提出的问题,从而获得新的知识。还可以与书写教学法配合使用,也可制成活动投影片 **实物投影法**:通过实物投影仪将实物、投影教具和某些化学、物理实验演示器件,投影放大到银幕上,扩大演示物的观察范围,提高可见度,使全体学生在同一时间里,对演示物的构造、性能和现象的变化过程有一个直观、清晰地了解 **声画教学法**:在幻灯、投影教学中,有些教学内容不仅需要幻灯、投影显示画面,而且需要运用录音机配以解说,做到声画同步,以增强教学效果。利用声画同步教学系统可实现这种教学方法
听觉媒体	录音、广播、激光唱机	**示范法**:为学生提供规范的听觉教材,便于学生模仿和训练。教师要随时对学生进行指导 **比较法**:为学生提供听觉的对比材料,指导他们分析比较,加强练习 **情境法**:为教学创设情境,增强教学效果,通常和其他媒体配合使用 **反馈法**:随录随放,使学生真实迅速地获得反馈信息,及时进行自我分析和评价,有助于改进学习
视听觉媒体	电视、电影、摄录像系统、激光视盘机(如VCD、DVD)	**远距离系统教学**:采用电视和电视教材进行整门课程的远距离教学。我国广播电视大学各门课程均是采用这种形式进行教学的 **课堂教学**:电视教学运用得最多、最有效的是在学校课堂教学中,利用电视等现代教学媒体与传统教学媒体相互配合,开展多媒体组合教学,通过教学设计充分发挥教师的主导作用和学生的主体地位,师生双方共同参与教与学的过程,以便取得最优的教学效果
交互媒体	微格教学系统、语音实验室、计算机辅助教学系统、多媒体组合教学系统	**启发式教学法**:教学过程中教师既是学生学习的指导者,又是学生交流的组织者,还是学生兴趣的激励者。多媒体网络技术的引入,能够为学生提供图文音像并茂、丰富多彩的交互式界面。在交互式的学习环境中,学生可以按照自己的意愿自主选择内容阅读,能更好地发挥自身的主体作用 **情境性教学法**:学生在网上浏览的过程,本身就是建构知识意义的过程。这些知识完全由学生主动探索、相互协商建构而成,其价值远远超过教师在传统课堂上的灌输,更有利于知识的保持。在阅读教学中,教师引导学生联系课文理解词句,适时施与现代教育技术,创造一种最佳的氛围,引导学生积极探究,突破难点,以使学生理解作者用词语表达内容的匠心所在

2. 教学媒体选择的原则

教学媒体的选择,是指在一定的教学要求和条件下,选出一种或一组适宜可行的教学媒体。选择教学媒体的基本思路是:运用系统方法,对教学目标、教学内容、教学活动、教学媒体的特征和功能、经济性与实用性等进行整体协调,最优化地、适当地选择教学媒体。具体来说,教学媒体的选择必须依据以下4个原则。

(1)实用性原则

选择教学媒体,要根据教学媒体对促进教学目标或教学目的的完成所具有的潜在能力来进行选择。由于每一种教学媒体都具有一定的特征和功能,因而,呈现教学信息的能力和功能也不尽相同,当选择了某一种教学媒体,只要这一种教学媒体在某一特定的教学环境中比其他的媒体更有效,那么该教学媒体就是最佳的选择。例如,在数学公式推导时,用传统的黑板+粉笔等媒体,结合教师的讲解来进行教学,效果可能更理想;而在讲授地壳运动、地震的产生等教学内容时,则适宜采用计算机模拟,或是电视录像片来进行教学。假如以上两者互换,教学效果肯定会有较大的差异。

(2)有效性原则

这一原则包括两个层面:第一个层面,由于教学内容有简单与复杂、具体与抽象之分,对于像建筑设计、制图等富有视觉、听觉形象的教学内容,选择现代教学媒体教学是一种有效的手段,但这一手段用于文言文、理论知识等内容的教学却不一定有效。第二个层面,教师必须熟悉所选择的教学媒体的技术操作、特性和内容。如果教师对教学媒体的使用不熟悉,即使选择了最佳的教学媒体,同样实现不了对教学的促进作用。

(3)经济性原则

教师在选择使用某一种教学媒体时,需要考虑使用这一种教学媒体可能得到的效益与制作和使用媒体付出的代价的比值。一般而言,应选择有效价比值高的媒体,对教学效果相同的媒体,选择费用低的,同时还应考虑在现实条件下,能否获得这一种教学媒体,获得使用的手续是否复杂等方面的问题。

(4)优化组合原则

在教学过程中,教学活动所使用的教学媒体,形式是多样的。根据系统论整体性原则,各种教学媒体在教学中的运用不能是孤立的,也不能是单纯形式上的接续与交替,而应是互相作用,科学地有机结合,构成多媒体组合系统的整体优化结构,这样才能充分发挥教学媒体的系统功能,也就是说"1+1>2"。在组合媒体时,不宜过于复杂,应以简洁实用、少而精、省时省力、易于操作控制为佳,追求形式上或表面上的多样化而滥用多媒体,会造成相互干扰,产生适得其反的效果,特别是过多、过滥地使用现代教学媒体,会削弱教师的面授指导,削弱教师形体语言传递的教学信息,减少学生参与和主动思考的过程。媒体的优化组合还应根据媒体的功能和属性,做到充分调动学生多感官参与学习、多感官的交替刺激。心理学研究及对人脑功能的研究表明,多感官参与学习和交替刺激,可以大大提高学习的效率。

事实上,每一种教学媒体在呈现和传递教学信息时都有其各自的长处与不足,没有一种媒体对所有的教学目标都是最佳的,关键是在选择和使用教学媒体时,要结合具体的教学内容和教学要求,使之取长补短、优势互补,从而实现教学的最优化。

3. 教学媒体选择的方法和模型

为了在学习教学媒体时所做出的主观判断更为客观、准确,可以借助一些媒体选择的方法和模型。目前已开发出的媒体选择方法和模型较多,这里主要介绍"经验之塔"模型、矩阵式、"目标—内容—媒体"三维选择模型。

1)"经验之塔"模型

"经验之塔(cone of experience)"是美国媒体教育家戴尔(Dale)提出的,他将媒体提供的学习经验进行排列,形成金字塔形状,由上而下分为10种层次。"塔"最低层的内容提供的学习经验最直观、具体,逐层上升,直接感觉的程度越来越下降,趋向抽象的程度越来越高。如图4-8所示。

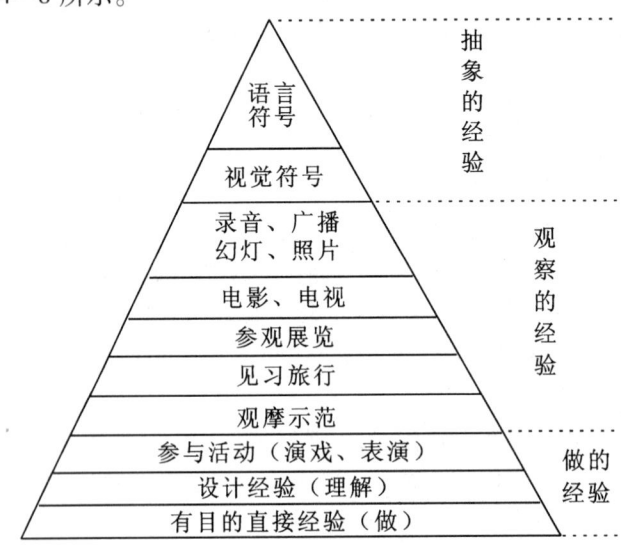

图4-8 经验之塔

2)矩阵式

矩阵式最早是由威廉姆·艾伦(William Allen)提出的。矩阵式通常是二维排列,一维是媒体的种类,另一维是我们所关心的媒体的特征和作用,利用某种评判尺度来反映两者之间的关系,对各种教学媒体进行综合的比较。很多学者都提出了自己的教学媒体矩阵式,如威廉姆·艾伦、加涅、板元昂等。表4-3列出了常用的教学媒体特征比较结果。

表4-3 常用教学媒体特征比较

功能	类型						
	实物演示	口头传播	印刷媒体	静止图像	活动图像	有声电影	教学机器
呈现刺激	Y	Li	Li	Y	Y	Y	Y
引导注意和其他活动	Li	Y	Y	N	N	Y	Y
提供所期望行为的规范	Li	Y	Y	Li	Li	Y	Y

功能	类型						
	实物演示	口头传播	印刷媒体	静止图像	活动图像	有声电影	教学机器
提供外部刺激	Li	Y	Y	Li	Li	Y	Y
指导思维	N	Y	Y	N	N	Y	Y
产生迁移	Li	Y	Li	Li	Li	Li	Li
评定成绩	N	Y	Y	N	N	Y	Y
提供反馈	Li	Y	Y	N	Li	Y	Y

注:Y——有此功能;N——无此功能;Li——功能有限

(3)"目标—内容—媒体"三维选择模型

内容、目标、媒体是教学过程中相互联系又相互作用的三要素。图4-9非常直观地显示出目标、内容、媒体三者之间的关系。借助这一模型,不但可以根据教学内容和教学目标确定媒体的使用目标,而且可以根据它选择出现的时机。在一般课堂结构中,媒体的呈现时机为中间阶段。在图中用▲表示。

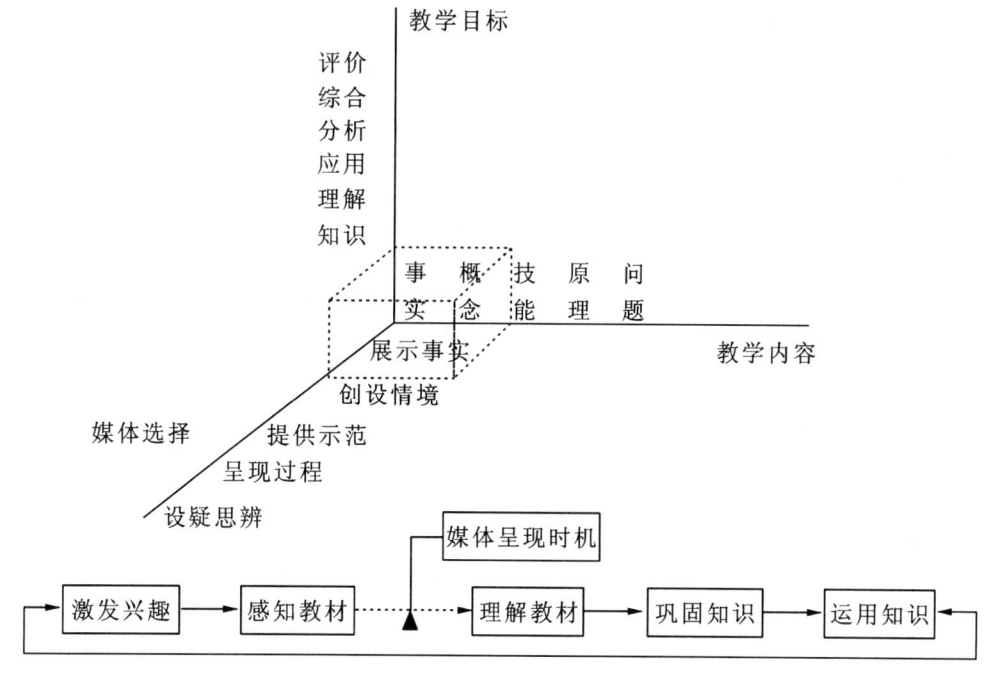

图4-9 目标—内容—媒体三维选择模型

4. 利用媒体教学的 ASSURE 模式

有效的教学都需要进行精心的设计。利用教学媒体及技术进行的教学当然也不例外。使媒体具体化的 ASSURE 模式,是设计和传递教育的一个程序上的指导,与教学设计过程类似,但更侧重教学媒体的选择方面。表4-4给出了 ASSURE 模式简单的介绍。

表 4-4　ASSURE 模式

A	S	S	U	R	E
nalyze Learners	State Objectives	Select Methods and Materials	Utilize Media and Materials	Require Learner Participation	Evaluate and Revise
分析学习者特征	明确教学目标	选择、修改或设计教学材料	使用教学材料	要求学习者参与	评估及修改

1) 分析学习者特征

要使教学媒体和技术得到有效的利用,教学方法、媒体和学习资料的选择必须要与学习者特征相匹配。因此 ASSURE 模式的第一步就是分析学习者特征。学习者可能是学生,或是正在接受培训的职工,也可能是某个组织的成员。可以把学习者的特征分为三类:一般特征分析;具体能力特征——知识、技能和对所学内容的学习态度;学习风格。

2) 明确学习目标

ASSURE 模式的第二个内容是教学目标的阐明,即阐明教学所要传递的信息、解决的问题、建立的概念、教会的技能、改变的态度、建立的价值标准等方面的目标。学习目标是能从教学中获得什么而不是在教学中投入什么的阐述,是达到什么标准而不是如何达到标准的阐述。学习目标还必须明确告诉学生或受训人员将来工作的环境情况和可以接受的行为标准。

3) 选择、修改或设计教学材料

通过了解学习者和明确教学目标,首先确定教学的起点(学习者目前的知识、技能和态度)和终点(教学目标);接下来是在这两点之间建"一座桥",可以从三个方面着手:选择现有的教学材料;修改现成的教学材料;设计新的教学材料。

4) 使用教学材料

完成以上的工作,就要决定怎样使用这些材料以及在这些材料上花费多少时间,接下来就是备课,准备好所需要的设备和工具,然后进行讲解材料。利用课堂讨论、小组活动或个别化学习来学习有关内容。

5) 要求学习者参与

学习者必须对他们所学到的内容进行练习。教师也必须强化学习者的正确答案。学习者第一次按教学目标完成学习任务的地点不该是考场。相反,应该先在课堂上做一些练习,给学习者提供回答问题和得到反馈的机会。

6) 评估及修改

完成教学任务之后,评估一下教学的影响和效果是必要的。教师必须评估整个教学过程:学习者是否达到了目标;教学媒体在帮助学生达到教学目标时是否起作用;所有学生是否能正确使用教学媒体;学习环境是否舒适(合适的室内温度、舒适的座位、有无噪音等);教师是否通过为个别学习者提供帮助来促进学习者的学习等。

4.2.2 应用实例

随着多媒体技术的不断发展,多媒体技术的应用越来越广泛。在教学过程中,由于多媒体技术图文声像的有机组合,能多角度、多侧面地展示教学内容,充分激发学习者的学习兴趣,提高学习效果,因此越来越受到教师、学生和家长的青睐。

1. 基于云计算的虚拟多媒体教室

多媒体教室是指将多种媒体汇聚在一个教室内,充分发挥多种媒体的综合优势,以利于开展多种形式的教与学的活动。多种媒体应该包括传统媒体,如黑板(白板)、书本、挂图、模型、标本等;还包括各种现代教学媒体,如幻灯、投影、电视、多媒体计算机、视频展示台、Internet 等。所以多媒体教室能满足教学以及进行各种教学改革实验的不同要求。

为了大力发展现代化教育,国内各高校多媒体教室的数量都在迅速增加,各种教学资源也在不断增多。如何有效管理好各种教学资源,架构虚拟的多媒体教室和微软云计算,为学习者提供强有力的帮助,就显得十分必要。

1) 结构与构成

微软提供了全面解决方案以帮助实现云计算,其架构如图 4-10 所示。在该架构的内部充分利用云的强大动力。无论是通过数据中心,还是通过服务提供商,或是通过微软的数据中心,无论是私有的云,还是公共的云,或软件即服务 SaaS 环境,都可以为学习者提供所需的足够灵活性和控制能力,让云计算环境最好地满足对虚拟多媒体教室的研究与架构。

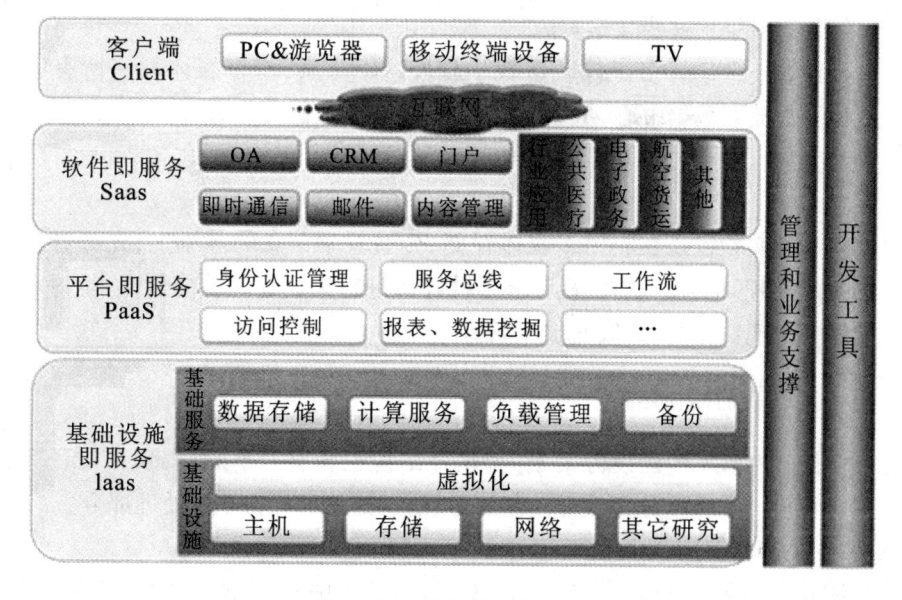

图 4-10 微软云计算构架

云系统(图4-11)将用户数据存储在云端,避免使用本地资源存储,达到异地使用和异地存储的目的,从而使客户端计算机的性能最小化,功能最大化。

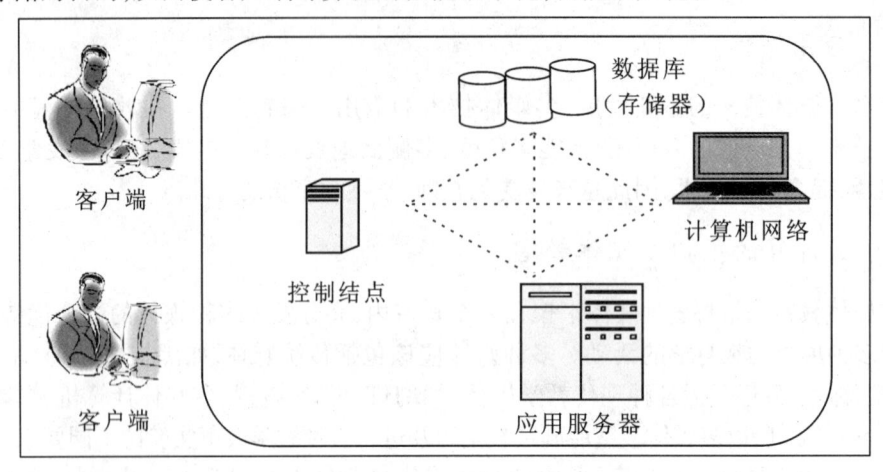

图4-11 云系统组成结构示意图

2)教学应用

多媒体教室的教学应用软件都以虚拟的方式从校园网多媒体教室动态数据中心启动,多媒体教室中的每个教师的教学配置信息均保存在网络上,教师登录时,动态装载教学所需信息,进入虚拟多媒体教学环境。

虚拟多媒体教室教学资源解决方案,使教师可以透过云端的方式,无论何时在任何多媒体教室中,均可在虚拟的教学环境下进行多媒体授课,而且不需在客户端电脑中安装对应的软件。另外,提供教学计算能力的资源在多媒体教室是不可见的,故教师也无须关心如何部署或维护这些教学资源。

通过云计算技术部署多媒体教室教学软件这一方案,将多媒体教室所有的教学数据、存储、运算都放在数据中心,从而形成了统一的、高效的集中管理。

2. 多媒体语音实验室

多媒体语音实验室是在应用多媒体存储、传递教学信息的基础上,充分利用多媒体计算机对文本、图形、声音、动画、视频等多种媒体进行集成处理的能力,为学习者进行知识学习提供一个现代化的、高效的学习场所。

1)语音实验室的拓扑结构

多媒体语音实验室的建设方案不同,拓扑结构也会有所不同,表现在语音实验室的风格上各有特色。实验室分为教师控制部分、信息处理部分和学生处理部分。

(1)教师控制部分

教师控制部分是多媒体语音实验室的决策与控制中心,集成了各种多媒体信息控制与处理媒体,在多媒体计算机控制协调下传递教学信息。教师控制部分使用的媒体,一一般有教师机、主录机、教师音源、教师耳麦等。教师控制部分针对教师操作的角度，应具有简单操作的特性，一般通过两种途径实现：一是利用光笔，这种方法是使用特制的光笔工具，教师只需将其点向所需操作的功能即可控制多媒体语音实验室的运行；二是利用触摸屏进行控制。

（2）信息处理部分

信息处理部分（服务器、交换机、视听设备等）主要是对多媒体语音教室各种信息的处理与传递，构成了多媒体语音教室的躯体，同时也是多媒体语音教室强大功能的体现。信息处理模块可分为媒体信息处理与教学信息处理。前者的功能是在控制中心（教师控制部分）的指挥下，将音频、视频或控制信息传递给每一位学习者，包括音频、视频分配与控制指令等，而后者则利用一些类似心理测试类媒体从学习者中采集信息，以对教学过程进行量化控制，如学生学习的注意度、对问题的反应时间、问题的理解度、教学内容的难易程度等。一般教学信息处理都是借助各种最新的教学理论，在具有可操作性、可量化的算法公式的支持下，通过计算机类媒体完成，因而具有很高的效度与信度，可以据此对教学过程进行控制。教学信息的处理结果可以通过打印机或显示器输出。

（3）学生处理部分

该部分由耳机话筒组、视频显示器、录放音设备、反应分析设备等组成。同传统语音实验室相比，多媒体语音实验室的学生处理部分的设备并没有什么不同，只是功能得到增强，主要表现在话音的保真度、信息采集的方法、反馈呈现方式等方面。

2）教学应用

多媒体语音教室是一个多功能的语音教学系统，具有特殊的教学作用。系统结构能实现教师对学员机的多功能的操作，可实现多路语音信号的实时传送，使教师与学生之间、学生与学生之间任意交换信息，构成多种信息通道并存的多媒体语音系统。系统兼具同步通信和异步通信的可能性。学生既可以同步与教师交流，也可以按个人需要选择不同时间进行交流。

多媒体语音教室的教学功能一般都包括三大部分：课堂教学功能、自主学习功能和考试功能。在软件上，每个产品都会有配套的教学工具软件，如语音字幕编辑器、考题编辑器、考题分析器、语音变速播放器等。

多媒体语音教室教学上的一些常见功能如表4-5所示。

表4-5　多媒体语音教室教学上的一些常见功能

课堂教学功能	全立体声数字音视频节目播放； 全班通话、组通话、个别通话、多人通话，学生示范及软件自动监听，任意编组，可同时广播多路节目； 即时测试，授课过程中的单题考试，可以迅速检验教学效果，学生呼叫响应
自主学习功能	教学资源库浏览点播，播放过程中可暂停、快进、快倒和设定标签，可视化点播，即语音字幕同步显示，附带一些教学资料库； 学生录音数据统一保存在教师机硬盘上，实现超长时间录音，并可跟读对比

考试功能	考试文本可前后翻动,学生答题也能回退修改,真正实现自由考试,邻座学生考 A、B 两套不同试卷,有效防止抄袭行为; 考试过程中教师能随时播放听力磁带和音频文件,轻松模拟四、六级考试,支持答案多项选择,满足各种题型需要; 考试结果可自动分析,即时发布成绩,学生无需等待,口语考试,答卷集中管理,有效提高阅卷速度

3) 语音实验室在教学应用中的模式

多媒体语音实验室在教学应用中的主要模式。

(1) 个别化学习模式

多媒体语言实验室为学生提供了个别化学习的优越环境,学生桌上的学生录音机、耳机话筒组、个人计算机终端都是进行个别化学习的媒体。多媒体语言实验室条件下的个别化学习不是封闭的,学生可以通过呼叫开关请求教师的帮助,教师通过对讲功能可以对学生的个别化学习给予指导。网络条件下的个别化学习资源非常丰富,可以利用教师储存于服务器上的资源,也可以获取接通 Internet 上的资源。

(2) 协作学习模式

协作学习又称合作学习或小组学习。多媒体语言实验室除具有传统语言实验室的分组功能外,还具有随机分组功能,可以是 2 人、4 人、6 人或全班共同参与讨论学习。小组与小组之间可以进行学习竞赛、问与答等形式非常灵活的学习,从而获得良好的教学效果。协作学习提高了学生解决问题的能力,同时也增强了学生学好知识的信心与兴趣。

(3) 课堂教学模式

多媒体语言实验室应用最多的还是课堂教学模式。教学信息内容通过各种媒体手段进行传递,媒体内容多样化,因此教学信息传递的效率非常高。与传统课堂教学模式的不同在于,多媒体语言实验室条件下可以即时获得学生的反馈信息,并由各种信息处理设备分析得出各种量化数据,有利于教师对课堂教学的控制。

(4) 网络学习模式

这种模式是伴随网络多媒体语言实验室的出现而出现的。由于网络型多媒体语言实验室具有丰富的学习资源,学习者非常方便调用这些资源,因此加深了解所学知识内容的深度,扩大了知识面。进行网络学习要做好如下几点:

一是准备所需要的网络资源。这是网络学习的基础和起点。根据教学需要准备自己的教学资源,或接通 Internet 等,利用万维网检索世界各地教学信息资源。

二是确立明确的教学目标。由于网络学习条件下学习者面临着要即时理解,接受课堂教学内容,又要在网络的支持下,拓宽知识面。如果没有明确的教学目标,其教学过程就会失控,从而妨碍教学计划的完成。

三是充分利用各种导航手段。学习者进入网络知识海洋,很容易迷失自己,不知道所处的位置,找不到所要检索的内容。这时就要充分利用各种手段,如阅读帮助文件、使用导航工具或请求教师的帮助等。学习者迷航后很容易导致耗费大量的时间,从而降低了学习效率。因此,应充分注意学习者使用各种导航手段的能力的训练。

(5)虚拟仿真训练模式

多媒体语言实验室具有创设学习、训练环境的能力,学习者可以在此环境中进行虚拟仿真训练。例如,在视听媒体的辅助下,虚拟学习者在国外生活的情境,要求参加训练的学习者与各种各样的外国人进行会话。这样的训练方式临场感强,因而对于提高学习者对环境、学习内容的适应能力具有很重要的作用。

借助虚拟现实技术可以为学习者创立真三维、全立体的仿真环境,由于虚拟现实技术充分调动人的视觉、听觉、触觉、味觉、平衡感、力感、痛感等,通过特制的仪器,如头盔显示、轨迹球或数据手套等设备,学习者就可以完全进入计算机产生的三维空间中,在此虚拟空间可以遇到事先安排的各种情境,其临场感、可信度完全可以同现实相比。

总之,多媒体语音实验室的教学应用模式远不止上述几种,而且各种教学应用模式也不是孤立的,为了提高教学效果可以相互结合使用。

3. 微格教室和电子白板

随着我国教育体制改革的逐渐深入和信息技术在教育领域的普及推广,电子白板在教育教学活动中,尤其是在小班授课制的微格教学中应用广泛。微格教学是一种强调在短时间内实现学生相关能力培养的时效性教学方式,所以对进行微格教学的微格教室有特殊的要求,电子白板与微格教室的结合可以说是两全其美。

微格教学是利用现代教育技术媒体来训练师范院校的学生和在职教师教学技能的一种小型教学活动,又称为微格教学法。由于它运用了录像的方法,实习教师能看到自己真实的教学行为,便于自我评价,易于发扬优点和克服缺点,因此能够较快地提高教师的教学技能。它将冗杂的、完整的教学过程分解成许多简单的、易掌握的单项技能,按教育学、心理学的理论,借助于现代化的视听技术对学生进行培训。

1) 微格教室的分类与组成

微格教室为微格教学提供了硬件支持平台,最早使用于师范类学校的毕业生实习和试讲,即在试讲的教室内架上摄像机进行自动摄像,在课后根据录像带资料与试讲人一起分析、学习试讲内容,纠正其错误和不良习惯,以提高试讲人的授课水平和心理素质。微格教室不仅可以用于师范生进行各项技能的训练,也可以用于教师培训;既可以支持教学训练,也可以支持教学方法、教学手段等方面的科学研究。

微格教室从以下视角进行分类:

(1)从训练规模上

微格教室可分为标准型和集中控制下的分布式训练型。标准型微格教室一般由模拟教室(微型教室)、观摩研讨室、控制室、准备室和声锁间五部分组成,其结构布局如图4-12所示。分布式微格教室一般由示范观摩室、控制室和多间模拟教室(微型教室)组成,其结构布局如图4-13所示。

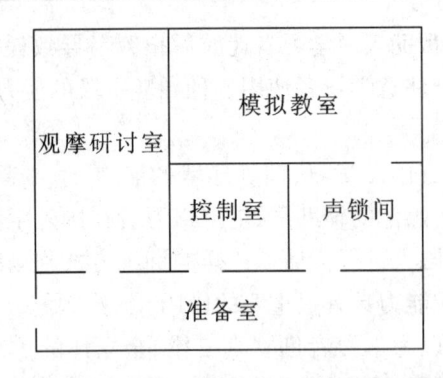

图 4-12　标准型微格教室的结构布局示意图

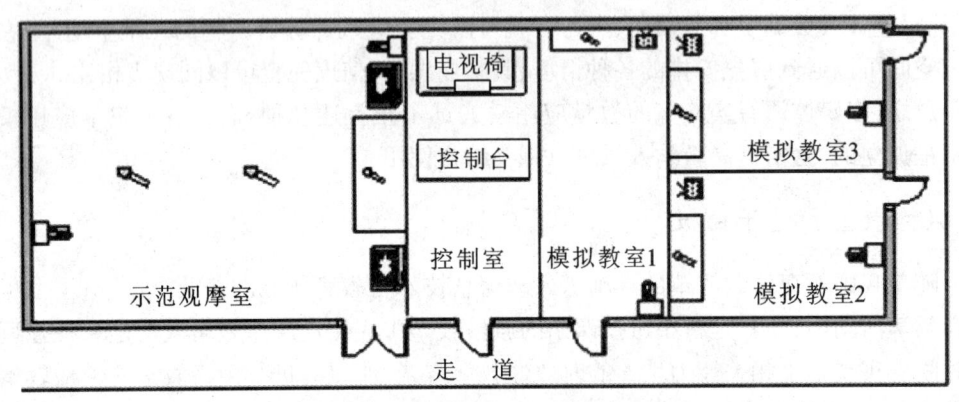

图 4-13　集中控制下的分布式微格教室的结构布局示意图

(2) 从技术模式上

微格教室可分为视听型和多媒体型。视听型微格教室一般由摄像机、录像机、视音频切换器、混音器、监视器、云台控制器和话筒等多种视听设备构成,并通过视听技术手段实现教学实况录像、播放、转播、监控和示范教学等功能;多媒体型微格教室是在视听技术基础上引进多媒体技术和通信控制技术,通过多媒体计算机实现对各室的录像、播放、转播和监控,并实现对各室摄像机平台的控制。

(3) 从训练内容上

微格教室可分为教学技能训练型、实验技能(主要是理工科实验)训练型、运动技能训练型和音乐技能训练型等。

不同类型的微格教室,其系统结构稍有不同,最简单的微格教室可由模拟教室(微型教室)和控制室组成,但从系统的组成原理来看,微格教室都是由视频摄像系统、音频系统、切换、转播系统和录像播放系统等部分构成的。

2) 微格教室的基本系统结构

(1) 模拟教室(微型教室)

模拟教室里装有话筒和摄像系统,用来摄取"模拟教师"的声音和教学活动形象。如有条件,还有另一台摄像机用来摄取"模拟学生"的学习反映情况。室内还设置有电视机,用来重放已记录的教学过程录像,供同学们进行评价分析。

(2) 控制室

控制室装有电视特技机(信号混合处理器)、调音台(混音器)、录像机、视频分配器、监视器等设备。

从每间模拟教室送来的"模拟教师""模拟学生"教学活动的两路视频信号经电视特技台控制,一路送到录像机进行录像,另一路则可经视频分配器把教学实况信号直接送到观摩室,供同步评述分析。

(3) 示范观摩室

这是一个装有电视机的普通视听教室,把控制室中经视频切换器选择后的视频信号送到电视机上,即可实时同步播放教学实习的实况,供指导教师现场评述,同时也可以使较多的学生观摩分析。

3) 基本的教学模式——以一节钢琴即兴伴奏课为例

根据微格教学设计原理,钢琴教学也可以采用微格教学流程,如图4-14所示的微格教学模式流程。以一节钢琴伴奏集体课(学习分解琶音)为例,详细进行介绍。

(1) 学习基本的微格教学理论

在正式开始微格教学之前,指导教师和学生共同学习微格教学理论、微格教学的基本教学思想与实施程序,例如,学习理论框架与教学基本模式、设计教学评估程序、了解一般意义上的微格教学技能系统等,尽量打消学生顾虑,鼓励学生尽力展现自身的教学技能。

(2) 详细讲解钢琴伴奏课程中学生必须掌握的各种教学技能

对于必须掌握的教学技能,指导教师可以在教学过程中交替实践练习,也可以就某一个教学技能先期反复训练。

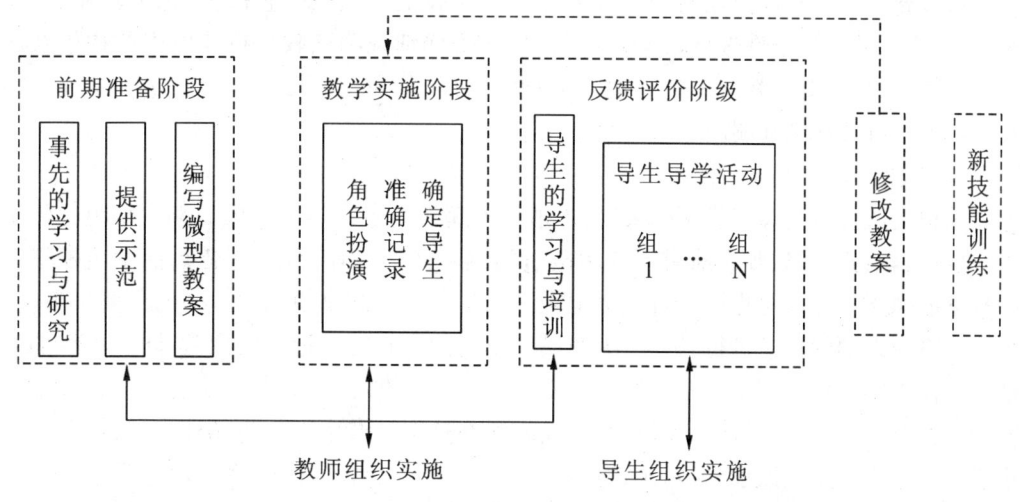

图 4-14 微格教学模式流程图

(3) 明确教学目标

在学生掌握了微格教学的基本理论以及所要掌握的教学技能之后,教师还需重点阐明所要掌握的课堂知识以及本节课的教学目标:钢琴伴奏的多种类型以及本节课学习的重点——分解琶音的伴奏形式,并对分解琶音的构成形式以及使用情形进行讲解。教师必须简明扼要地讲明分解琶音伴奏的功能及重点,并对在此环节中需重点掌握的语言表达教学技能进行重点练习。

(4)教师示范

教师首先示范长短琶音的分解形式,然后选取不同类型的歌曲采用分解琶音伴奏,让学生体会和感受。或者播放一些音乐会录像,让学生观看和倾听在演出中分解琶音的实际运用,以利于对分解琶音这种伴奏形式有一个理性的把握。在钢琴伴奏微格教学中,教师示范不能局限于某一阶段,还应该贯穿整个教学流程,并且通过示范教学技能不断给予学生提示和帮助,这样才能促使学生对比教师的示范,随时调整自己的练习以及讲解。

(5)讨论与制订微型教案

教师引导学生对刚才的示范教学进行分组讨论,在讨论过程中,教师可以随机安排5名左右的学生组成微格教学的最小教学单位,通过提问题的方式促进学生积极参与学习和讨论,并依据学生回答问题的反应方式,随时调整、修正和监督学生的学习状态。

在讨论与制订微型教案环节中,引导学生参与教学讨论的技能、分析问题的教学技能,以及对学生提问的解答技能,是重点训练的教学技能。引导学生参与讨论,最重要的是提出的问题要能吸引学生,形成问题情境,激起学生探究的期望并形成一种心理紧张,从而使学生主动、自觉地参与到学习活动中。分析问题的教学技能,要求教师熟悉问题内核,采用启发式的方法,引导学生找到问题解决的路径。而对于学生的提问,如何有技巧地解答也是微型教案制定中必须考虑的环节,直接回答或者再创造问题情境等都是回答学生提问的基本解答技能之一,教学中应给予特别训练。

微型教案内容不仅要包括需重点训练的教学技能,而且受训者还要依据教学目标、对象、内容以及教学条件进行教学设计,在教案中详细说明该教学技能应用的构想及所选择的教学媒体,对于教学中的教师教学行为、时间分配及有可能出现的学生学习行为及应对方法都要详细注明。

(6)微格试讲模拟教学

模拟实践环节是微格教学的关键,一般由不超过5名的学生组成的教学小组轮流试讲,试讲内容为指导教师先前讲授和示范过的钢琴伴奏内容(分解琶音),而学生模拟教师教学的课堂讲课同时也被全程拍摄记录下来。角色扮演是模拟实践中的重要环节,多由学生扮演老师的角色进行教学。为使模拟教学的气氛更接近真实课堂,同一小组的其他组员模拟学生角色,其他组的学生模拟专家或评委的角色,负责记录模拟组的教学实况,并对该组学生的微格试讲做出点评,而教师在这个环节中则作为场外指导,负责教学推进。学生在模拟实践前,要对本次的角色扮演做出说明,并简明扼要地介绍自己课程设计的目标以明确实践技能目标。试讲时必须要将先前制订的微型教案中的要点展现出来,必要时可辅以演奏示范,以方便让其他学生检查该学生对各种教学技能的掌握程度。试讲过程中,学生可以提出问题要求讲课学生解答或再一次示范。模拟教学实践时间依据教学内容和需重点训练的教学技能要求而定,一般为 10~15min。

(7) 评价反馈

在学生角色扮演模拟教学实践结束后,教师应及时回放学生的教学录像,组织所有学生再次观看该同学的教学实况录像进一步观察和评价。一般先由执教者进行自我分析,检查教学实践过程是否达到自己设定的目标,小组成员是否掌握学习的分解琶音伴奏形式,然后指导教师和小组成员对其教学过程进行集体评议,客观正确地分析问题,找出不足之处并给出解决问题的建议。对于学生表现部分,教师应给予及时肯定来增强学生的自信心和参与的积极性。

4) 微格教室与电子白板教学的融合

微格教室是微格教学活动必不可少的一个重要的教学承载方式,而在微格教室的设计和组建过程中,电子白板也是一个重要的组成部分。

(1) 电子白板是微格教室中教师与学生交流的媒介

在微格教室中进行的微格教学,是一种基于先进的电子传媒方式进行的知识交互过程。在这一过程中,电子白板起到了重要作用,因为在课堂教学模式下,教师与学生的交流是需要一个媒介的,这个媒介在传统教学活动中是黑板,而在微格教室中,在微格教学活动中电子白板则代替了黑板在传统教学交互方式中的位置,电子白板的智能分析能力和强大的信息交互能力,能够保证在微格教学活动中,教师和学生对相应的知识和能力的正确表达、传授和接受、理解。

(2) 电子白板是微格教室中人脑与电脑交流的媒介

在微格教学活动中,最重要的交流方式不是教师与学生之间的交流,而是人脑与电脑的交流,微格教室中的多媒体信息技术设备能够提供相关的图片、音频和视频教学素材,是保证学生实践能力培养的重要环节,电子素材要实现与课程内容相适应。要想完美地辅助微格教学完成教学任务,就一定要保证教学活动主体与微格教室多媒体系统的交互过程,在教学活动中,电子白板就是人脑和电脑的交流媒介。

(3) 电子白板是微格教室未来发展的趋势

在微格教学活动中,教学主体对多媒体信息技术的智能化要求越来越高,微格教师希望在教学活动中,多媒体设备能够根据教学的进度和相应的教学内容进行实时响应。这就要求在教学活动中教师和多媒体信息设备有一个交流的平台。这一平台就是电子白板,未来的微格教室发展一定是以电子白板为依托,借助于各种前沿的教学手段和教学技术,为微格教学提供系统的、全面的服务。

4.2.3 应用中存在的问题

1. 授课者因态度所带来的问题

近年来,我国高校扩招的幅度加大,在改革大潮流下加重了教师教学与科研的任务,因此部分不懂变通、不熟悉计算机软件的教师便逐渐落后于改革潮流,他们虽能够制作形式简单的教学课件,但却无法将精彩的教学内容呈现出来,以致教学课件不具有实用性。而这种敷衍了事的态度造成了"念课件"的呆板性教学模式,使多媒体教学呈现出反向发展的趋向。

教师思想的误区不仅阻碍教学进度,而且无法达到多媒体教学的应有效果。部分教师认为,多媒体教学与传统教学是并立存在的,两者之间没有关联性,因此,在进行实际教学中,多媒体教学的优点便无法得到有效运用,反而会变成教学中的缺憾。

2. 过于使用多媒体给学生带来的危害

研究中人们发现,由于近些年高校扩招,从整体上拉低了高校学生的素质,因此在教学过程中,学生无法实现100%的信息接受,而由于生源的增加,教师无法及时了解每个学生的特点,因此一味地灌输知识量,导致学生在来不及消化当下知识的情况时,又需要进入下一个知识环节,从而易拉大学生之间的学习差距,无法实现教学的目标。

应用多媒体教学传授的知识量多于传统教学传授的知识量,不利于学生及时消化知识,易滋长学生应付考试的思想,进而不利于学生提高学习的积极性。

3. 教学环境所存在的问题

(1) 教室光线阴暗的问题

为了配合多媒体教学的播放效果,多数教室会选择百叶窗帘或多幕窗帘,在播放课件时,将窗帘拉上,由此教室内阴暗的环境与屏幕上的亮度形成极大的反差,教师无法在授课时发现学生的小动作,学生在压抑的环境下无法集中精力听讲,因此课堂秩序会出现失控的情况,不仅无法实现师生之间的正常交流,而且影响教学效果。

(2) 屏幕信息停留过短

在数学教学过程中,由于数学具有紧凑、内容多等特点,因此传统教学手段多采用定理—公式证明—推导的教学方案,一般情况下,一页黑板可以推导一条公式。而应用多媒体进行教学时,则需要调节字幕,如果字幕调节过快,学生未能对前面内容有深刻的印象,从而不可能对推理过程有清晰的把握和认识,相反降低了课堂内的学习效率。

4. 教学效果

在学科教学中多媒体教学的应用已十分广泛,但是某些教学手段的运用依然不成熟,不仅无法起到有效的教学效果,而且形成了一种"填鸭式"的教学模式,因此导致了多媒体技术包装下的新思想、新内容无法实现真正的应用效果,反而阻碍了教学的进程。

教学活动建议

本节教学重点是了解多媒体教学的内涵、多媒体技术在教育中的应用情况,以及应用中存在的问题。建议教师可组织如下活动。

活动1:用头脑风暴的方式组织学生列举教学中常用的教学媒体,并对其进行分类。

活动2:如今电子书包已广泛应用于教学中,讨论电子书包的优势。

活动3：让学生观察身边还有哪些多媒体产品，并引导学生思考这些产品的出现对自身产生的影响，包括积极和消极的影响。

学习活动建议

本节教学重点是了解多媒体教学的内涵、多媒体技术在教育中的应用情况，以及应用中存在的问题。建议学生可开展如下活动。

活动1：利用思维导图软件画出本节的知识体系，包括多媒体教学的内涵、多媒体技术在教育中的应用情况，以及存在的问题。

活动2：联系自身实际，列举多媒体技术在本校中的应用，并思考多媒体教学对自己产生的影响，包括积极的和消极的影响。

推荐阅读材料

史可卿.现代信息技术在教学中的应用研究——多媒体课堂教学应用研究[M].北京：中央广播电视大学出版社，2009.

李书明，田俊.多媒体技术及教育应用[M].北京：清华大学出版社，2010.

夏洪文.多媒体系统及其教育应用[M].北京：科学出版社，2008.

本章自测题

1. 你认为教学媒体的选择与下面的哪个因素无关？（　　）
   A. 教学目标　　　　B. 学习内容　　　　C. 学习者特征　　　　D. 教学评价
2. "经验之塔"可分为三大类，按直观程度从高到低排序，依次是（　　）。
   A. 做的经验、观察的经验、抽象的经验
   B. 抽象的经验、观察的经验、做的经验
   C. 观察的经验、做的经验、抽象的经验
   D. 观察的经验、抽象的经验、做的经验
3. 从当前的教学实践看，电子书包环境下的教学方式主要有哪两类？（　　）
   A. 主题探究型的项目学习模式
   B. 资源利用型的自主浏览模式
   C. 课上使用交互式学习软件的学习模式
   D. 远程协助型的专家辅导模式
4. （判断题）触摸屏电子白板的幕屏校准程序是固定在屏上的，使用新电脑时不用校准（　　）
5. 多媒体存储技术的分类有哪些？
6. 教学媒体选择的原则是什么？

7. 分析云存储的工作原理。

参考文献

[1] 徐俊华.浅析多媒体技术的发展与应用[J].科技创新与应用,2014(26):85.

[2] 宁书家.浅谈多媒体技术在耳鸣诊疗咨询系统中的应用研究[J].科技资讯,2013(1):23.

[3] 高永品.几种常见的存储技术[J].中学教学参考,2009(5):97.

[4] 陈杰.大数据场景下的云存储技术与应用[J].中兴通信技术,2012(6):47-51.

[5] 吴晶,董玉丹.网络与通信技术在计算机控制中的应用[J].电子测试,2014(7X):101-103.

[6] 庞新法.多媒体技术特征与关键技术分析[J].价值工程,2014(12):215-216.

[7] 郑泽文.教学媒体的比较和选择的原则[J].高教与经济,2002(3):35-37.

[8] 陶晓静.教学设计的ASSURE模式[M].西宁:青海师范大学,2008.

[9] 王琴,王宝俊.基于云计算的虚拟多媒体教室的研究与架构[J].电化教育研究,2012(1):65-67

[10] 廉志刚.浅谈多媒体语言实验室在英语教学中的应用模式[J].中国科技创新导刊,2008(3):243-244.

[11] 王盛峰.导生制微格教学模式设计研究[J].电化教育研究,2011(10):71-75.

[12] 倪志凌,宗薛铟,罗宇佳.基于微格教学模式的钢琴教学研究[J].民族音乐,2013(1):96-98.

[13] 马哈热提·阿布拉.教学活动中微格教室和电子白板教学的应用研究[J].信息技术与信息化,2014[M12],(9):22.

[14] 郁晓华,祝智庭.电子书包作为云端个人学习环境的设计研究[J].电化教育研究,2012(4):69-75.

[15] 罗静彦.多媒体在高校数学教学应用中存在的问题及对策研究[J].长春教育学院学报,2015(7):68-69.

第 5 章　网络技术与教育

【导言】

当今社会竞争实质是人才竞争,如何充分利用网络技术来提高教育质量和效率,是摆在我们面前的重大问题。本章首先从计算机网络的定义谈起,简要介绍网络的各种基础知识,包括局域网技术、广域网技术和网络前沿技术,进而介绍网络技术的应用,最后将重点讨论网络技术在教育中的具体应用。

【思维导图】

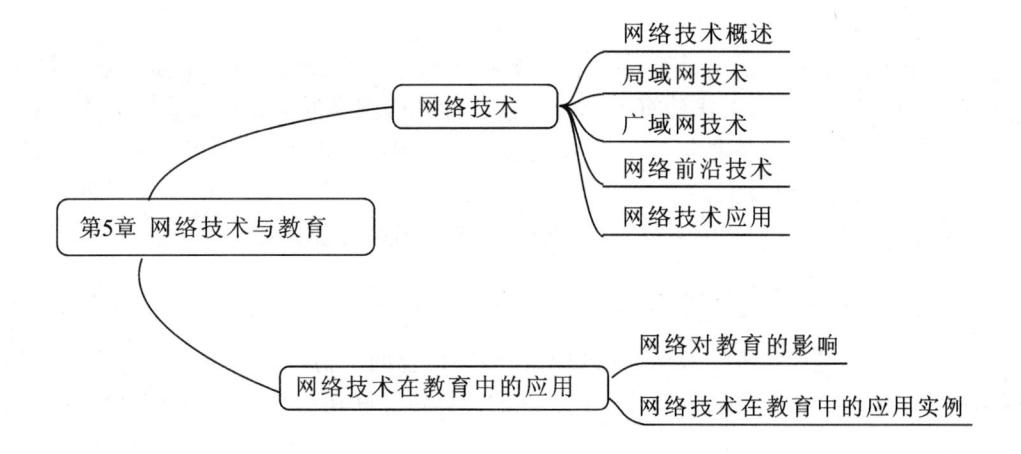

```
第5章 网络技术与教育 ─┬─ 网络技术 ─┬─ 网络技术概述
                    │            ├─ 局域网技术
                    │            ├─ 广域网技术
                    │            ├─ 网络前沿技术
                    │            └─ 网络技术应用
                    │
                    └─ 网络技术在教育中的应用 ─┬─ 网络对教育的影响
                                            └─ 网络技术在教育中的应用实例
```

【学习目标】

通过对本章内容的学习,学生应做到:
1. 了解什么是计算机网络,能够说出计算机网络的组成部分。
2. 了解计算机网络的不同拓扑结构图,能够说出它们的不同之处。
3. 列举生活中使用网络的具体例子,并说明其发挥了网络的何种功能。

4. 理解 OSI 7 层参考模型,能够说出各层的特点,区别不同通信设备的工作层。
5. 比较 OSI 和 TCP/IP 的异同点,并能够指出 TCP/IP 协议集中最重要的两个协议。
6. 熟悉局域网协议,比较两种局域网技术:以太网技术和令牌环网技术。
7. 区别不同的 Internet 接入方式。
8. 陈述 4 种不同的网络前沿技术的特点及其应用。
9. 列举目前我们使用的网络通信工具。
10. 了解网络提供的资源共享和相关服务。
11. 辩证地看待网络对教育的影响。
12. 列举网络技术在教育中的典型应用形式中发挥的优势。
13. 列举网络技术在具体的教育应用形式中发挥的优势。
14. 掌握网络技术在教育中是如何发挥作用的。

5.1 网络技术

随着网络应用的发展,网络技术发展十分迅速。从 10Mb/s 以太网到 1000Mb/s 以太网,从同轴到光纤,从有线网到无线网,从局域网到广域网,从窄带网到宽带网,从数据网到综合业务网,从 TCP/IP 到 ATM,网络技术正日新月异地发展着。由此使应用手段和形式也产生了巨大的变化,从多媒体网络教学到虚拟学习社区等,都是网络在教育中应用的体现。

5.1.1 网络技术概述

信息化社会的基础是由计算机互联所组成的信息网络,网络的各节点能够协同工作,真正实现了高效的分布式计算和资源共享。计算机网络的应用已渗透到各个领域,最初人们在网上交换的是文本文件,现在交换声、文、图等多媒体信息,因此,网络可以广泛地应用在计算机支持的分布式协同设计和制造、办公自动化、银行电子支付、电子购物、远程医疗、远程教育、视频会议、点播电视、电子图书馆及家庭娱乐等方面。

1. 计算机网络的定义和分类

计算机网络是计算机技术与通信技术发展相结合的产物。它是指使用通信线路和网络协议将地理位置上分散的具有独立功能的计算机互联在一起,实现通信、信息交换、协同工作和资源共享的一组计算机系统。

由于计算机网络的广泛使用,目前已经出现了各种形式的计算机网络。对网络的分类方法有很多,从不同的角度观察网络、划分网络,有利于全面了解网络系统的特性。

1) 按拓扑结构分类

计算机网络系统的拓扑结构主要有总线型、星形、环形、树状、全互连型和不规则型等几种,如图 5-1 所示。网络拓扑结构对整个网络的设计、功能、可靠性、费用等方面有着重要的影响。

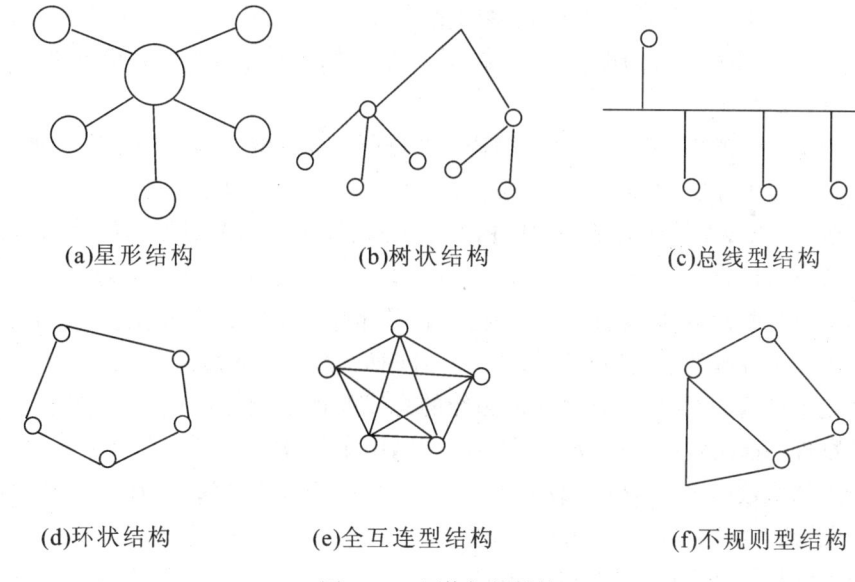

(a)星形结构　　(b)树状结构　　(c)总线型结构

(d)环状结构　　(e)全互连型结构　　(f)不规则型结构

图 5-1　网络拓扑结构

(1)星形结构

星形结构是由一个中心节点以及一些通过点到点链路连到中心节点的从节点组成。各从节点间不能直接通信,从节点间的通信必须经过中心节点,如图 5-1(a)所示。例如,A 节点要向 B 节点发送数据,A 节点先将数据发送给中心节点 S,再由中心节点 S 发送给 B 节点。

星形结构有两类:一类是中心节点仅完成各从节点连通的作用;另一类是中心节点是具有很强处理能力的计算机,而从节点是一般的计算机或终端,中心节点有转接和数据处理的双重作用。强的中心点成为各从节点共享的资源,中心节点也可以按存储转发方式工作。

星形结构的优点是建网容易,易于扩充,控制相对简单;而其缺点是属于集中控制,对中心节点的依赖性较大。

(2)层次结构或树状结构

该结构的特点是联网的各台计算机按树形或塔形组成,树中的每个节点都是计算机,如图 5-1(b)所示。一般来说,越靠近树根(或塔的顶部),节点的处理能力就越强。最低层的节点命名为 0 级,次低层的为 1 级,塔顶的级别最高。低层的计算机的功能和应用有关,一般都有明确定义的和专业性很强的任务;塔的顶部则有更通用的功能,以便控制和协调系统的工作。低层的节点通常仅带有限数量的外围设备,相反地,顶部的节点通常是可带有前端机的中型计算机甚至大型计算机。烦琐的、重复的功能和算法,如数据收集和变换都在最低层处理;而数据处理、命令执行(控制)、综合处理等都由顶部节点完成,如共享的数据库放在顶部而不会分散在各个低层节点。信息在不同的层次上垂直传输,这些信息可以是程序、数据、命令或三者的组合。层次结构如果仅有两层,就变为星形结构,一般来说,层次结构的层不宜过多,以免转接的开销过大。美国芝加哥大学的 Miss 系统就是一个典型的分层结构网络。

层次结构适用于相邻层的通信较多的情况,典型的应用是低层节点解决不了的问题,请求中层计算机解决,中层计算机解决不了的问题,请求顶部的计算机解决。

(3) 总线型结构

该结构是由一条高速公用总线连接若干节点所形成的网络,如图5-1(c)所示,其中一个节点是网络服务器,由它提供网络通信及资源共享服务,其他节点是网络工作站(即用户计算机)。总线型结构通常采用广播通信方式,即由一个节点发出的信息可被网络上的多个节点所接收。由于多个节点连接到一条公用总线上,因此必须采取某种介质访问控制方法来分配信道,以保证在一段时间内,只允许一个节点传送信息。目前,最常用的且已列入国际标准的介质访问控制方法有 CSMA/CD 和令牌传递。

在总线型结构的网络中,数据通信必经的总线的负载能力是有限的,这是由通信介质本身的物理性能决定的。所以,总线型结构网络中工作站节点的个数是有限的,如果工作站节点的个数超出总线的负载能力,就需要采用分段等方法,并加入相当数量的附加部件,使总线负载限制在其能力范围之内。

总线型结构网络简单灵活、可扩展性好、设备投入量少、成本低、安装与使用方便。但在某个站点出现故障时,对整个网络系统的影响较大。特别是由于所有的工作站通信均通过一套共用的总线,所以实施性较差,当节点通信量增加时,性能会急剧下降。

(4) 环形结构

环形结构是一种首尾相连的总线型拓扑结构,它由通信线路将各节点连接成一个闭合的环。数据在环上单向流动,每个节点按位转发所经过的信息,通常用令牌控制来协调各节点的数据发送,如图5-1(d)所示。环形拓扑结构的特点与总线型结构类似,但网络的可靠性对环路则更加依赖。

(5) 点—点全互连型结构

这种结构的网络,每个节点和网络上的其他节点都有通信线路连接,网络的复杂性随节点数目的增加而迅速增长,如图5-1(e)所示。例如,将5个节点用点—点方式全连接起来,每个节点要连接4条线路,必须有4个通信端口,全网共需 $10(n\times(n-1)/2=5\times4/2=10)$ 条线路。这类网络的优点是无须进行路由选择,通信方便;但网络的连接复杂,适合在节点数少、距离很近(如一个房间)的环境中使用。

(6) 点—点部分连接的不规则型结构(网状拓扑)

广域网中,互联的计算机一般都安装在不同的城市,各节点间的距离很长,某些节点间是否用点—点线路专线连接,要依据其间的信息流量以及网络所处的地理位置而定。如果某些节点间的通信可由其他中继节点转发且不甚影响网络性能,可不必直接互连。因此,在地域范围很广且节点数目较多时,都是部分节点连接的任意拓扑结构,如图5-1(f)所示。部分节点连接的网络必然带来经由中继节点转发而相互通信的现象,此称为交换。

2) 按距离分类

(1) 广域网(wide area network,WAN)

其作用范围为几十千米到几千千米的网络。

(2) 局域网(local area network, LAN)

其作用范围为几米到几十千米的网络。

(3) 城域网(metropolitan area network, MAN)

其作用范围介于 WAN 与 LAN 之间,其运行方式与 LAN 相似。如果不做严格区分,可以认定城域网为局域网的一种特殊形式。

3) 按通信介质分类

(1) 有线网

采用如同轴电缆、双绞线、光纤等物理介质来传输数据的网络。

(2) 无线网

采用卫星、微波等无线形式来传输数据的网络。

4) 按信息传播方式分类

(1) 点对点网络

以点对点的连接方式,把各台计算机连接起来的网络。这种传播方式网络的主要拓扑结构有星状、树状、环状、网状。

(2) 广播式网络

用一个共同的传播介质把各台计算机连接起来的网络,包括以同轴电缆连接起来的总线型网络和以无线、微波、卫星方式传播的无线网。

5) 按数据传输速率分类

(1) 低速网

数据传输速率在 300b/s～1.4Mb/s 之间的网络。通常借助调制解调器利用电话网来实现。

(2) 中速网

数据传输速率在 1.5Mb/s～45Mb/s 之间的网络,如数据式公用数据网。

(3) 高速网

数据传输速率在 50Mb/s～1Gb/s 之间的网络。

6) 按用户分类

(1) 公用网

又称公众网,是为全社会所有人提供服务的网络。

(2) 专用网

专用网为一个或几个部门所拥有,只为拥有者提供服务,不向拥有者以外的人提供服务。

7) 按网络控制方式分类

(1) 集中式计算机网络

网络的信息处理和控制功能都高度集中在一个或少数几个节点上,所有的信息流都必须经过这些节点之一。

(2) 分布式计算机网络

这种网络中不存在一个控制中心,网络中的任意一个节点都至少与另外两个节点相连接,信息从一个节点到达另一个为节点时,可以有多条途径。同时,网络中的各个节点平等地相互协调工作和交换信息,共同完成一项大型任务。分组交换网、网状网络都属于分布式计算机网络,具有信息处理的分布性、可靠性高,可扩充性及灵活性好等优点。

8) 按网络环境分类

(1) 部门网络

局限于部门的局域网,通常由几十个工作站、若干服务器以及可共享的打印机等设备所组成。信息流主要局限于部门内部流动,约占80%,只有少量的信息流跨越部门网络的边界与其他网络进行交互。

(2) 企业网络

企业中配置的、能覆盖整个企业的计算机网络。规模适中的企业网络通常由两级网络构成,低层是分布在各个部门的部门网络,而高层则是用于连接这些部门网络的高速主干网。在规模较大且地理位置分散的企业中,往往还有通过广域网将各地的主干网和部门网络互连起来的。

(3) 校园网络

校园网络是指在学校中配置的、覆盖整个学校的计算机网络。它们分散在各个办公楼中,可利用一个高速主干网将分散的局域网连接起来形成一个两级网络形式的校园网络。

除了以上几种划分方式外,还有按交换方式、按网络构成成分、按通信性能等其他的一些分类方式。

2. 计算机网络的组成

一个基本的计算机网络结构如图5-2所示。

1) 通信主体

通信主体是指具有独立操作系统的计算机,它能够完成数据信息的收集、存储、处理和输出任务,并提供各种网络资源。在计算机网络中,往往会有服务提供者——服务器,坐享其成者——工作站。

广义上的服务器是指运行在别的计算机上的客户端程序提供某种特定服务的计算机或是软件包。这一名称可能是指某种特定的程序,如WWW服务器,也可能指运行程序的计算机,如"我们的邮件服务器今天崩溃了",这就是电子邮件不能被发送出去的原因。一台单独的服务器计算机上可以有多个服务器软件包在运行,也就是说,它们可以向网络上的客户提供多种不同的服务。一般意义上的网络服务器也指文件服务器。文件服务器是网络中最重要的硬件设备,其中装有NOS(网络操作系统)、系统管理工具和各种应用程序等,是组建一个客户机/服务器局域网所必需的基本配置;对于对等网,每台计算机则既是服务器,也是工作站。

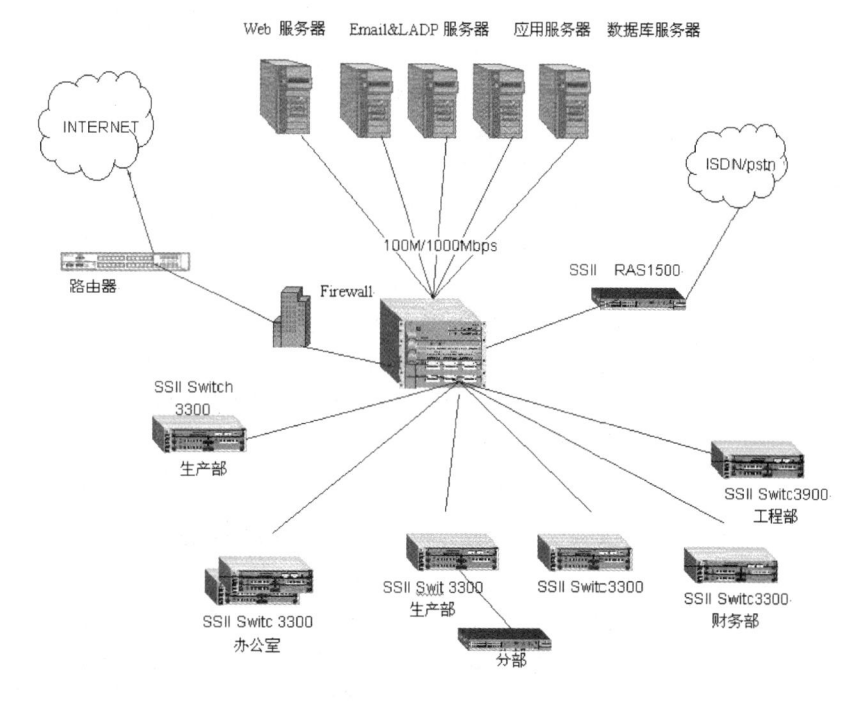

图 5-2 基本网络结构图

工作站是一种高端的通用微型计算机,也称客户机。它是为了单用户使用并提供比个人计算机更强大的性能,尤其是在图形处理能力、任务并行方面的能力。通常配有高分辨率的大屏、多屏显示器及容量很大的内存储器和外部存储器,并且具有极强的信息和高性能的图形、图像处理功能的计算机。另外,连接到服务器的终端机也可称为工作站。

2) 通信设备

表 5-1 列出了常见的通信设备。

表 5-1　常见的通信设备

设备名称	简要介绍
集线器	集线器的英文称为 Hub。Hub 是"中心"的意思,集线器的主要功能是对接收到的信号进行再生整形放大,以扩大网络的传输距离,同时把所有节点集中在以它为中心的节点上。它工作于 OSI(开放系统互联参考模型)参考模型第一层,即"物理层"。集线器与网卡、网线等传输介质一样,属于局域网中的基础设备,采用 CSMA/CD(即带冲突检测的载波监听多路访问技术)介质访问控制机制。集线器每个接口简单地收发比特,收到 1 就转发 1,收到 0 就转发 0,不进行碰撞检测。集线器属于纯硬件网络底层设备,基本上不具有类似于交换机的智能记忆能力和学习能力。它也不具备交换机所具有的 MAC 地址表,所以它发送数据时都是没有针对性的,而是采用广播方式发送。

设备名称	简要介绍
中继器	中继器(repeater,RP)是连接网络线路的一种装置,常用于两个网络节点之间物理信号的双向转发工作。中继器主要完成物理层的功能,负责在两个节点的物理层上按位传递信息,完成信号的复制、调整和放大功能,以此来延长网络的长度。由于存在损耗,在线路上传输的信号功率会逐渐衰减,衰减到一定程度时将造成信号失真,因此会导致接收错误。中继器就是为解决这一问题而设计的。它完成物理线路的连接,对衰减的信号进行放大,保持与原数据相同。一般情况下,中继器的两端连接的是相同的媒体,但有的中继器也可以完成不同媒体的转接工作。从理论上讲中,继器的使用是无限的,网络也因此可以无限延长。事实上这是不可能的,因为网络标准中都对信号的延迟范围做了具体的规定,中继器只能在此规定范围内进行有效的工作,否则会引起网络故障。
网桥	网桥将两个相似的网络连接起来,并对网络数据的流通进行管理。它工作于数据链路层,不但能扩展网络的距离或范围,而且可提高网络的性能、可靠性和安全性。网络1和网络2通过网桥连接后,网桥接收网络1发送的数据包,检查数据包中的地址,如果地址属于网络1,它就将其放弃;相反地,如果是网络2的地址,它就继续发送给网络2。这样可利用网桥隔离信息,将同一个网络号划分成多个网段(属于同一个网络号),隔离出安全网段,防止其他网段内的用户非法访问。由于网络的分段,各网段相对独立(属于同一个网络号),一个网段的故障不会影响到另一个网段的运行。网桥可以是专门硬件设备,也可以由计算机加装的网桥软件来实现,这时计算机上会安装多个网络适配器(网卡)。网桥的功能在延长网络跨度上类似于中继器。
交换机	交换机交换是按照通信两端传输信息的需要,用人工或设备自动完成的方法,把要传输的信息送到符合要求的相应路由上的技术的统称。交换机根据工作位置的不同,可以分为广域网交换机和局域网交换机。广域的交换机(Switch)就是一种在通信系统中完成信息交换功能的设备,它应用在数据链路层。交换机有多个端口,每个端口都具有桥接功能,可以连接一个局域网或一台高性能服务器或工作站。实际上,交换机有时被称为多端口网桥。在计算机网络系统中,交换概念的提出改进了共享工作模式。而Hub集线器就是一种物理层共享设备,Hub本身不能识别MAC地址和IP地址,当同一局域网内的A主机给B主机传输数据时,数据包在以Hub为架构的网络上是以广播方式传输的,由每一台终端通过验证数据报头的MAC地址来确定是否接收。

设备名称	简要介绍
路由器	路由器(Router)是连接因特网中各局域网、广域网的设备。它会根据信道的情况自动选择和设定路由,以最佳路径,按前后顺序发送信号。路由器是互联网络的枢纽,类似交通警察。目前路由器已经广泛应用于各个领域,各种不同档次的产品已成为实现各种骨干网内部连接、骨干网间互联和骨干网与互联网互联互通业务的主力军。路由和交换机之间的主要区别就是:交换机发生在 OSI 参考模型第二层(数据链路层),而路由发生在第三层,即网络层。这一区别决定了路由和交换机在移动信息的过程中需使用不同的控制信息,所以说两者实现各自功能的方式是不同的。
网卡	网卡是工作在链路层的网络组件,是局域网中连接计算机与传输介质的接口,不仅能实现与局域网传输介质之间的物理连接和电信号匹配,还涉及帧的发送与接收、帧的封装与拆封、介质访问控制、数据的编码与解码以及数据缓存的功能等。

3) 通信协议

通信协议(communications protocol)是指双方实体完成通信或服务所必须遵循的规则和约定。通信协议定义了数据单元使用的格式,信息单元应该包含的信息与含义,连接方式,信息发送和接收的时序,从而确保网络中数据顺利地传送到确定的地方。计算机通信中,通信协议用于实现计算机与网络连接之间的标准,如果没有统一的通信协议,计算机之间的信息传递就无法识别。通信协议可以简单地理解为各计算机之间进行相互会话所使用的共同语言。

协议主要由以下三个要素组成,一是语法,即"如何讲",数据的格式、编码和信号等级;二是语义,即"讲什么",数据内容、含义以及控制信息;三是定时规则,明确通信的顺序、速率匹配和排序。以上要素可以保证网络联通并能交换信息,但是如果想要更方便、快捷地使用网络,还需要很多对应的网络软件。如 Windows 2000 Server、UNIX、LINUX 等各种网络操作系统,IE 浏览器,QQ 等其他网络软件等。

4) 数据通信

数据通信是计算机网络最基本的功能,用来快速传送计算机与终端、计算机与计算机之间的各种信息,包括文字、图片资料、报纸版面等。例如,分散在不同地方的计算机通过网络,利用 QQ、泡泡软件能够及时、快速地传送文件。利用这一特点,可实现将分散在各个地区的单位或部门用计算机网络联系起来,进行统一的调配、控制和管理。

5) 资源共享

资源是网络中所有的数据、软件和硬件。共享是网络中的用户都能部分或全部地享受这些资源。例如,某些地区或单位的数据库(如飞机机票、饭店客房等)可供全网使用;

某些单位设计的软件可供需要的地方有偿调用或办理一定的手续后调用;一些外部设备如打印机,可面向用户,使不具有这些设备的地方也能使用这些硬件设备。如果不能实现资源共享,则会大大地增加全系统的投资费用。图 5-3 所示为打印机共享模式。

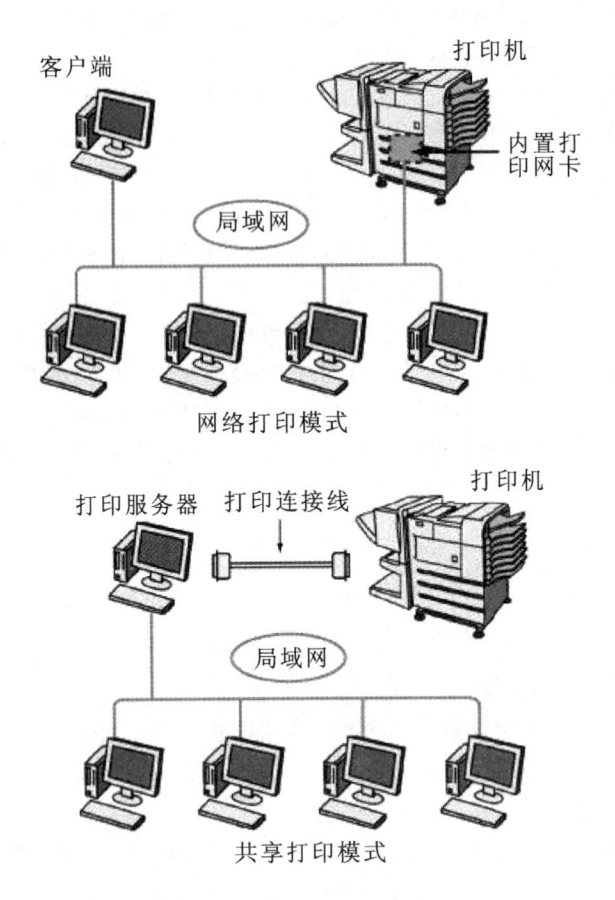

图 5-3　打印机共享模式

3. 计算机网络体系结构

多数计算机网络都采用层次式结构,即将一个计算机网络分为若干层次,处在高层次的系统仅利用较低层次的系统提供的接口和功能,不需要了解低层实现该功能所采用的算法和协议;较低层次也仅是使用从高层系统传送来的参数,这就是层次间的无关性。有了这种无关性,层次间的每个模块可以用一个新的模块取代,只要新的模块和旧的模块具有相同的功能和接口,即使它们使用的算法和协议都不一样相同,也不会影响使用。

国际标准化组织 ISO 在 1979 年建立了一个分委员会专门研究用于开放系统的体系结构,提出了开放系统互联 OSI(open system interconnection)模型,这是一个定义连接异种计算机的标准结构。

OSI 模型将计算机网络的各个方面分成了互相独立的七层。每一层都将其下面的层遮起,而下层的细节被隐藏,图 5-4 是 OSI 七层参考模型示意图。

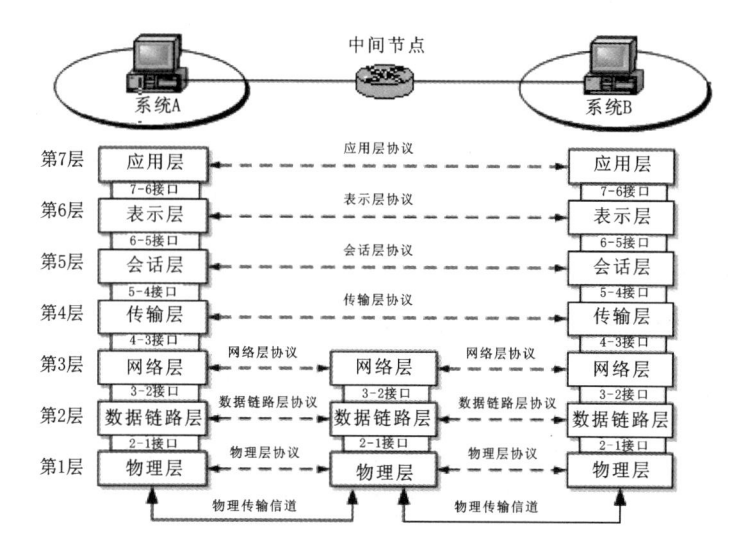

图 5-4 七层参考模型图

OSI 模型中对应的不同通信协议和通信设备,表 5-2 给出两者的对应关系。

表 5-2 各通信设备与 OSI 模型七层之间的关系

通信设备名称、协议	工作在 OSI 模型七层之间的关系
集线器、中继器	物理层
网桥、交换机	数据链路层
网卡	数据链路层和网络层
路由器	网络层
网关	会话层、表示层、应用层
HTTP、FTP、WAP、SMTP	应用层

计算机网络协议是通信双方共同遵守的规则和约定的集合。前文提到的通信协议只是"某一种",而计算机网络协议是"集合"。网络协议主要由语义、语法和定时三部分组成。语义规定协议元素的类型,如规定通信双方要发出什么控制信息,执行的动作和返回的应答。语法规定协议元素的格式,如数据和控制信息的格式。定时关系规定了信息交流的次序。

TCP/IP 是最早出现在互联网上的协议,是一组能够支持多台相同或不同类型的计算机进行信息交换的协议,它是一个协议的集合,简称为互联网协议族。TCP(Transmission Control Protocol)传输控制协议和 IP(Internet Protocol)网际协议是其中两个极其重要的协议,TCP 协议确保数据在传输过程中不出现错误和丢失,IP 协议用于在主机之间传送数据。除此之外,还有 UDP、ICMP 及 ARP 协议等。

与 OSI 相比,TCP/IP 简化了高层的协议,简化了会话层和表示层,将其融入到了应用层,使得通信的层次减少,提高了通信的效率。

5.1.2 局域网技术

1. 局域网

局域网是指在某一区域内由多台计算机互联形成的计算机组。局域网协议是指IEEE 802 标准。该标准是由美国IEEE(Institute of Electrical and Electronic Engineer,电气和电子工程师协会)局域网标准委员会制定的。该委员会成立于1980 年2 月,是美国IEEE 的一个分会。

IEEE 802 标准由一个协议系列组成,主要包括本标准的体系结构、网络互联和网络管理、几种LAN 标准以及各种介质访问控制协议,具体内容如表5－3 所列

表5－3 IEEE 802 标准系列

标准	职责	标准	职责
IEEE 802.1A	体系结构 I	IEEE 802.6	城域网(MAN)标准(覆盖范围25～35km)
IEEE 802.1B	寻址、网络互联和网络管理		
IEEE 802.2	逻辑链路控制(LLC)	IEEE 802.7	宽带LAN 标准
IEEE 802.3	带冲突检测的载波侦听多路访问控制方法(CSMA/CD)和物理层协议	IEEE 802.8	光纤网标准
		IEEE 802.9	综合业务LAN 标准
IEEE 802.3U	100Mb/s 快速以太网	IEEE 802.10	LAN/MAN 安全数据交换
IEEE 802.3ab	1000Mb/s 以太网	IEEE 802.11	无线LAN 标准
IEEE 802.4	令牌总线(TOKEN BUS)访问控制方法和物理层协议	IEEE 802.12	高速LAN 标准
IEEE 802.5	令牌环(TOKEN RING)访问控制方法和物理层协议		

2. 以太网

IEEE 802.3 标准,即通常所说的以太网(Ethernet),是一种基于总线的广播式网络。以太网上的计算机在任意时刻都可以发送消息,如果两个或更多的分组发生冲突,计算机就等待一段时间,然后再次试图发送。以太网是一种共享介质的技术,所有站点共享同一信道,所以是总线方式;因为所有收发器都能收到每次发送的信息,所以也是广播方式的。

1) 介质访问控制协议

以太网的信道共享技术叫作具有冲突检测的载波监听多点接入CSMA/CD(Carrier Sense Multiple Access /Collision Detection),即以太网所采用的介质访问控制协议是CSMA/CD 算法。

多台机器同时接入以太网信道,各台机器要探测是否存在信号来决定信道是否空闲;当某主机接口要发送一个分组时,首先监听信道,看是否有报文正在发送(执行载波

监听)。当没有监听到发送时,主机接口开始发送。每次发送都在一个限定的时间内完成(因为有一个最大分组长度)。另外,硬件必须在两次发送之间保持一个最小空闲时间,也就是说,没有一对正在通信的机器可以连续使用网络而不给其他机器使用信道的机会。

CSMA/CD 适合于总线型和属性拓扑结构的 LAN,有效地解决了总线 LAN 中介质共享、信道分配和信道冲突等问题。

(1) 信道发送规则

CSMA/CD 规定,每个站都可以独立地决定信息帧的发送,即任何站点在准备好要传送息后,就可以向外发送。发送遵循下列规则:

- 发送之前必须先侦听总线,若总线空闲,就立即发送;
- 若总线很忙,则继续侦听,一旦发现总线空闲,就立即发送;
- 若在发送过程中检测到信号"冲突",就立即停止信息发送,并发出一个短干扰信号,使所有站点都知道出现了"冲突";
- 干扰信号发出后,等待一个随机时间,再重新尝试信息发送。

(2) 信息的接收过程

当信息帧经总线传输时,网上各站点都可以接收到,但只有站址和数据帧的目的地址相符合时,才会将信息帧接收。若地址不符合,则不予保存。

(3) CSMA/CD 的主要优、缺点

CSMA/CD 的优点是:算法简单,应用广泛,提供了公平的访问,具有相当好的延时和吞吐能力,长帧传递和负载较轻时效率较高。CSMA/CD 的缺点是:需要有冲突检测,存在错误判断和最小帧长度限制,在重载情况下性能变差。

2) 三种以太网技术

以太网是国际上的主流网络,已经发展了近 20 年,性能不断提高。从 10Mb/s 的以太网,发展到后来的 100Mb/s 的快速以太网,最近已发展到 1000Mb/s 的 G 位以太网。表 5-4 列出了三种以太网技术的性能比较。

表 5-4　3 种以太网技术性能比较

名称	性能			
	传输速率	采用的标准	介质访问控制协议	拓扑结构	传输介质
10M 位以太网	10Mb/s	IEEE 802.3	CSMA/CD	总线型或星形	同轴电缆、双绞线、光纤
快速以太网	100Mb/s	IEEE 802.3U	CSMA/CD	总线型或星形	双绞线、光纤
千兆以太网	1000Mb/s	IEEE 802.3ab	CSMA/CD	总线型或星形	双绞线、光纤

3. 令牌环网

与以太网相提并论的是令牌环网(Toking Ring),它是另一类重要的共享介质网,属于局域网技术。令牌环网之所以称为环,是因为这种网络的物理结构为环状,环上有多个站点与环相连,相邻站之间是一种点对点的链路,因此令牌环网与广播式的以太网不同,它是一种顺序向下一站广播的局域网。与以太网不同的另一个特点是,即使负载很重,仍具有确定的响应时间。

1) 介质访问控制协议

令牌环网所遵循的标准是 IEEE 802.5,采用令牌环协议。令牌环协议,是仅次于以太网协议而被广泛使用的第二大协议。令牌环网数据总以一个特定的方向在环上流动,每个结点从它的上游邻接点接收帧,然后将他们发送到下游的邻接点。这种基于环的拓扑结构与以太网的总线结构相对应,类似于以太网。环可以被看作一个单一共享介质,它并不像配置在一个环中的独立的点到点链路的集合那样运转。

为了避免以太网中出现冲突问题,设置了一个令牌(实际上只是一个特殊的比特序列)在环上循环,每个结点接收到令牌后转发它。有了这个令牌的计算机可以通信,没有令牌的计算机只能等待,等到来了令牌为止。获得令牌的计算机向目标地址发送一个包,在这个环上的计算机一个个传送这个包,检查这个包内的地址是不是自己的地址,如果是,就接收这个包,但接收并不是把这个包扣住不放,而是在包内加上一个标记,说明这个包已经收到了,在环上继续传送。直到回到发送者,发送者在这个包内检查到发送者是自己,并且检查相应的标记位,看这个包是不是已经被接收到。这就是发送和接收过程。介质访问算法是公平的,因为令牌绕着环循环,每个结点都有机会发帧,以轮转的方式为结点提供服务。

2) 两种令牌环网技术

令牌环网是局域网技术,它的拓扑结构是环型或星型,令牌环网使用这种方法避免了出现与以太网一样的问题。令牌环网的种类比较多,常见的是 IBM 令牌环和 FDDI。FDDI 是目前成熟的 LAN 技术中传输速率最高的一种。表 5-5 列出了两种令牌环网技术的性能比较。

表 5-5 两种令牌环网技术比较

名称	性能							应用
	传输速率	采用的标准	介质访问控制协议	访问网络方式	拓扑结构	传输介质	
IBM 令牌环	4/16 Mb/s	IEEE 802.5	令牌环协议	在环内传递一个令牌,而且允许令牌的持有者发送 FDDI 帧	星型环形	双绞线	IBM 公司开发的局域网技术
FDDI	100 Mb/s	ANSIX 3T9.5	令牌环协议	双环,在环内传递一个令牌,可传送几个帧,要比 IBM 令牌复杂	支持多拓扑结构	光纤	常用在高速局域网 HSLN 和城域网 MAN 中

5.1.3 广域网技术

在介绍广域网技术之前,我们先来简单地看一下城域网技术。城域网(Metropolitan

Area Network,MAN)所采用的技术基本上与局域网类似,只是规模上要大一些。城域网既可以覆盖相距不远的几栋办公楼,也可以覆盖一个城市;既可以是专用网,也可以是公用网;既可以支持数据和语音传输,也可以与有线电视相连。城域网一般只包含一到两根电缆,没有交换设备,因而其设计比较简单。

广域网 WAN(Wide Area Network)又称远程网,它的作用范围通常是几十到几千千米,Internet 就是世界上最大的广域网,目前多采用光纤干线传输,速率已达到 2.5 ~ 40Gb/s。

1)广域网的构成

广域网是一个结构松散的组织,在局域网上一般不使用网络操作系统这个概念,因为广域网中没有一个绝对的中心来对网络上的各种资源和设备进行管理,而仅仅是通过统一的协议来传输信息。广域网由一些互联的包交换机组成,并通过交换机连接计算机。一台交换机通常有多个输入/输出接口,能形成多种不同的拓扑结构并连接多台计算机。

广域网上的信息是以服务形式出现的,有各种各样的服务器,用户只需使用这些服务器,而不必了解这些服务器的具体类型、所处的地理位置,以及使用的操作系统等。Internet 正是屏蔽了低层的差异,简化了中间过程,剩下的只是和用户间服务与被服务的关系。常见的服务器有邮件服务器、Web 服务器、DNS 服务器、代理(Proxy)服务器和 FTP 服务器等。

2)最大的国际互联网——Internet

Internet 本意就是互联网,是目前世界上最大的国际性计算机互联网。更确切地说,是网络的网络(或者互联的网络),几乎覆盖了整个世界。网络组建的最初目的是为研究部门和大学服务,便于研究人员及其学者探索学术方面的问题,因此有科研教育网(或国际学术网)之称。进入 20 世纪 90 年代,Internet 向社会开放,利用网络开展商贸活动成为热门话题。大量的人力和财力的投入,使得 Internet 得到迅速发展,成为企业生产、制造、销售、服务,人们日常工作、学习、娱乐等生活中不可缺少的一部分。

5.1.4 网络前沿技术

众所周知,全球计算机之所以能够互联成为一个大的网络进行资源共享,是由于网络中的每台计算机都遵守一个共同的协议——IP 协议。原来的 Internet 就是基于 IPv4(IP 协议的第 4 版本)的基础上运行的。在 Internet 中的每台计算机都根据 IP 协议分配了一个唯一的 IP 地址。然而随着网络技术的不断发展,Internet 的用户也迅猛增长,网络地址的不足已制约着 Internet 的进一步发展。IPv4 协议已不能解决目前网络所面临的 IP 地址即将枯竭的危机。针对网络所面临的这一严重问题,出现了新协议 IPv6。

1. IPv6 技术

IPv6 采用 128 位地址长度。按保守方法估算,IPv6 实际可分配的地址,使整个地球每平方米面积上可分配 1000 多个地址。有句名言,"IPv6 将使地球上的每一粒沙子都拥有一个 IP 地址"。IPv6 几乎可以不受限制地提供 IP 地址,从而确保了网络中端到端连接的可能性。除了可以彻底解决 IPv4 地址不足的问题,IPv6 还采用分级地址模式、高级 IP 报头、服务质量、主机地址自动配置、认证和加密等许多技术。

1) 简化报头结构

IPv6 报头的结构比 IPv4 简单得多,IPv6 报头删除了 IPv4 报头中许多不常用的域,放入了可选项,这些可选项有更严格的定义。IPv4 和 IPv6 的报头结构分别如表 5-6 和表 5-7 所示。IPv4 中有 10 个固定长度的域、2 个地址空间和若干个选项,IPv6 中只有 6 个域和 2 个地址空间。虽然 IPv6 报头占 40 字节,是 24 字节的 IPv4 报头的 1.6 倍,但因其长度是固定的(IPv4 报头是变长的),所以不需要消耗过多的内存容量。IPv6 中所有的扩展功能都采用扩展报头实现。

表 5-6　IPv4 的报头结构

版本	长度	服务类型	数据包长度	
数据包 ID			分段标志	分段偏移值
生存期		协议	校验和	
源 IPv4 地址					
目的 IPv4 地址					
IP 选项(需要时添加 padding)					

表 5-7　IPv6 的报头结构

版本	业务流类别	流标签	
净荷长度		下一报头	跳数上限
源 IPv6 地址			

2) 层次化的地址结构

IPv6 将现有的 IP 地址长度扩大到 4 倍,由当前的 IPv4 的 32 位扩充到 128 位,以支持大规模数量的网络节点。这样,IPv6 的地址总数就大约有 3.4×10^{38} 个。平均到地球表面上来说,每平方米将获得 6.5×10^{23} 个地址。IPv6 支持更多级别的地址层次,其设计者把 IPv6 的地址空间按照不同的地址前缀来划分,并采用了层次化的地址结构,以利于骨干网路由器对数据包的快速转发。IPv6 定义了三种不同的地址类型,分别为单点传送地址(Unicast Address)、多点传送地址(Multicast Address)和任意点传送地址(Anycast Address)。

(1) 即插即用的连网方式

IPv6 把自动将 IP 地址分配给用户的功能作为标准功能,只要机器一连接上网络便可自动设定地址。它有两个优点:一是最终用户不用花精力进行地址设定;二是可以大大减轻网络管理者的负担。IPv6 有两种自动设定功能:一种是同 IPv4 自动设定功能一样的名为"全状态自动设定"功能;另一种是"无状态自动设定"功能。

(2) 网络层的认证与加密

安全问题始终是 Internet 的一个重要话题,由于在 IP 协议设计之初没有考虑安全性,因而在早期的 Internet 上时常发生诸如企业或机构网络遭到攻击、机密数据被窃据等事件。为了加强 Internet 的安全性,从 1995 年开始,IETF(The Internet Engineering Task Force,国际互联网工程任务组)着手研究制定了一套用于保护 IP 通信的 IP 安全(IPSec)协议。IPSec 是 IPv4 的一个可选扩展协议,是 IPv6 的一个必需的组成部分。

(3) 服务质量的满足

基于 IPv4 的 Internet 在设计之初,只有一种简单的服务,即采用"尽最大努力(best effort)"传输,从原理上讲服务质量 QoS 是无保证的。文本传输、静态图像等传输对 QoS 并无要求。随着 IP 网上多媒体业务增加,如 IP 电话、VOD、电视会议等实时应用,对传输延时和延时抖动均有严格的要求。

(4) 对移动通信更好的支持

未来移动通信与互联网的结合将是网络发展的趋势之一。移动互联网将成为我们日常生活的一部分,改变我们生活的方方面面。移动互联网不仅仅是介入互联网,它还提供一系列以移动性为核心的多种增值业务,如无限互动游戏、购物付款等。

> **扩展阅读**
>
> **IPv4 向 IPv6 的转换途径**
>
> 因为 IPv4 协议已经成功地使用了将近 20 年,基于 IPv4 的应用程序和设备已经相当成熟和具有相当的规模,而 IPv6 的应用程序和设备还不够成熟完备。现实技术中很难一下把 Internet 中 IPv4 协议换成 IPv6 协议。这样必然会出现许多孤立的 IPv6 网络。目前,从 IPv4 到 IPv6 的过渡方法有三种:网络元素/终端的双协议栈技术、网络中的隧道技术以及网络地址转换/协议转换技术。
>
> (1) 双协议栈技术。如果一台主机同时支持 IPv6 和 IPv4 两种协议,那么该主机既能与支持 IPv4 协议的主机通信,又能与支持 IPv6 协议的主机通信,这就是双协议栈技术的工作原理。
>
> (2) 隧道技术。隧道技术提供了一种以现有 IPv4 路由体系来传递 IPv6 数据的方法:路由器将 IPv6 的数据分组封装入 IPv4,IPv4 分组的源地址和目的地址分别是隧道入口和出口的 IPv4 地址。在隧道的出口处,再将 IPv6 分组取出转发给目的站点。隧道技术只要求在隧道的入口和出口处进行修改,对其他部分没有要求,因而非常容易实现。但是隧道技术不能实现 IPv4 主机与 IPv6 主机的直接通信。
>
> (3) 网络地址转换/协议转换技术。网络地址转换/协议转换技术 NAT-PT(Network Address Translation-Protocol Translation)通过与 SLLT 协议转换和传统的 IPv4 下的动态地址翻译(NAT)以及适当的应用层网关(ALG)相结合,实现了只安装了 IPv6 的主机和只安装了 IPv4 机器的大部分应用的相互通信。

2. Web2.0

Web2.0是相对于Web1.0的新的时代。指的是一个利用Web的平台,由用户主导而生成的内容互联网产品模式,为了区别传统由网站雇员主导生成的内容而定义为第二代互联网,即Web2.0,是一个新的时代。Web2.0模式下的互联网应用具有以下显著特点:

①用户分享。在Web2.0模式下,可以不受时间和地域的限制分享各种观点。用户可以得到自己需要的信息,也可以发布自己的观点。

②信息聚合。信息在网络上不断积累,不会丢失。

③以兴趣为聚合点的社群。在Web2.0模式下,聚集的是对某个或者某些问题感兴趣的群体,可以说,在无形中已经产生了细分市场。

④开放的平台,活跃的用户。平台对于用户来说是开放的,而且用户因为兴趣而保持比较高的忠诚度,他们会积极地参与其中。

Web2.0技术主要包括博客(Blog)、新闻聚合(RSS)、百科全书(Wiki)、网摘、社会网络(SNS)、P2P、即时信息(IM)等,同时Web2.0以去中心化、开放、共享为显著特征。

1) 博客

博客(Blog),是Web log的简称,Web2.0后来又缩写为Blog。它的正式名称为网络日志,又音译为部落格或部落阁等,是一种通常由个人管理、不定期张贴新的文章的网站。博客上的文章通常根据张贴时间,以倒序方式由新到旧排列。许多博客专注在特定的课题上提供评论或新闻,其他则被作为比较个人的日记。一个典型的博客结合了文字、图像、其他博客或网站的链接及其他与主题相关的媒体,并能够让读者以互动的方式留下意见。大部分的博客内容以文字为主,仍有一些博客专注在艺术、摄影、视频、音乐、播客等各种主题。博客是社会媒体网络的一部分。比较著名的有新浪、网易等博客。

博客的存在方式,一般分为三种类型:一是托管博客,无须自己注册域名、租用空间和编制网页,只要去免费注册申请即可拥有自己的Blog空间,是最"多快好省"的方式;二是自建独立网站的Blogger,有自己的域名、空间和页面风格,需要一定的条件(例如自己需要会网页制作,需要懂得网络知识,当然,自己域名的博客更自由,有最大限度的管理权限);三是附属Blogger,将自己的Blog作为某一个网站的一部分(如一个栏目、一个频道或者一个地址)。这三种类型之间可以演变,甚至可以兼得,一人拥有多种博客网站。

2) 新闻聚合

新闻聚合(RSS)是Really Simple Syndication的简称,即内容聚和。内容聚合的标准分为RSS和ATOM,都是一种"推"内容的技术,比如,你关注足球新闻,那你可以在浏览器里订阅足球新闻Feed(信息源),相关内容一旦有更新,会自动"推"到你的浏览器里面。用户可以在自己的浏览器里分门别类地收集各种感兴趣的Feed,而不必一个一个地访问这些网站。一般需要下载和安装一个 RSS 新闻阅读器,然后从本站提供的聚合新闻目录列表中订阅自己感兴趣的新闻栏目的内容。

对扑面而来的新闻,不用再花费大量的时间冲浪和从新闻网站上下载,只要通过下载或购买 RSS,就会收集和组织定制的新闻,按照用户希望的格式、地点、时间和方式,直接传送到用户的客户端上。目前,许多网站都提供了 RSS 内容服务,如新浪网、新华网、百度新闻、腾讯新闻等。

3) 标签

标签(Tag)是一种更为灵活、有趣的日志分类方式,可以为每篇日志添加一个或多个 Tag,然后可以看到 BlogBus 上所有和自己使用了相同 Tag 的日志,并且由此与其他用户产生更多的联系和沟通。

Tag 也可以说是一种关键词标记,但又不同于一般的关键词,利于搜索查找。用关键词进行搜索时,只能搜索到文章里面提到了的关键词,Tag 却可以将文章中根本没有的关键词作为 Tag 来标记。

当然,也可以简单地把一个 Tag 理解为一个日志分类,但是与分类的不同之处也很明显。首先,分类是人们在写日志之前就定好的,而 Tag 是在写完日志之后再添加的;其次,可以同时为一篇日志贴上好几个 Tag,方便自己随时查找,而原先一篇日志只能有一个分类;再次,当积累了一定数量的 Tag 之后,可以看自己在 Blog 中最经常写的是哪些话题;最后,还可以看到有哪些人和自己使用了一样的 Tag,进而找到和自己志趣相投的 Blogger。

4) 社会性网络

社会性网络起源于美国著名社会心理学家米尔格伦(Stanley Milgram)于 20 世纪 60 年代最先提出六度理论:"你和任何一个陌生人之间所间隔的人不会超过六个,也就是说,最多通过六个人你就能够认识任何一个陌生人。"基于此理论的社会性网络软件 SNS (social network software)2003 年 3 月在美国出现,经过极短的时间便风靡北美。

互联网应用发展到现阶段,网络用户开始追求更加"实用""真实"的应用体验,渴望将虚拟网络与现实社会结合。加之目睹于国外 SNS 网站的成功促进,一批中文 SNS 网站也随之产生,截至目前,国内已有数十家中文 SNS 网站,如联络家、天际网等。

总之,Web2.0 是以人为核心的互联网,鼓励用户用最方便的方法发布内容,用户在互联网上贡献内容、传播内容,而且提供了这些内容的链接关系和浏览途径,通过用户自发的或系统自动以人为核心的社会性网络的互相链接,给这些看似凌乱的内容提供索引。在 Web2.0 时代,用户已经可以在相当大的自主空间内将个人信息发布开来而不受传统封闭式门户的约束,信息生产与信息传播的主动权在一定程度上回归大众,信息传播的内容多样性、互动便捷性与个性化定制功能大大增强,以个人为中心的 Web2.0 应用已经摆脱少数商业精英力量的控制,自媒体促成了草根阶层的迅速崛起,推动着互联网朝着亲和开放的方向发展,显示出一种全新的传播生态。

3. Web3.0

Web3.0不仅仅是技术上的创新,而是思想上的创新。Web3.0是基于用户需求的智能过滤器和多元化需求满足平台。在Web3.0背景下,网站内的信息可以直接与其他网站相关信息进行交互,多家网站的数据可以进行整合,从而增加了数据信息的可获取性,用户可以用浏览器来实现复杂的系统程序才具有的功能。Web3.0的方向就是以用户为中心,这符合网络媒体供给过剩的大背景,具体的发展方向依赖于Web3.0商业模式的选择方向。Web3.0具有以下技术特征:

①智能化及个性化搜索引擎。为用户营造个性化的信息空间是未来搜索引擎应该追求的方向,包括如何表达信息需求,如何改变浏览搜索结构,如何针对个性化的信息需求建立模型等。

②数据的自由整合与有效聚合。这是Web3.0实现的另外一个难点。只有克服数据信息的不兼容性,才能实现自由整合与有效聚合。用户通过任何一台连接网络的计算机,就能获取所需要的信息,这符合用户浏览网络的根本目的。也只有这样,网络供应商才能获得更高的收益。

③适合多种终端平台,实现信息服务的普适性。方便获取信息就应该让用户可以离开电脑屏幕,也就是说,Web3.0应该实现不同终端之间的兼容。如果这一点不能实现,将极大地削弱Web3.0的现实应用。

④网站个性化。如何建立门户网站?未来的门户网站应该呈现什么特色?Web3.0所提供的个人门户网站应该与传统门户网站有所区别。它应该是一种符合用户行为、习惯和信息聚合模式而构建的互联网平台,这个平台以个性化为核心,符合每个人的具体要求,而非千人一面。更重要的是,这一切的实现并不应该对用户提出更多的技术要求。

对网络学习以及教育模式的影响。Web3.0将为网上学习带来重大的变革。有学者认为,Web3.0的人工智能技术将为学习者提供了更加真实化的情景,为虚拟学习的实现将创造更大的发展空间;信息的高度聚合将为学习者营造高效的网络学习环境;智能搜索引擎将为学生的自助学习带来全新的体验。也有学者做了进一步的研究,认为Web3.0技术的出现,全面改变了传统的信息管理模式,进而也为基于互联网技术的网络学习方式带来了新的变革,网络学习模式将更加多样化。可以表现为虚拟学习、自助学习、表现学习、泛在学习和混合学习模式等。

在数字化学习资源方面,Web3.0也将发挥作用。Web3.0是完善数字化学习资源建设的关键构架,其公用信息平台可以通过信息过滤机制减少数字化学习资源垃圾信息,并有助于解决数字化学习资源杂乱问题。其信息专业性关联和分类生成性将有效促成数字化学习资源的统一自动分类。网站间的信息互通和信息更新也会加快。另外,Web3.0的信息标准化对于解决版权问题也会带来帮助。

根据现有的研究,Web3.0与Web1.0、Web2.0的区别可以概括如下:

①Web1.0特征是以静态、单向阅读为主,用户仅仅是被动参与;Web2.0则是一种以分享为特征的实时网络,用户可以实现互动参与,但这种互动仍然是有限度的;Web3.0则

以网络化和个性化为特征,可以提供更多人工智能服务,用户可以实现实时参与。

②从技术上看,Web1.0 依赖的是动态 JMHR 和静态 JMHR 网页技术;Web2.0 则以 Blog、Tag、SNS、Wiki、六度分隔、XML、AJAX 等技术和理论为基础;Web3.0 的技术特点是综合性的,语义网是实现 Web3.0 的关键技术。

③从应用来看,传统的门户网站如新浪、搜狐、网易等是 Web1.0 的代表;博客中国、亿友交友等是 Web2.0 的代表;Facebook、Eyeos、雅蛙、阔地网络等是 Web3.0 的代表。

4. 无线局域网技术

无线局域网 WLAN(Wireless Local Area Networks)是相当便利的数据传输系统,它利用射频(Radio Frequency,RF)的技术,使用电磁波,取代旧式碍手碍脚的双绞铜线(coaxial)所构成的局域网络,在空中进行通信连接,使得无线局域网络能利用简单的存取架构让用户透过它,达到"信息随身化、便利走天下"的理想境界。WLAN 能够方便地联网,便捷、迅速地接纳新加入的成员,而不必对网络的用户管理配置进行过多的变动;WLAN 在有线网络布线困难的地方比较容易实施,不必实施打孔敷线作业,因而不会对建筑设施造成任何损害。最近几年,无线局域网已经在企业、医院、商店、工厂和学校等场合得到广泛应用。

WLAN 的实现协议有很多,其中最为著名也是应用最为广泛的当属无线保真技术——Wi-Fi,它实际上提供了一种能够将各种终端都使用无线进行互联的技术,为用户屏蔽了各种终端之间的差异性。

5. 云计算

云是网络、互联网的一种比喻说法,云计算是继 20 世纪 80 年代大型计算机到客户端—服务器的大转变之后的又一种巨变。对云计算的定义有多种说法。对于到底什么是云计算,至少可以找到 100 种解释。现阶段广为接受的是美国国家标准与技术研究院(NIST)的定义:云计算是一种按使用量付费的模式,这种模式提供可用的、便捷的、按需的网络访问,进入可配置的计算资源共享池(资源包括网络、服务器、存储、应用软件、服务),这些资源能够被快速提供,只需投入很少的管理工作,或与服务供应商进行很少的交互。

云计算是分布式计算、并行计算、效用计算、网络存储、虚拟化、负载均衡、热备份冗余等传统计算机和网络技术发展融合的产物,是基于互联网的相关服务的增加、使用和交互模式,通常涉及通过互联网来提供动态易扩展且经常是虚拟化的资源。

1)云计算的特点

(1)超大规模和高可靠性

"云"具有相当的规模,Google 云计算已经拥有 100 多万台服务器,Amazon、IBM、微软、Yahoo 等的"云"均拥有几十万台服务器。企业私有云一般拥有数百上千台服务器。"云"能赋予用户前所未有的计算能力。另外,"云"使用了数据多副本容错、计算节点同构可互换等措施来保障服务的高可靠性,使用云计算比使用本地计算机可靠。

(2) 虚拟化

云计算支持用户在任意位置、使用各种终端获取应用服务。所请求的资源来自"云",而不是固定的有形的实体。应用在"云"中某处运行,但实际上用户无需了解,也不用担心应用运行的具体位置。用户只需要一台笔记本或者一个手机,就可以通过网络服务来实现需要的一切,甚至包括超级计算这样的任务。

(3) 通用性和高可扩展性

云计算不针对特定的应用,在"云"的支撑下可以构造出千变万化的应用,同一个"云"可以同时支撑不同的应用运行。"云"的规模也可以动态伸缩,满足应用和用户规模增长的需要。

(4) 按需服务,价格廉价

"云"是一个庞大的资源池,按需购买。"云"可以像自来水,电,煤气那样计费。由于"云"的特殊容错措施可以采用极其廉价的节点来构成云,"云"的自动化集中式管理使大量企业无须负担日益高昂的数据中心管理成本,"云"的通用性使资源的利用率较之传统系统大幅提升。因此,用户可以充分享受"云"的低成本优势,经常只要花费几百美元、几天时间就能完成以前需要数万美元、数月时间才能完成的任务。

(5) 潜在的危险性

云计算服务除了提供计算服务外,还必然提供了存储服务。但是,云计算服务当前垄断在私人机构(企业)手中,而他们仅仅能够提供商业信用。对于政府机构、商业机构(特别像银行这样持有敏感数据的商业机构)对于选择云计算服务应保持足够的警惕。一旦商业用户大规模使用私人机构提供的云计算服务,无论其技术优势有多强,都不可避免地让这些私人机构以"数据(信息)"的重要性挟制整个社会。对于信息社会而言,信息是至关重要的。另一方面,云计算中的数据对于数据所有者以外的其他用户云计算用户是保密的,但是对于提供云计算的商业机构而言,却是毫无秘密可言。所有这些潜在的危险,是商业机构和政府机构选择云计算服务,特别是国外机构提供的云计算服务时,不得不考虑的一个重要的前提。

2) 云计算的演化

云计算主要经历了四个阶段才发展到现在这样比较成熟的水平,这四个阶段依次是电厂模式、效用计算、网格计算和云计算。

(1) 电厂模式阶段

电厂模式就好比是利用电厂的规模效应,来降低电力的价格,并让用户使用起来更方便,且无须维护和购买任何发电设备。

(2) 效用计算阶段

在 1960 年左右,计算设备的价格是非常昂贵的,远非普通企业、学校和机构所能承受,所以很多人产生了共享计算资源的想法。1961 年,人工智能之父麦肯锡在一次会议上提出了"效用计算"这个概念,其核心借鉴了电厂模式,具体目标是整合分散在各地的服务器、存储系统以及应用程序来共享给多个用户,让用户能够像把灯泡插入灯座一样来使用计算机资源,并且根据其所使用的量来付费。但由于当时整个 IT 产业还处于发展初期,虽然这个想法一直被人们称赞,但是总体而言"叫好不叫座"。

(3) 网格计算阶段

网格计算研究如何把一个需要非常巨大的计算能力才能解决的问题分成许多小的部分,然后把这些部分分配给许多低性能的计算机来处理,最后把这些计算结果综合起来攻克大问题。可惜的是,由于网格计算在商业模式、技术和安全性方面的不足,使得其并没有在工程界和商业界取得预期的成功。

(4) 云计算阶段

云计算的核心与效用计算和网格计算非常类似,也是希望技术能像使用电力那样方便,并且成本低廉。但与效用计算和网格计算不同的是,2014 年在需求方面已经有了一定的规模,同时在技术方面也已经基本成熟了。

3) 服务形式

云计算包括以下几个层次的服务:

①基础设施即服务(Infrastructure – as – a – Service,IaaS),消费者通过 Internet 可以从完善的计算机基础设施获得服务。例如,硬件服务器租用。

②软件即服务(Software – as – a – Service,SaaS)是一种通过 Internet 提供软件的模式,用户无须购买软件,而是向提供商租用基于 Web 的软件,来管理企业经营活动。例如,阳光云服务器。

③平台即服务(Platform – as – a – Service,PaaS)指将软件研发的平台作为一种服务,以 SaaS 的模式提交给用户。因此,PaaS 也是 SaaS 模式的一种应用。但是 PaaS 的出现可以加快 SaaS 的发展,尤其是加快 SaaS 应用的开发速度。例如,软件的个性化定制开发。

5.1.5 网络技术应用

1. 网络通信工具

网络技术把互联网上分散的资源融为有机整体,实现资源的全面共享和有机协作,使人们能够透明地使用资源的整体能力得到提升并按需获取信息。表 5 – 8 列举了常用的各类通信工具。

表 5 – 8 常用的各类通信工具分类

工具类别	同步	异步
信息传输工具	视频会议系统、语音会议系统、实时聊天系统(如 IRC)、MUD/MOD 系统	电子信箱(文本、语音、视频)、电子新闻组、电子公告板系统、异步计算机会议系统
信息共享工具	远程屏幕共享系统、实时群体编辑器、远程登录	服务器文件共享(如 FTP)、检索服务系统(如 Gopher)、万维网
协同作业工具	带白板的视频录音系统、集思广益(brainstorming)工具、群组决策支持系统	带合著工具的异步计算机会议系统、群策群组课题管理系统、虚拟学习社区

1) 即时通信工具

即时通信(instant message,IM)是指能够即时发送和接收互联网消息等的业务。网络即时通信有点像手机无线通信,它们最初都局限在小圈子内作为少数人的玩物而屡遭诟病。如今,即时通信的飞速发展与普及令所有预期者大跌眼镜。不过,它们注定要超越传统通信方式而成为主流通信手段。

即时通信允许世界上任何地方的两个或多个人通过互联网进行联系,不仅是纯文本的聊天,而且可以是音频和视频形式。例如 IRC(internet relay chat)聊天系统能够支持多人同时在线进行即时的交谈,就像大家聚在一起闲聊一样。Netmeeting 则是基于 IP 的通信,主要针对企业间的交流活动。其最主要的特点是软件上的功能"白板",允许每位参与者同时绘制图形并且输入文本,有利于通过实例演示进行交流。Facebook 是美国的一个社交网络服务网站,于 2004 年 2 月 4 日上线,是世界排名领先的照片分享站点,还有如 ICQ、MSN、QQ、UC、淘宝旺旺、skype、飞信等等。当然,随着各个即时通信工具的不断发展和完善,其功能日益丰富,应用日益广泛,使用群体的界限也变得越来越模糊。不过,快速普及、跻身主流还只是即时通信发展的第一步,接下来要走的也许是更重要的一步——统一标准、决战市场。

2) Wiki

Wiki 一词来源于夏威夷语的"wee kee wee kee",发音 wiki,原本是"快点快点"的意思,被译为"维基"或"维客",是一种多人协作的写作工具。Wiki 站点可以有多人(甚至任何访问者)维护,每个人都可以发表自己的意见,或者对共同的主题进行扩展或者探讨。Wiki 也指一种超文本系统。这种超文本系统支持面向社群的协作式写作,同时也包括一组支持这种写作的辅助工具。

Wiki 与博客、论坛等常见系统相比,有以下特点:

①使用方便。可以快速创建、更改网站各个页面内容,从而维护快速;格式简单。基础内容通过文本编辑方式就可以完成,使用少量简单的控制符还可以加强文章显示效果;链接方便。通过简单的"[条目名称]",可以直接产生内部链接。外部链接的引用也很方便。

②自组织可汇聚。同页面的内容一样,整个超文本的相互关联关系可以不断修改、优化,因而是自组织的;系统内多个内容重复的页面可以被汇聚于其中的某个,相应的链接结构也随之改变。

③可增长可观察。页面的链接目标可以尚未存在,但通过点选链接,人们可以创建这些页面,使系统得以增长;系统内页面的变动可以被来访者清楚观察得到。

④开放性。社群内的成员可以任意创建、修改,或删除页面。

2. 数据资源共享的技术

数据资源共享的技术有文件服务器技术,客户/服务器技术和缓存服务器技术等。

大文件服务器(file server)使得连入局域网的网络用户可以共享文件资源服务器中存放的数据库文件或其他类型的文件,采用此技术实现资源共享的如 FTP 服务,在客户/服务器体系中,客户机的应用程序通过网络向服务器发送请求,网络将客户请求传送到服务器,服务器执行客户的请求,完成所要求的操作并将结果回送客户。在这个过程中,客户机与服务器之间只需要传送服务请求命令和命令执行结果,而不需要传送整个文件,在 Internet 中大量运用此技术来实现资源共享,如 WWW、E-mail、Telnet、Newsgroup、Gopoe 等服务。

5.2 网络技术在教育中的应用

5.2.1 网络对教育的影响

随着计算机技术、多媒体技术和网络技术及应用的迅速发展,信息技术在教育教学中的全面应用成为现实,也为探索新的教学模式、方法、手段提供了机会,同时给教育教学领域改革的突破带来了前所未有的机遇。科技的每一步发展都对教育产生了深远影响。网络技术的发展正在成为教育发展的助推器。

(1) 对教育的理解

我国传统教育可以用几个"固定"来描绘:固定的时间、固定的地点、由固定的教师向固定的学生传递着固定的教学内容。在这种教育环境下,课堂是"一支粉笔一张嘴,从头讲到尾"。网络在教育领域的运用给教育环境带来了生机与活力:学习者可以依据自己的时间选择自己所感兴趣的学习内容,并按照自己喜欢的学习方式进行学习,教育环境也变得更加灵活和自由。

网络时代教育培养的目标应该是德智体全面发展的、具有高度创新能力和信息能力的新型人才,培养内容应侧重使学习者学会学习,具有自我获取知识与更新知识的能力,而不强调直接教给学习者大量的知识,并确保有较高的教学质量与教学效率,以便跟上知识迅速更新换代的发展趋势;培养方法应灵活多样,不受时间、空间和地域的限制,能适合各种学科并能满足终身教育、全民教育的需求。

(2) 对教学的理解

在网络时代,教师的教学手段和方法变得多样化。教师的教学不再局限于书本、粉笔、黑板,而可以使用广播、电视、计算机多媒体等多种形式的现代化教学媒体;教师不再局限于课堂的教学组织,在课堂内外都能与学生进行交互,可以达到教学场景虚拟化;在教学进度方面,不再局限于按照统一的程序和统一的进度进行教学,可以通过网络手段采用个别化教学,从而真正达到"因材施教";在教学组织方面,不再局限于集中式、传授式,教师讲学生听的单一模式,可以采取小组学习、个别化学习方法等,网络环境为小组学习提供了新的模式,突破了前后座的相邻概念,允许学习者自由选择班上的任一位同学作为学习伙伴,一起研究讨论问题,从而更深刻地体会"网上邻居"的含义,对学习者的思维方式产生了一定的影响。

(3) 对学习的理解

在网络时代,学习者可供选择的学习内容和学习时空更为方便:学习课程不再局限在学校所规定的课程,可以扩展到网上的"虚拟学校";可以根据自己的兴趣爱好、自己的特点在网上选择适合的学习内容,如音乐、美术、运动等,学习者的学习兴趣和求知欲将得到极大的满足;学习不再限定时间和地点,可以自由选择;学习者获得有效指导后,网络提供的学习环境,可以使个人的特长得到最大限度的发展。

在网络时代,学习者的学习方式发生了改变。由原来的"不得不学习"变为"自己去学习",是一种"交互式学习",真正实现了"发现学习";学习模式不固定,每个人都可以根据自己的认知水平与喜欢的学习方式,选择适当的学习内容和形式,并根据反馈,自动地确定学习的进度和步骤;开展研究性学习,从网络资源中查找、收集、评价信息,与同伴、专家及其他人合作,展示、汇报、交流研究成果,利用网络技术把自己的观念和信息有效的传播给他人;还可以建立个人主页或小组主页,创设个性化平台,从提高基本的学习效率到完成较复杂的研究任务,利用虚拟世界模拟研究现实问题,提出解决策略和方案等,提高学习的质量和效率。

5.2.2 网络技术在教育中的应用实例

1. MOOC

大规模开放在线课程(Massive Open Online Course,MOOC),又称"慕课"。通俗地说,MOOC是大规模的网络开放课程,是为了增强知识传播而由具有分享和协作精神的个人或组织发布的、散布于互联网上的开放课程。MOOC产生于开放教育资源(Open Educational Resources,OER)运动不断发展的背景下。与OER一样,MOOC也是一种面向社会公众的免费教育形式,但更加注重教学互动,而不仅仅是资源的发布。也可以看作是网络教学的一种新形态。"大规模"意味着对同时参与学习的学习者数量不做限制,一门课程的学习者可以成百上千;"网络"意味着教与学的活动主要发生在网络环境下;"开放"意味着任何感兴趣的人都可以注册学习,而且免费。有时也基于某所大学的特定课程开展,校内学生与校外学生共同学习,校内学生在完成学习后获得学分。

自2012年以来,大规模在线开放课程在世界高校开始流行,对全球高等教育产生了重要影响。美国高校先后推出Coursera、edX和Udacity三大MOOC平台,吸引世界众多知名大学纷纷加盟,向全球学习者开放优质在线教育资源与服务。Coursera最新统计显示,世界109所知名大学在该平台开放679门课程,769.6万学生在该平台注册学习。我国多所"985"知名高校也已加盟上述MOOC平台,与哈佛、斯坦福、耶鲁、麻省理工等世界一流大学共建全球在线课程网络。当前,大规模开放在线课程的实践发展先于学界关于MOOC的理论研究。

1) MOOC的分类

(1) 基于内容的MOOC(简称xMOOC)

以行为主义和认知主义学习理论为基础,以教学视频、作业和测试等为学习方式,强调学习者获取和掌握课程内容,侧重于知识传播和复制。该模式产生于 2011 年,以美国名校的 Coursera、Udacity 和 edX 三大 MOOC 平台为代表,在 2012 年和 2013 年获得飞速发展。

xMOOC 结构化程度高,每门课程有明确的开始时间和结束时间。课程内容以视频讲授为主,视频长度为 5~15min。课程互动以线上交流为主要形式,学习者与教学者利用课程讨论区互动交流和答疑解惑;以城市为单位的线下见面会为辅,通过线下见面会扩展学习者线上交流,实现线上与线下的混合学习。

(2)基于网络的 MOOC(简称 cMOOC)

以关联主义学习理论为基础,围绕某一特定课程主题,以周为单位,每 1~2 周探究一个专题,强调学习者自治和社会网络学习,侧重于知识的创造与生成。乔治·西蒙斯等认为,学习是一个连续、知识网络形成的过程,知识不只是驻留在人类的大脑中,还驻留于人类的人际交互网络中。cMOOC 的代表课程是由乔治·西蒙斯等人开设的 Connectivism and Connective Knowledge 课程。

cMOOC 是一种结构松散的分布式课程,主题前沿,学生自主选择内容,自定学习步调,不注重课程评价。cMOOC 平台以 gRRShopper 为核心,整合多种技术构建课程的在线学习环境。该环境支持学习者从其他课程网站导入课程资源,以任何想要的方式重新组织课程内容,并以 RSS 订阅、网络站点和 JSON 数据格式等方式传播课程内容。在 cMOOC 平台中,学习者自主地开展多种学习活动,包括:搜索信息资源并选择过滤出自己感兴趣的内容;在论坛中开展协商讨论和合作探究,进行问题解决与自主建构;通过社交网络媒体共享学习成果,如博客、微博、Facebook 和 Twitter 等。

(3)基于任务的 MOOC(简称 tMOOC)

以建构主义学习理论为基础,课程结构松散,内容设计灵活,以任务为驱动,注重学习者对知识的深度加工。在 tMOOC 中,学习者在特定的任务情境中自定学习步调,利用丰富的学习支持服务,与同伴开展协作学习,完成预设的学习任务,获得相应的专业技能。tMOOC 的典型代表是 Oxford Brookes 大学开设的 FirstSteps in Learning and Teaching in Higher Education(FSLT12)课程。该课程的目标是培养学习者的高等教育教学技能,训练和提升高校教师职业发展中的学术技能。Jenny 等学者的研究发现,该课程能有效提升学习者的高等教育教学技能和学术素养。

综上所述,三种模式的 MOOC 在学习理论基础和实践运行形式方面存在明显差异。xMOOC 以行为主义学习理论为基础,属于知识复制型,学习者通过观看教学视频学习课程内容,以在线测评和同伴互助,强调知识的独立自主学习。cMOOC 以关联主义学习理论为基础,强调学习者应用社交媒体围绕专题开展协商讨论,师生共同贡献思想,目的在于通过社会性网络学习和创新课程知识。tMOOC 以建构主义学习理论为基础,采取基于任务驱动的学习方式,认为知识与技能是学习者通过个体建构与社会建构而形成,强调学习者对知识的能动加工。

2) MOOC 的特征

(1)规模大

MOOC 规模大的特征体现在大规模参与、大规模交互和海量学习数据三个方面。首先,大规模参与是指课程参与人数的可能性增大,同时参与课程学习的学习者数量可以达到数万人甚至数十万人。而在传统的课程教学中,授课规模受物理空间和教师数量的限制,优质的教育资源难以同时为数万人共享。其次,大规模交互是指课程研讨同时有数千、数万人参与,当学习者提出问题,数百人从问题的不同角度与其交流讨论。再次,学习者大规模地参与和交互使得课程产生海量的学习数据,MOOC平台利用数据挖掘、人工智能和自然语言处理等技术,多维度和深层次分析海量学习行为数据,发现课程学习的特征和规律,动态调整学习引导策略和学习支持服务。

(2)开放性

开放性是互联网与生俱来的特性,MOOC的开放性扩展了互联网的开放性,具有四个层次的开放特征:一是课程学习的时空自由,MOOC学习不受时间和空间限制,学习者利用移动学习终端在任何时间和任何地点均可参与课程学习,摆脱传统物理教室的时空限制;二是面向全球的学习者免费开放,除学习者申请课程证书需缴纳一定费用外,其数据、资源、内容和服务向全球的学习者免费开放,学习者能够无障碍地访问课程资源,自由获取信息和知识;三是课程系统开放的信息流,学习者和教学者利用网络学习工具与MOOC学习环境的外界保持信息交互,将专业领域中最新的知识自由地整合为课程内容,同时把课程知识应用于实践问题解决;四是课程学习中权威的消失,学习者利用社交媒体与同伴和教学者自由地展开互动与交流,学习者负责媒体语境下的自身知识建构,达到真正的学术和言论自由。

(3)网络化

MOOC的网络化特征体现在学习环境网络、个体学习网络和课程知识网络等三个维度。在学习环境网络维度,MOOC的学习资源通过互联网空间生成和传播,MOOC的教与学活动利用各种网络学习支持工具在互联网络空间中实施。在个体学习网络维度,参与MOOC学习是学习者个体构建个体内部知识网络和外部生态网络的过程,学习者利用同化和顺应两种认知机制更新大脑中的知识网络,同时利用社交媒体工具构建个体的社交网络和知识生态网络。在课程知识网络维度,MOOC是一个分布式知识库系统,其内部存在一个以学习者、教学者、社交媒体、学习资源和人工制品等为节点的相互交织的知识网络,知识以片段形式散布于该网络的各个节点中。

(4)个性化

与传统课程学习相比,MOOC更能充分实现学习者的个性化学习。首先,学习者自选学习内容和自定学习步调。学习者根据学习兴趣和学习需要选修课程和确定课程学习的路径,根据自己的知识基础自定课程学习的步骤。其次,课程学习方案与课程资源的个性化推荐服务。MOOC平台根据学习者的个人档案和学习行为,使用协同过滤推荐技术向学习者推荐其可能感兴趣的课程,支持学习者创建个性化的课程学习方案,同时从海量学习资源中提取和推荐符合学习者认知需求的学习资源。再次,MOOC内嵌学习者的个性化学习情境。学习者使用移动学习终端设备,摆脱了传统物理教室和实验室的限制,将课程学习灵活地与学习者所处的特定学习情境融合,支持学习者开展基于情境的个性化学习。

(5)参与性

参与性是 MOOC 与视频公开课、网络精品课程和精品资源共享课的重要区别之一。MOOC 与以上三类课程的相同之处是,通过网络共享课程的优质资源,包括课程大纲、作业、讲义、题库、课件和教学录像;不同之处在于,学习者和教学者通过在线参与课程教学活动,实现课程教学的全部过程。MOOC 拥有特定的教学方法和教学活动,包括课堂讲解、随堂测试、虚拟实验、师生对话、学生研讨、作业互评、分组协作、单元测试、期末考试和证书申请等,学习者除了观看教学视频,需要积极参加以上课程教学活动。

2. 翻转课堂

回顾翻转课堂的发展,从哈佛大学埃里克·马祖尔(Eric Mazur)教授 1990 年创立的同伴互助教学(peer instruction,提出学习的步骤包括知识传递与吸收内化),到 2000 年美国迈阿密大学莫里·拉吉(Maureen Lage)和格兰(Glenn Platt)介绍的"翻转"课堂(inverting the classroom,讲授"经济学入门"时的实践),再到 2007 年美国林地公园高中两位化学老师纳森·伯尔曼(Jonathan Bergman)和亚伦·萨姆斯(Aaron Sams)成功实践的翻转学习(flipped learning,旨在帮助学生补课),翻转课堂的教学理念逐渐清晰并在美国中小学广为传播。2012 年,伯尔曼与萨姆斯成立非营利性组织 FLN(Flipped Learning Network),以帮助教师提升成功实施翻转课堂的知识与技能,同时提供相关资源。在该组织成立的一年间,成员就由 2500 人增加到 11000 多人,可见教育者对翻转课堂的实践热情。在此过程中,全球名校视频公开课、可汗学院微视频等,均成为翻转课堂发展的推动力。

国内有关翻转课堂的实践开始于 2011 年重市庆市江津聚奎中学对适合本校的翻转课堂基本模式的探讨,再到备受关注的山东省潍坊市昌乐一中课堂全翻转,以及 2013 年 9 月"C20 慕课联盟"(C 即 China,20 即 20 余所国内知名高中/初中/小学)的组建,翻转课堂亦成为国内教育信息化热点。在翻转课堂本土化行动背景下,分析、反思国内翻转课堂实践现状以推进翻转课堂在我国中小学中的应用,具有重要的现实意义。

《翻转课堂欧洲计划(2014—2015)》中提出翻转课堂的五大基本组件,即学习者的责任感、教师成为课程的指导者或帮助者、可用于复习或补救的课程、积极参与的学习者、个性化教育。非营利性组织 FLN 提出翻转课堂的四大支柱,包括灵活的教学环境、学习文化、精心编辑的课程内容、专业的教师。从昌乐一中课堂全翻转的探索过程来看,支撑体系的架构、学习平台的搭建、配套学案的编写、教师培训等均成为成功实施翻转课堂的条件。可见,翻转课堂的有效性要依赖于一系列条件,包括具备信息化教学能力的教师,具备数字化学习能力的学生,便捷的学习平台设计,优质的微课开发,导学案中启发式问题设计,针对性的在线测练,课堂活动设计,多样性的学习评价,个性化学习干预等。

3. 微课

1) 微课的背景与定义

在国外,微课程(Micro-lecture)的雏形最早见于美国北爱荷华大学 LeRoy A.

McGrew 教授所提出的 60s 课程以及英国纳皮尔大学 T. P. Kee 提出的一分钟演讲(the one mintue lecture, OML)。而现今热议的微课程概念是 2008 年由美国新墨西哥州圣胡安学院的高级教学设计师、学院在线服务经理 David Penrose 提出的。他提出建设微课程的五步骤:罗列教学核心概念;写 15~30s 的介绍和总结,为核心概念提供上下文背景;录制长为 1~3min 的视频;设计引导学生阅读或探索课程知识的课后任务;将教学视频与课程任务上传到课程管理系统中。

对于微课的概念,不同学者从不同角度有不同的理解。我们认为,微课本质是一种支持教师教和学习者学的新型课程资源。微课与其相匹配的"微目标、微教案、微讲义、微练习"等课程要素共同构成微"课程",它属于课程论的范畴;当学习者通过微课开展学习时,学习者就以微课为介质与教师之间产生间接的交互,通过在线讨论、面对面辅导等不同形式进行直接交互,从而产生有意义的教学活动,即微课,它属于教学论的范畴。

2) 微课的组成

微课的核心组成内容是课堂教学视频(课例片段),同时还包含与该教学主题相关的教学设计、素材课件、教学反思、练习测试及学生反馈、教师点评等辅助性教学资源,它们以一定的组织关系和呈现方式共同营造了一个半结构化、主题式的资源单元应用"小环境"。因此,微课既有别于传统单一资源类型的教学课例、教学课件、教学设计、教学反思等教学资源,又是在其基础上继承和发展起来的一种新型教学资源。

3) 微课的主要特点

(1) 教学时间较短,教学内容较少

根据学习者的认知特点和学习规律,微课的时长一般为 5~8min,最长不宜超过 10min。因此,相对于传统的 40min 或 45min 的一节课的教学课例来说,微课可以称之为"课例片段"或"微课例"。相对于较宽泛的传统课堂,微课的问题聚集,主题突出,更适合教师的需要。

(2) 资源容量较小

微课视频及配套辅助资源的总容量一般在几十兆左右,视频格式需是支持网络在线播放的流媒体格式(如 rm,wmv,flv 等),师生可流畅地在线观摩课例、查看教案、课件等辅助资源;也可灵活方便地将其下载保存到终端设备(如笔记本电脑、手机、MP4 等)上实现移动学习、"泛在学习",适合于教师的观摩、评课、反思和研究。

(3) 主题突出,内容具体

一个课程就是一个主题,或者说一个课程一个事;研究的问题来源于教育教学具体实践中的具体问题,如生活思考、教学反思、难点突破、重点强调、学习策略、教学方法、教育教学观点等等具体的、真实的、自己或与同伴可以解决的问题。

(4) 简化,多样传播

因内容具体、主题突出,故研究内容容易表达、研究成果容易转化;因课程容量微小、用时简短,故传播形式多样(网上视频、手机传播、微博讨论)。

(5)反馈及时,针对性强

较之常态的听课、评课活动,微课"现炒现卖",具有即时性。由于是课前的组内"预演",人人参与,互相学习,互相帮助,共同提高,在一定程度上减轻了教师的心理压力,不会担心教学的"失败",不会顾虑评价的"得罪人",较之常态的评课就会更加客观。

4) 微课的分类

(1) 按照课堂教学方法分类

根据李秉德教授对我国中小学教学活动中常用的教学方法的分类总结,同时也为便于一线教师对微课分类的理解和实践开发的可操作性,初步将微课划分为11类,分别为讲授类、问答类、启发类、讨论类、演示类、练习类、实验类、表演类、自主学习类、合作学习类、探究学习类。

(2) 按课堂教学主要环节(进程)分类

分为课前复习类、新课导入类、知识理解类、练习巩固类、小结拓展类。其他与教育教学相关的微课类型有说课类、班会课类、实践课类、活动类等。

综上所述,对学习者而言,微课能更好地满足学习者对不同学科知识点的个性化学习、按需学习,既可查缺补漏,又能强化巩固知识,是传统课堂学习的一种重要补充和拓展资源。特别是随着手持移动数码产品和无线网络的普及,基于微课的移动学习、远程学习、在线学习、"泛在学习"将会越来越普及,微课必将成为一种新型的教学模式和学习方式,更是一种可以自主学习,进行探究性学习的平台。

4. 网络教学

随着网络教学在教育和培训领域中日益广泛的应用,网络教学的灵活多样、丰富多彩、资源共享、成本效益、教学成效的优势也逐渐被人们所认识。目前,无论是远程开放大学,还是普通高校,无论是成人高校,还是职业技术学院,无论是网络教育学院,还是继续教育学院,无论是企业大学,还是企业培训,无论是中学,还是小学,网络教学越来越成为一种必不可少的教学模式。所谓网络教学,就是在线学习或网络化学习,即在教育领域建立互联网平台,学习者通过PC上网,通过网络进行学习的一种全新的学习方式。Internet、局域网、校园网已经逐步在课堂教学中得以运用,它作为一种全新的教学形式,在很大程度上刺激着学习者学习方式的变革。

1) 网络教学的三代发展

网络教学经历近20年的历程,从教育理念转型和实践变革来看,网络教学的发展可以划分为三代。

(1) 第一代,以技术为主导的单向传递的网络教学模式

第一代的网络教学,从教学平台到网络课程的设计和开发,大都是由技术人员起主导作用。教师往往提供的是课堂教学的内容,由技术人员设计和制作成网络课程。由于这种以技术为主导的单向传递的网络教学模式,教师的知识、经验以及积极性难以得到发挥。

随着网络教学实践的经验和教训的积累,网络教育工作者逐渐认识到,网络教学是属于教育的领域,网络教学的成功必须遵循教学规律。技术只是网络教学的传递工具,为网络教学提供技术支持。于是,网络教学的理念和实践从技术主导转向教学论主导。

(2)第二代,以教学论为主导的双向互动的网络教学模式

根据教育学的原理,课堂教学强调的是教室中教师和学习者的双边活动,即师生之间的互动。在传统的远程教学中,即基于非网络的函授教学、广播电视教学、多媒体教学等形式,由于教师和学习者处于准分离的状态,互动就不仅指师生之间的互动,还包括学习者和学习内容的互动,即为学习者开发和提供互动式的学习资源,让学习者能够进行自主学习。所以,传统的远程教学强调三方面的互动,包括学习者与教师的互动、学习者之间的互动、学习者与学习内容的互动。在网络学习的虚拟环境中,教学互动可以更加多样化。网络教学可以形成七个互动,包括学习者与界面的互动、学习者与教师的互动、学习者与学习者的互动、学习者与学习内容的互动、学习者与学习目标的互动、学习者与多媒体资源的互动、学习者与时间管理的互动。

(3)第三代,以网络教学论为主导的全方位的网络教学模式

第三代网络教学的特征是:遵循网络教学的规律;采用一站式的网络教学服务;教学平台使用方便;平台功能全面灵活;学习环境互动合作;学习课件互动有趣;学习资源共享共建;具有良好成本效益;保证教学和学习质量。在第三代网络教学中,技术不再神秘,网络平台和功能使用方便,课件开发灵活易用,教师只需要经过短期的培训就能熟练使用技术平台,灵活地选择平台功能设计和开发网络学习课件,技术人员仅仅处于技术支持的地位。在由教师为主导的第三代网络教学中,教师的知识和经验能够得到充分的发挥,网络教学的独特优势也能够得到体现。

网络教学平台和功能是传递网络教学的基本工具。目前大部分网络教学平台处于第二代水平。

2)网络教学应用举例

(1)中小学网校

中小学网校是随着中国互联网事业的发展而诞生的一种通过互联网络进行远程教育教学的载体。应该说,网校是虚拟的互联网世界里一所没有围墙的虚拟化学校。这个学校有适合各个年级的课程,也有担任各年级、各门课程的教师以及分别在各年级,甚至各班级里就读的学生。与传统教学不同的是,网校的教学活动是通过互联网实现的。学生和教师不再需要面对面地教与学。教师也不再是某一个学校独有的资源。网校使得优秀资源的受众可能达到上百人,甚至千万人。中小学网校主要具有三方面的特性:一是面对的中小学生、中小学校;二是具有"学校"的教学功能,对学生进行课程教学;三是基于信息技术,包括互联网,但又不仅限于此,目前互联网是一种主要的传播模式。

(2)高校网络教学实践

在教育领域中,随着各大高校信息化建设的完善和普及,多数高校开展了基于网络的教学模式,混合式学习也作为一种全新的学习理念受到越来越多人的关注,并取得良

好的教学效果。网络教学平台是基于计算机网络技术,融合了教学内容与现代化教育理念,具有多种功能的开放式的教学系统。通常包括网上教学和辅导答疑、网上自学、网上师生交流、网上作业、网上测验以及教学质量评估等多种服务在内的综合教学服务支持系统。网络教学平台能为学习者提供实时和非实时的教学辅导服务,教师可以安排各类教学活动和学习者的学习过程,掌控各种教学活动和记录学习者的学习情况及进度。比较有特色的网络教学平台有 Blackbord、Moodle、天空教室等。

(3) 面向社会教育的网络教学实践

随着网络技术的发展,教育不仅仅局限于学校教育,而且扩展到职业技能教育。目前许多大学网络教育学院面向社会招生,主要通过网络教学的方式来完成学历和学位教育。另外,许多公司开设网校为学员提供权威认证考前培训、实用技能培训等。这种远程学习不受时间、地域限制,任何人在任何时间、任何地点都可以参加学习,只要拥有一台能够上网的计算机。在网络学习平台上,学习者能学习、提问、听讲座,跟教师、同学互动交流,参加各种各样的网上活动。

本章自测题

1. 根据你对网络功能的理解,请思考我们生活中哪些应用了网络,并列举一个例子。
2. OSI 的网络互联协议分为哪几层?
3. 请写出采用以太网和令牌环网的介质访问控制协议和常见的局域网类型。
4. 请简要阐述网络的发展对教育产生哪些影响?
5. 调研目前网络教育的形式有哪些?

参考文献

[1] 张鑫.张宁.IPv6 技术的发展与演进[J].德州学院学报,2005(4):68-72.

[2] 孙昕宇,李道圣,王玉东.国家电网数据通信网络 IPv6 技术应用研究[J].数字技术与应用,2015(6):44-45,47.

[3] 肖红,童静.Web3.0 相关研究评述与展望[J].农业图书情报学刊,2011(7):57-61.

[4] 姜乐水.浅谈无线局域网(BNS8)技术[J].信息技术与信息化,2012(5):64-67.

[5] 武海娟,刘芳.网络对教育的影响[J].新课程:教育学术,2012(1):53-63.

[6] 祝智庭,管珏琪,邱慧娴.翻转课堂国内应用实践与反思[J].电化教育研究,2015(6):66-72.

[7] 王永固,张庆.MOOC:特征与学习机制[J].教育研究,2014(9):112-120.

[8] 樊文强.基于关联主义的大规模网络开放课程(MOOC)及其学习支持[J].远程教育杂志,2012,30(3):31-36.

第6章 人工智能与教育

【导言】

人工智能是一个很大的研究领域,涉及诸多的研究方向和应用领域。本章从介绍人工智能的一般知识开始,遵循深入浅出的原则,简单介绍了人工智能中的一些研究领域。感兴趣的读者可以利用本章提供的资源做更深一步的研究。而后介绍人工智能在教育中的应用,希望读者不要局限于书上的内容,多结合实践做一些调查,挖掘人工智能在教育中更深入的研究和应用情况,以加深理解。

【思维导图】

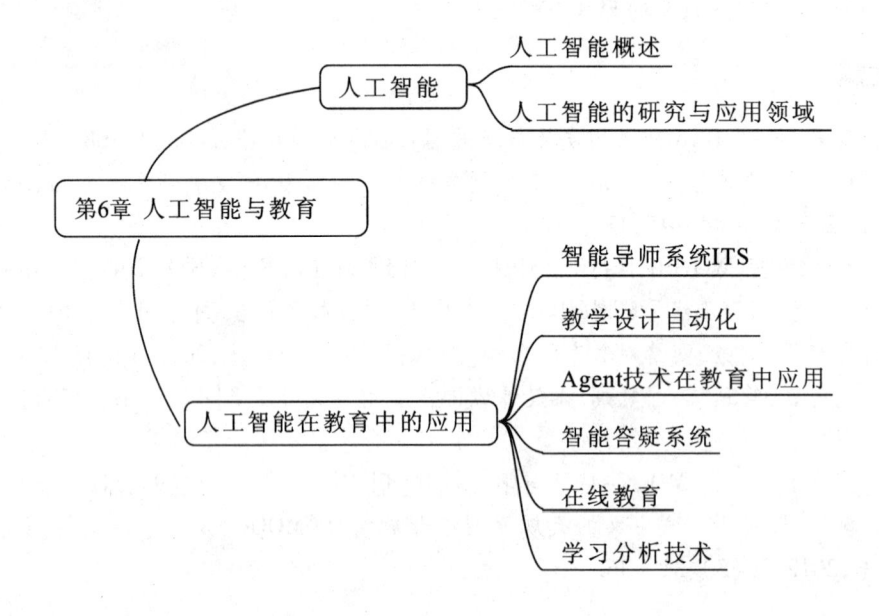

- 第6章 人工智能与教育
  - 人工智能
    - 人工智能概述
    - 人工智能的研究与应用领域
  - 人工智能在教育中的应用
    - 智能导师系统ITS
    - 教学设计自动化
    - Agent技术在教育中应用
    - 智能答疑系统
    - 在线教育
    - 学习分析技术

> 【学习目标】

通过对本章内容的学习，学生应该能够做到：
1. 了解人工智能的基本概念及其发展历程。
2. 熟悉人工智能的几个研究领域。
3. 理解专家系统的不同种类和应用领域。
4. 了解机器翻译的概念。
5. 了解数据挖掘的概念及意义。
6. 了解智能控制的概念及其优点。
7. 了解机器人学的概念及意义。
8. 了解智能导师系统的工作流程及内容。
9. 了解教学设计自动化的概念及其在教育中的应用情况。
10. 了解智能代理技术的概念和优点。
11. 了解构建智能答疑系统所需解决的技术问题。
12. 了解在线教育的意义。
13. 了解学习分析技术的概念及应用实例。

6.1 人工智能

1997年5月11日北京时间早晨4时50分，一台名叫"深蓝"的超级电脑在棋盘C4处落下最后一颗棋子，这场举世瞩目的"人机大战"，终于以机器获胜的结局降下了帷幕。"深蓝"是一台智能电脑，是人工智能的杰作。2016年3月9日，"阿尔法围棋"与韩国棋手李世石之间的人机大战让人工智能再次成为全球关注焦点，围棋世界冠军李世石不敌谷歌人工智能AlphaGo，投子认输。人工智能暂以1:0的成绩，领先于全世界最强的人类棋手。李世石与AlphaGo的人机大战结束后，业内广泛认为：这件事宣告了人工智能的到来，是人类历史上关于人工智能的一个新起点。新闻媒体以挑衅性的标题不断地发问："计算机战胜的是一个人，还是整个人类的智能？""连棋王都认了输，下一次人类还将输掉什么？""智慧输掉了，人类还剩下些什么？"于是，人工智能又一次成为万众关注的焦点，成为计算机科学界引以为豪的学科。

不得不提及之前比尔·盖茨、马斯克、霍金等对人工智能的担忧，他们普遍认为，"人工智能将毁灭人类"。360公司创办人周鸿祎认为，虽然人工智能能够带来很大的便利，但同时也会引起巨大的灾难——将有不法者利用人工智能，通过网络向人类发起攻击。由于那时所有智能家居都获得了高智能化，所以网络攻击同时也针对硬件；人工智能时代的安全形势，更加复杂。悲观的科学家们表示：成熟的强人工智能甚至超人工智能，将会是人类的最后一个发明。

人类对于人工智能的担心与对核弹的担心相类似，一方面，核能对人类很有价值，另一方面，又担心核能巨大的摧毁力。但人类最终还是使用了，附带的是严格监管，而人工智能相对而言，潜在危险要小很多。

首先，计算机利用算法模拟人类的大脑神经元网络，从而模拟人脑的机制来学习、判断、决策，因此被称为"神经网络"。不过，这种模拟人脑与人类学习仍有差距。AlphaGo进行了2000万局的自我对弈训练来获得类似人类棋手下棋时的经验和模式。一方面，这意味着机器的优势，另外一方面，人类棋手学习下棋完全不需要这么多局，这意味着机器学习与人类学习的深刻差别。

其次，能够学习的机器人，其"自主"学习算法的代码还是人类编写的，不论是AlphaGo，还是搜索引擎与杀毒引擎，机器还远未达到不受约束的自我发展过程。如何打动一个女生的心，如何激怒一个人，一篇文章怎么才叫好，这种对人类处理起来游刃有余的场景，其实依靠的是顿悟性思维、发散性思维以及创造性思维。这些人类的高级思维才是人类智能真正不同于算法的精髓，但是，对机器来说，为了获得像人类那样的灵活性和创造性，却因为其缺乏明确的规则而显得异常复杂。迄今为止，别说人工智能模拟完成上述事情，人类自己对这三个领域思维的研究也都非常粗浅。所以，机器取代人的工作岗位，还是一种乐观的想象。

人工智能也完全可以成为人类的保护伞，但前提是，人工智能研究需要庞大的数据基础和足够的安全积累。通过人工智能制造安全的智能硬件，防御坏的人工智能、保护用户安全，所以我们没有理由不热情拥抱人工智能时代的到来！

6.1.1 人工智能概述

1. 基本概念

人工智能（Artificial Intelligence，AI）是研究、开发用于模拟、延伸和扩展人的智能的理论、方法、技术及应用系统的一门新的技术科学。人工智能是计算机科学的一个分支，它企图了解智能的实质，并生产出一种新的能以人类智能相似的方式做出反应的智能机器，该领域的研究包括机器人、语言识别、图像识别、自然语言处理和专家系统等。人工智能从诞生以来，其理论和技术日益成熟，应用领域不断扩大，可以设想，未来人工智能带来的科技产品，将会是人类智慧的"容器"。

人工智能又是一门极富挑战性的科学，从事这项工作的人必须懂得计算机知识、心理学和哲学。人工智能包括十分广泛的科学，它由不同的领域组成，如机器学习、计算机视觉等等。总的说来，人工智能研究的一个主要目标是使机器能够胜任一些通常需要人类智能才能完成的复杂工作。但不同的时代、不同的人对这种"复杂工作"的理解是不同的。

2. 人工智能发展简史

1) 萌芽期

自远古以来，人类就有着用机器代替人进行脑力劳动的幻想。早在公元前900多年,我国就有歌舞机器人的记载。到公元前850年,古希腊也有了制造机器人帮助人们劳动的神话传说。此后,其他国家和地区也出现了类似的民间传说或神话故事。为追求和实现人类的这一美好愿望,很多科学家都为之付出了艰辛的劳动和不懈的努力。人工智能在顷刻间诞生,而孕育这个学科却需要经历一个相当漫长的历史过程。

从古希腊伟大的哲学家亚里士多德创立的演绎法,到德国数学和哲学家莱布尼茨奠定数理逻辑的基础;再从英国数学家图灵1936年创立图灵机模型,到美国数学家、电子数字计算机的先驱莫克利等1946年研制成功的世界上第一台通用电子计算机等,这些都为人工智能的诞生奠定了重要的思想理论和物质技术基础。

此外,1943年,美国神经生理学家麦卡洛克(W. McCulloch)和皮茨(W. Pitts)研制出了世界上第一个人工神经网络模型(MP模型),开创了以仿生学观点和结构化方法模拟人类智能的途径;1948年,美国著名数学家威纳创立了控制论,为行为模拟观点研究人工智能奠定了理论和技术基础;1950年,图灵又发表题为"计算机能思维吗?"的著名论文,明确提出了"机器能思维"的观点。至此,人工智能的雏形已初步形成,人工智能的诞生条件也已基本具备。通常,人们把这一时期称为人工智能的孕育期。

2) 形成时期

人工智能诞生于一次历史性的聚会。为使计算机变得更"聪明",或者说使计算机具有智能,1956年夏季,当时由达特茅斯大学的年轻数学家、计算机专家麦卡锡和他的三位朋友——哈佛大学数学家、神经学家明斯基,IBM公司信息中心负责人洛切斯特,贝尔实验室信息部数学研究员香农共同发起,并邀请IBM公司的莫尔和塞缪尔,MIT的塞尔弗里奇和索罗蒙,以及兰德(RAND)公司和卡内基工科大学的纽厄尔和西蒙,共10人,在达特茅斯大学举行了一个为期两个月的夏季学术研讨会。这10位是美国在数学、神经学、心理学、信息科学和计算机科学方面的杰出年轻科学家,他们在一起共同学习和探讨了用机器模拟人类智能的有关问题,并由麦卡锡提议正式采用"人工智能"这一术语。从而一个以研究如何用机器来模拟人类智能的新兴学科——人工智能诞生了。

3) 发展时期

1979年,第一台电脑控制的自动行走器"斯坦福车"诞生;1983年,世界第一家批量生产统一规格电脑的公司"思考机器"诞生;1985年,哈罗德·科岑编写的绘图软件Aaron在A.I.大会亮相,而且在20世纪90年代A.I.技术的发展在各个领域均得到长足的发展——在学习、教学、案件推理、策划、自然环境认识及方位识别、翻译,乃至游戏软件等领域都瞄准了A.I.的研发;1997年,IBM制造的电脑"深蓝"击败了国际象棋冠军加里·卡斯帕罗夫;20世纪90年代末,以A.I.技术为基础的网络信息搜索软件已成为国际互联网的基本构件;2000年,互动机械宠物问世,麻省理工学院推出了会做数十种面部表情的机器人Kisinel;2004年,我国第一个智能科学与技术本科专业在北京大学开始招生,目前国内设立该专业的高校已达17个,并且还有一批高校在研究生教育中设立了智能科学与技术二级学科;2015年,微软公司新上市的Win10系统也采用小冰与小娜两大人工智能机器人,使其系统的操作更加便利,也让整个系统变得年轻起来,散发着浓浓的炫酷气质。

6.1.2 人工智能的研究与应用领域

人工智能的研究领域包括问题求解、逻辑推理与定理证明、自然语言理解、自动程序设计、专家系统、机器学习、人工神经网络、机器人学、模式识别、机器视觉、智能控制、智能检索、系统与语言工具等。

1. 专家系统

专家系统是一个智能计算机程序系统,其内部含有大量的某个领域专家水平的知识与经验,能够利用人类专家的知识和解决问题的方法来处理该领域问题。也就是说,专家系统是一个具有大量的专门知识与经验的程序系统,可应用人工智能技术和计算机技术,根据某领域一个或多个专家提供的知识和经验,进行推理和判断,模拟人类专家的决策过程,以便解决那些需要人类专家处理的复杂问题。简而言之,专家系统是一种模拟人类专家解决领域问题的计算机程序系统。

按照专家系统所求解问题的性质,可把它分为以下几种,具体见表6-1。

表6-1 专家系统分类及举例

类型	举例
解释专家系统	语音理解、图像分析、系统监视、化学结构分析和信号解释等
预测专家系统	气象预报、军事预测、人口预测、交通预测、经济预测和谷物产量预测等
诊断专家系统	医疗诊断、电子机械和软件故障诊断以及材料失效诊断等
设计专家系统	VAX计算机结构设计专家系统等
规划专家系统	军事指挥调度系统、ROPES机器人规划专家系统、汽车和火车运行调度专家系统等
监视专家系统	黏虫测报专家系统
控制专家系统	空中交通管制、商业管理、自主机器人控制、作战管理、生产过程控制和质量控制等
修理专家系统	美国贝尔实验室的ACI电话和有线电视维修系统

随着技术的发展,将会出现具有新概念和新技术的新一代专家系统,它们大致具有如下特征:并行技术与分布处理、多专家系统协同工作、高级语言和知识语言描述、自学习功能、新的推理机制和纠错完善能力。另外,还将具备更先进的智能人机接口。

2. 机器翻译

机器翻译(machine translation)是人工智能的重要分支和最先应用领域。机器翻译(又称为自动翻译),是利用计算机把一种自然源语言转变为另一种自然目标语言的过程,一般指自然语言之间句子和全文的翻译。它是自然语言处理(natural language processing)的一个分支,并与计算语言学(computational linguistics)、自然语言理解(natural language understanding)之间存在着密不可分的关系。按照目前计算机技术的发展速度看,到 2050 年左右,世界上主要语言之间的互译将基本实现。不过就已有的机译成就看,机译系统的译文质量离终极目标仍相差甚远,而机译质量则是机译系统成败的关键。中国数学家、语言学家周海中教授曾在《机器翻译五十年》一文中指出:要提高机译的质量,首先要解决的是语言本身问题而不是程序设计问题;单靠若干程序来做机译系统,肯定是无法提高机译质量的;另外,在人类尚未明了大脑是如何进行语言的模糊识别和逻辑判断的情况下,机译要想达到"信、达、雅"是不可能的。

中国机器翻译研究起步于 1957 年,是世界上第四个开始研究机器翻译的国家,曾在 20 世纪 60 年代中期一度中断,而从 20 世纪 70 年代中期以来又有了进一步发展。中国社会科学院语言研究所、中国科学技术情报研究所、中国科学院计算技术研究所、黑龙江大学、哈尔滨工业大学等单位都在进行机器翻译的研究;上机实验的机器翻译系统已有 10 多个,翻译的语种和类型有英汉、俄汉、法汉、日汉、德汉等一对一的系统,也有汉译英、法、日、俄、德的一对多系统(FAJRA 系统)。此外,还建立了汉语语料库和科技英语语料库。中国机器翻译系统的规模正在不断扩大,内容不断完善中。

鉴于机器翻译具有相当大的市场,中国涉足这一领域的厂商也不一而足。国内市场上的翻译软件产品可以划分为四大类:全文翻译(专业翻译)、在线翻译、汉化软件和电子词典,具体如表 6-2 所示。

表 6-2 机器翻译分类及举例

类型	代表
全文翻译	中软"译星"以及"雅信 CAT2.5"
在线翻译	"火云译客?""金山快译.net2001"、华建的"翻译网上通"
汉化类翻译	"东方快车 3000"
词典工具	"金山词霸.net2001"

由于机器翻译在今后需要满足人们在浩瀚的互联网上方便地进行信息搜集的需求,于是很多翻译开发者在翻译准确度上下功夫的同时,开始注重结合用户的使用领域并进行方向性的开发。根据市场发展,在新一轮的竞赛中,在线翻译前景十分看好。

3. 数据挖掘

数据挖掘(data mining)是从大量的、不完全的、有噪声的、模糊的、随机的数据中,提取隐含在其中的、人们事先不知道的,但又是潜在有用的信息和知识的过程。例如,企业和部门的数据库管理系统,经过长年努力,已经积累了越来越多的数据,但由于数据量庞大以及数据库系统中分析方法的严重缺失,使得该数据库无法发现数据中隐藏的相互关系,更无法根据当前的数据预测未来的发展趋势。数据挖掘正是由于实际工作的需要和相关技术的发展,利用数据库技术来存储管理数据,利用机器学习的方法来分析数据,从而挖掘出大量的隐藏在数据背后的知识。数据挖掘一般具有数据总结、数据分类、关联分析、聚类等功能。

目前,国内外很多大学、研究机构和公司都已经在这个方面进行了实质性的研究和产品开发。今后研究的焦点可能有研究专门用于知识发现的数据挖掘语言,研究 Internet

上的数据挖掘方法,对各种非结构化数据如文本数据、图形图像数据、多媒体数据的挖掘,研究数据挖掘与数据仓库相结合的方式,数据挖掘与数据仓库一体化的研究等。

4. 智能控制

智能控制(Intelligent Controls)是在无人干预的情况下,能自主地驱动智能机器实现控制的自动控制技术。控制理论发展至今,已有100多年的历史,经历了"经典控制理论"和"现代控制理论"的发展阶段,已进入"大系统理论"和"智能控制理论"阶段。智能控制理论的研究和应用是现代控制理论在深度和广度上的拓展。20世纪80年代以来,信息技术、计算技术的快速发展及其他相关学科的发展和相互渗透,推动了控制科学与工程研究的不断深入,控制系统向智能控制系统的发展已成为一种趋势。

第一,传统的自动控制是建立在确定的模型基础上的,而智能控制的研究对象则存在模型严重的不确定性,即模型未知或知之甚少,模型的结构和参数在很大的范围内变动,比如工业过程的病态结构问题,某些干扰的无法预测,致使无法建立其模型,这些问题对基于模型的传统自动控制来说都很难解决。

第二,传统的自动控制系统的输入或输出设备与人及外界环境的信息交换很不方便,因此,人们就希望制造出能接收印刷体、图形甚至手写体和口头命令等形式的信息输入装置,能够更加深入而灵活地与系统进行信息交流,同时,还要扩大输出装置的能力,能够用文字、图纸、立体形象、语言等形式输出信息。另外,通常的自动装置不能接收、分析和感知各种看得见、听得着的形象、声音的组合以及外界其他的情况。为扩大信息通道,就必须给自动装置安上能够以机械方式模拟各种感觉的精确的送音器,即文字、声音、物体识别装置。可喜的是,近几年计算机及多媒体技术的迅速发展,为智能控制在这一方面的发展提供了物质上的准备,使智能控制变成了"立体"的控制系统。

第三,传统的自动控制系统对控制任务的要求要么是输出量为定值(调节系统),要么是输出量跟随期望的运动轨迹(跟随系统),因此具有控制任务单一性的特点,而智能控制系统的控制任务则比较复杂。例如,在智能机器人系统中,要求系统对一个复杂的任务具有自动规划和决策的能力,有自动躲避障碍物运动到某一预期目标位置的能力等。对于这些具有复杂的任务要求的系统,采用智能控制的方式便可以满足。

第四,传统的控制理论对线性问题有较成熟的理论,而对高度非线性的控制对象虽然有一些非线性方法可以利用,但都不尽人意。而智能控制为解决这类复杂的非线性问题找到了一个出路,成为解决这类问题行之有效的途径。工业过程智能控制系统除具有上述几个特点外,又有另外一些特点,如被控对象往往是动态的,而且控制系统在线运动,一般要求有较高的实时响应速度等,恰恰是这些特点又决定了它与其他智能控制系统如智能机器人系统、航空航天控制系统、交通运输控制系统等的区别,决定了它的控制方法以及形式的独特之处。

第五,与传统自动控制系统相比,智能控制系统具有能以知识表示的非数学广义模型和以数学表示的混合控制过程,采用开、闭环控制和定性及定量控制结合的多模态控制方式,具有较强的容错能力,同时,系统具有变结构特点,能总体自寻优,具有自适应、自组织、自学习和自协调能力。

总之,智能控制系统通过智能机自动地完成其目标的控制过程,其智能机可以在熟悉或不熟悉的环境中自动地或人—机交互地完成拟人任务。智能控制是自动控制的最新发展阶段,也是用计算机模拟人类智能的一个重要研究领域。

5. 机器人学

机器人学(Robotics)是与机器人设计、制造和应用相关的科学,又称为机器人技术或机器人工程学,主要研究机器人的控制与被处理物体之间的相互关系。

20世纪60年代,随着工业自动化和计算机技术的发展,机器人开始进入大量生产和实际应用阶段。而后由于自动装备、海洋开发、空间探索等实际问题的需要,对机器人的智能水平提出了更高的要求。特别是危险环境,人们难以胜任的场合更迫切需要机器人,从而推动了智能机器人的研究。

目前世界上至少有48个国家在发展机器人,其中25个国家已涉足服务型机器人开发。在日本、北美和欧洲,迄今已有7种类型40余款服务型机器人进入试验和半商业化应用;而随着科技的发展,机器人也从科幻慢慢走入现实,进入人类的工作与生活中。尽管当前机器人还未达到人们想象中的高度智能化,但正在向这个目标前行。

德国机器人公司Festo开发出了一种酷似象鼻的新型机械手臂,它能灵活地做出各种精确动作,并能通过类似婴儿的学习方式和"肌肉记忆"功能,学会任何人教给它的动作组合。机械手臂由许多气动管组成类似肌肉功能的环节状物体,气动管内的气压会随着机械手臂的变化而发生细微变化,从而使机械手臂做出精确动作。机械手臂能够以类似于婴儿学习抓握物体的方式——在反复尝试和出错的过程中,掌握抓住物体所需的肌肉动作。与2010年Festo推出的早期机械手臂相比,新型机械手臂的运动精准性得到极大改善,可以轻松执行换灯泡、捡花生米等任务。

美国宇航局艾姆斯研究中心正在设计一个柔软、可变形的,具有可遥控外骨骼的超级球形机器人,解决行星登陆困难的问题。超级球形机器人采用张拉整体结构,是由一组连续的压杆和缆索组成。尽管没有任何刚性设备连接,也不靠轮轴或铰链进行加固,但该机器人"异常耐用、体重轻盈,而且能够展开",其球形设计不会存在单一结点失灵的情况,并且可以在没有任何帮助的情况下,将着陆过程中产生的巨大冲击力通过多个面进行分散、吸收,从而实现安全着陆。在成功登陆之后,它还能利用延长和收缩结构连接缆绳产生推动力,借助球体结构在行星表面滚动。这种机器人登陆天体无须携带减速伞、防撞气球和轮子,可以大大减轻飞行质量。在发射时,球形机器人可以收缩为一个很小的结构体,可以在有限的搭载空间里一次装入更多的设备。这种设计将有可能彻底颠覆现有的探测车设计理念。这个设计很有可能会被用在"土卫六"的研究任务中,美国宇航局认为超级球形机器人能从距离"土卫六"超过62英里(99.78km)的高度安全着陆,不会有任何损毁。

另外,2014年科学家们研究出的机器人还有可不停跳跃的仿生袋鼠、可以进行复杂运动的谷歌机器人、美国海军开始测试消防机器人、给宇航员做外科手术的微型机器人、世界最大水下步行机器人、能够自由移动的打印机器人、微软机器人研发获得新突破的可调取记忆相互交流、能够自组织的小型建筑机器人"白蚁"等。

6. 其他研究领域

(1) 问题求解

人工智能的第一个大成就是发展了能够求解难题的下棋程序。棋类具有初始条件固定、规则边界清晰的特点，是人工智能凭借远超人类的计算能力大展身手的良好舞台。在下棋程序中应用的某些技术，如向前看几步，并把困难的问题分成一些比较容易的子问题，发展成为搜索和问题归约这样的人工智能基本技术。今天的计算机程序已经能够下锦标赛水平的各种方盘棋、十五子棋、围棋和国际象棋。另一种问题求解程序把各种数学公式符号汇编在一起，其性能达到很高的水平，并正在为许多科学家和工程师所应用。有些程序甚至还能够用经验来改善其性能。

(2) 逻辑推理与定理证明

逻辑推理是人工智能研究中最持久的子领域之一。其中特别重要的是要找到一些方法，只把注意力集中在一个大型数据库中的有关事实上，留意可信的证明，并在出现新信息时适时修正这些证明。对数学中臆测的定理寻找一个证明或反证，确实称得上是一项智能任务。为此不仅需要有根据假设进行演绎的能力，而且需要某些直觉技巧。1976年7月，美国的阿佩尔（K. Appel）等人合作解决了长达124年之久的难题——四色定理。他们用三台大型计算机，花去1200小时 CPU 时间，并对中间结果进行人为反复修改500多处。四色定理的成功证明曾轰动计算机界。

(3) 自然语言理解

NLP（Natural Ianguage Processing）自然语言处理也是人工智能的早期研究领域之一，已经编写出能够从内部数据库回答用英语提出的问题的程序，这些程序通过阅读文本材料和建立内部数据库，能够把句子从一种语言翻译为另一种语言，执行用英语给出的指令和获取知识等。有些程序甚至能够在一定程度上翻译从话筒输入的口头指令（而不是从键盘输入计算机的指令）。目前，语言处理研究的主要课题是：在翻译句子时，研究以主题和对话情况为基础，注意大量的一般常识——关于生活和世界的基本知识与期望的重要性。

(4) 自动程序设计

也许程序设计并不是人类知识的一个十分重要的方面，但是它本身却是人工智能的一个重要研究领域。这个领域的工作叫作自动程序设计。已经研制出能够以各种不同的目的描述（例如输入/输出对高级语言描述，甚至英语描述算法）来编写计算机程序。这方面的进展局限于少数几个完全现成的例子。对自动程序设计的研究，不仅可以促进半自动软件开发系统的发展，而且也使通过修正自身数码进行学习（即修正它们的性能）的人工智能系统得到发展。自动编制一份程序来获得某种指定结果的任务，同证明一份给定程序将获得某种指定结果的任务是紧密相关的。后者叫作程序验证。许多自动程序设计系统将产生一份输出程序的验证作为额外收获。

6.2 人工智能在教育中的应用

6.2.1 智能导师系统(ITS)

智能导师系统是20世纪70年代发展起来的一门新兴的教育技术,是人工智能在教育领域的最初应用。结合虚拟现实技术,与之前的导师系统相比,在人机界面方面有了很多改进。同时借助于多代理系统的优势,在教学策略等方面也有了不少变化。与传统的CAI的开发思路不同,它注重已有知识、人类教学专家的经验和系统推理功能。智能导师系统最大特点是可以集多种教学专家的智慧,进行因材施教。

一个完整的智能导师系统由三个基本模块组成:一是领域知识模块(又称专家模块),它包含了系统试图传授给学习者的知识,代表了专家的智能;二是学习者模型,它指明学习者已知的和尚未知的知识领域以及学生的认知特点,代表了学生智能;三是教师模型(又称教学策略模块),主要是提供有针对性的教学策略,代表了教师的智能。除了这三个基本模块以外,智能导师系统还包括一个能理解自然语言的人机接口模块,即智能导师系统的用户界面。

领域知识模块又称专家模块,是有关教学内容的专业知识和技能,它既有说明事物概念的陈述性知识,也包括利用这些概念解决问题的过程性知识。智能教学系统重视过程性知识和技能的训练,如在计算机技能考试中,已经可以对学习者的操作进行跟踪和测评(如在Word中的插入、删除等操作的检测)。此外,领域知识还应包括体现如何运用知识与技能的元知识,这三方面的知识构成了完整领域知识模块。

学习者模型是为了反映学习者的知识基础、认知结构、认知特点等方面的情况而建立起来的数学模型。它主要表示学习者的理解程度,并包括对学习者错误及其原因的诊断,以便采取一定的教学策略来改正学习者的错误,提高学习者的知识和能力水平。学习者模型的建立有三种方法:一是覆盖模型,把学习者的知识表示为专家知识的子集;二是偏差模型,把学习者的知识表示成与专家知识的偏离;三是贝叶斯(Bayesian)模型,它以数据挖掘和知识发现的Bayesian网络为基础,通过对大样本的学习者学习数据进行统计推断来构建学习者模型。建立学习者模型是实现因材施教的基础。优良的学习者模型不仅能反映学习者知识水平和学习状况,还应该能描述认知能力,因此建立认知型学习者模型非常必要。

教师模型(又称教学策略模块)能在一定程度上实现教师的功能,即能根据学习者模型反映的情况安排教学内容和进度,指导学习过程。例如,选择和生成问题让学习者回答,提供个别指导和讲解,调整教学步骤,安排新教学内容,根据诊断结果指出学习者的错误及其原因并给出补救措施,等等。教师模型所提供的教学策略很多,一般用产生式规则表示。

但也有专家指出,现有的大多数智能导师系统的界面过于呆板单调,不能有效地激发学习者的学习兴趣和动机,并且由计算机导师控制着学习的每一步,试图跟踪学习者的每一步思维,实际上是以计算机导师为中心,忽视了学习者的主动性,因而往往事倍功半,甚至徒劳无功。

1. 南加利福尼亚大学信息科学学院的 ADELE 智能导师

南加利福尼亚大学信息科学学院的一个研究中心——CARTE(Center for Advanced Research on Technology for Education),主要负责人是 W. Lewis Johnson。他们目前已经做出了智能导师系统的两个产品,其一为 ADELE(Agent for Distance Education-Light Edition),可通过远距离网络对学习者予以指导,主要是关于医学方面的教学,它采用一个模拟的环境促使学习者在该环境中解决问题。ADELE 包括三个组成部分:解释引擎,监视学习者动作并对学习者的动作产生适当的教学反应;运行在独立窗口的逼真角色;会话管理器,能让多名学习者同时使用该系统,并能使相互间进行交流。

在基于病例的临床诊断应用中,ADELE 向学习者提供某一特殊的医学条件并交给一系列学习者要处理的病例,让学习者通过练习和 ADELE 适当的指导来学习医学知识(主要是临床诊断方面的知识)。在学习者分析诊断病例的过程中,ADELE 根据自身教学性的要求,在学习者处理病例的过程中通过提供提示、讲述某些特定动作的基本原理或测试学习者,以确保学习者是否真正明白隐藏在病例后的基本原理,突出病例的一些有趣的方面,监视学习者的行为并给予反馈。ADELE 是通过互联网来进行教学的,它把问题解决式练习融合在教学材料中。

2. 北卡罗来纳州州立大学计算机科学系多媒体实验室

该多媒体实验室在杰米莱斯特(James Lester)的主持下,一直致力于智能多媒体技术的研究。在人工智能复杂三维模型中具有推论能力的基础上,智能媒体组(intelliMedia team)创设了以智能代理技术为基础的基于知识的多媒体学习环境和问题解决环境。他们在近年研究的基础上,研制成功了两个智能导师系统——Design – A – Plant 和 The Internet Advisor(Cosmo),在这里主要介绍 Cosmo 系统。

Cosmo 是关于 Internet 路由方面的导师,它融合于关于因特网数据包路由领域的学习环境中,能给学习者在选择数据包通过何种途径传到目的地等问题上提出建议,并给出图示化的指导,它对于学习者学习网络数据包路由知识起到很好的作用。学习者在学习网络路由机制时,需要和 Cosmo 进行交互。比如,在网络发出一个数据包时,Cosmo 会指引该数据包传到连接着的路由器网络上。在各个子网,学习者把数据包送到特定的路由器并观察相邻的子网状态。在类似于地址解析和网络拥塞等因素上做出决策的时候,学习者学习了网络拓扑和路由机制的基础。在此过程中,Cosmo 总是用带有人性化、鼓励的语气向学习者解释计算机之间是如何连接的、路由器是如何进行工作的、什么样的网络具有哪些特殊的物理特性、网络地址方案是如何分配的,以及如何降低网络传输的误码率和避免网络拥塞。只有当学习者出色地了解了整个网络并能把数据包传到正确的目的地时,Cosmo 的教学历程才告结束。

6.2.2 教学设计自动化

"教学设计自动化"(Automated Instructional Design 或 Automating Instructional Design,AID)是指有效利用计算机技术,为教学设计人员和其他教学产品开发人员在教学设计和教学产品开发过程中提供辅助、指导、咨询、帮助或决策的过程。"教学设计自动化"更为贴切的提法应该是"计算机辅助的教学设计"(Computer Aided Instructional Design,CAID)。

教学设计是教育技术学核心的内容之一,教学设计理论的发展为教育技术学的发展奠定了坚实的基础。但是,教学设计往往是少数教学设计专家的"专利",在广大教师中普及应用仍然有一定的距离。其原因主要有二:首先,教学设计方法需要进一步完善和发展,包括教学设计的过程模式比较复杂、"通用"模式在各种教学情况下的不适应等;其次,"设计"的工作量过于繁杂(如内容分析阶段的ABCD方法就是一项复杂的"机械"劳动)。因此,若能让计算机帮助教师完成一些"机械劳动",让教师把更多的精力关注于学与教的过程中,这将具有非常重要的理论意义和现实意义。

从1984年梅瑞尔首次提出"教学设计自动化"开始,教学设计自动化吸引了很多教育技术专家、心理学家、人工智能专家和计算机专家的参与并取得了相当多的成果。目前,教学设计自动化的研究主要集中在五个方面:

①提供集成写作工具。如WebCT、WebCL等各大网络教学支撑平台都集成了写作工具,充分利用网络的优势,简化了过程。

②提供教学设计专家系统。例如,梅瑞尔等人研究与开发的教学设计专家系统ID Expert就是基于规则的专家系统,它可以根据教学设计人员提供的信息,提出关于课程组织、内容结构、教学策略等方面的建议。

③提供教学设计咨询服务。专家系统开辟了教学设计的新领域,但是却抑制了教学设计开发人员创造性的发挥,咨询系统更注重发挥教学设计人员的主观能动性。

④提供教学设计的信息管理系统。如学习研究协会(Institute for Research on Learning)开发的IDE(instructional design environment)系统。

⑤提供电子绩效支持系统(EPSS)。如AGD绩效支持系统等。另外,教学设计自动化技术一个最直接的应用是为教师提供教学设计模板。Web Quest就是一个很好的例子,它提供了多套方便实用的教学设计模板,教学设计人员和教师只需填入相应的内容,就可生成Web Quest教学网站,大大降低了教学设计的难度。

自20世纪90年代以来,中国学者在教学设计自动化领域也进行了一些探讨,其中影响较大的研究项目主要有:

1. 教学模式工具包(TMT)

1996年,张际平在《Investigating the Portability of Multimedia Learning Resources: Design for a 'Teaching Models Toolkit》一文中,对多媒体资源的可移植性和教学模式的形式化进行了研究。他把多媒体资源视为不同教学模式之间被移植的目标,开发了一个教学模式工具包(TMT)。其系统框架分为三层:第一层包括"学习教学模式""备课"等准备工作;第二层重点是把所选择的"教学模式"细化为"要素";第三层则通过"一般的软件工具"进一步转化为"多媒体学习资源"。

2. 基于教学模式的课件开发平台(JBMT)

1997年,汪琼在《基于教学模式的课—堂件开发平台研究》一文中,提出了一种课—堂件写作模型。该模型将教学软件的开发分为课件写作、堂件写作、教学过程支持三个阶段。基于该模型和教学模式库的支持,教学人员在用计算机进行教材编写、教案编写和课堂讲授的同时,便可完成教学软件原型的生成和逐步求精。北大青鸟项目组进行了 JBMT(Jade Bird multimedia tool)系统的开发,其后还开发出网络版的 JBMT/W。JBMT 系统对教学类多媒体课件的自动化设计具有较强的支持作用。

3. 教学处理与 ISD Wizard 系统

教学设计自动化的更进一步发展要求其具备更高的"智能",这需要积极借助自然语言理解和信息检索领域的成果。例如,学习者有理由要求教学设计自动化系统能够帮助他们抽取文章中的概念以及概念之间的关系,生成一定的可视化图表,如概念图、思维导图等,并在人工校对后,生成可用的演示文稿,达成这一目标的核心技术包括信息抽取领域的实体抽取技术和关系抽取技术。图 6-1 为梅瑞尔提出的专家系统教学处理框架结构。

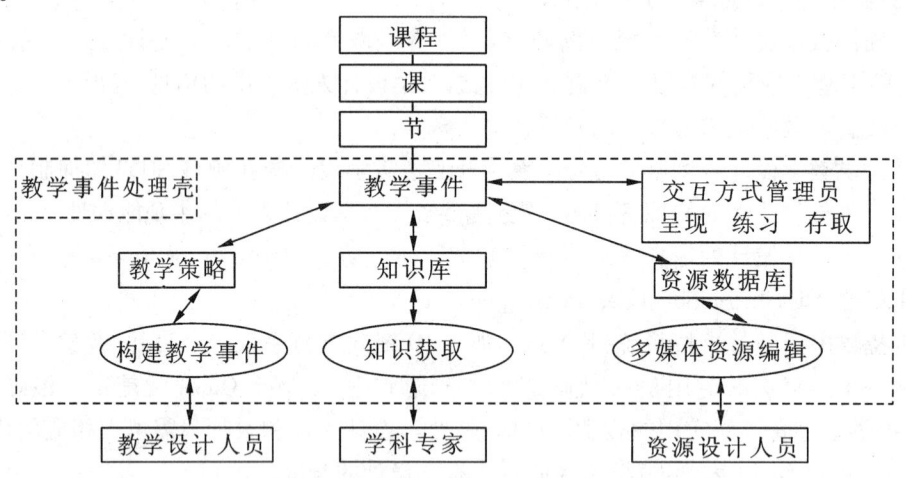

图 6-1 梅瑞尔提出的专家系统教学处理框架结构

要实现真正的教学设计自动化不是一件容易的事情,它涉及十分繁杂的理论与技术问题,其中最重要的一点是如何设计智能指导系统。因为教学设计的具体内容和形式千变万化,学习者、学习内容、教学媒体以及教学策略等众多因素与变量交互作用,形成的是一个复杂的多维空间,绝非简单的因果性逻辑关系。而在教学设计活动中,含有大量个性化与创造性的人类劳动,带有不可计算性与不可预见性。教学设计过程本身就是一个发挥教学设计人员优势所在的过程,到目前为止,该过程是无法由机器完全代替的,因此,纯粹意义上的教学设计专家系统实际上是不存在的。

相比较来说,最具有发展前景的是教学设计 EPSS 系统。EPSS 目的在于用各种手段来提高设计者的绩效,仍然强调把创造性的工作由设计者来完成。该系统除了有指导或多种查询、输出功能外,还强调全方位地提高教学设计者的绩效。

6.2.3 Agent 技术在教育中的应用

Agent 是一个具有自治能力的实体,这个实体是一个由软件支持下的系统,一般以软件为多。这种软件能够在目标的驱动下采取社会交往、学习等行为对环境的变化做出主动的反应,完成特定任务。Agent 的特点主要包括自主性、进化性、协作性、通信性、移动性等方面。

目前的网络教育课程很大程度上是把传统的教育课程搬到了网上,原有的教育体系中优势的方面并没有被进一步继承和发扬。在网络教学中,教学方式往往比较单一,而教学内容对于学习者的针对性也差强人意,对于学习者的关心程度几乎为零。Agent 技术的引入,有望较好地解决这些存在的问题。Agent 应用网络教学中以后,主要优点有以下几方面:

1. 网络教育的个别化

目前的网络教育中教育的个别化只是时空上的个别化,而教学方式和教学内容上没有发生根本变化。网络由于其自身的特点,个别化教育应是其重要的一个优点。但如果只是将课堂教学简单搬上网络,不但没有实现其个别化的特点,反而使传统课堂教学中的优点也被剥夺了。在 Agent 被应用以后,利用其智能性,可以针对每一个教学对象的水平、学习内容、学习中遇到的难点、学习的动机等一系列的特征,采取不同的教学方式,提供不同的教学资源,做到对每一个学习者的教学资源和过程都不尽相同。学习者的Agent成为每一个学习者的"私人教师"。

2. 人性化的交互和教学方式

引入 Agent 后,教学系统和学习者的交互方式将发生根本的变革。基于 Agent 的网络课程的根本特点在于对学习者的极大"关怀"。在教学的过程中,学习者将感到与以往完全不同的教学气氛,计算机随时地"倾听"学习者的声音,并对教学过程进行调整。

3. 强大的自我进化功能

Agent 本身的进化功能在引入到教育中后,其潜力将得到最大程度的发挥。在对每一个学习者建立一个属于自己的 Agent 以后,整个 Agent 组处在不停的进化过程中,通过与学习者的交互,对学习者的了解日趋深入,使整个的 Agent 组越来越适合学习者。从某种意义上使资源的数量和资源的质量,对学习者的适应性得到有效提升。

4. 对网络资源的有效利用

Internet 的资源极大丰富,但是资源的存在方式却是一种无序的、杂乱的状态,只能算是一种信息(information)或者数据(data),而学习者需要的是一种知识(knowledge)。要把这些信息和数据转换成为有用的知识点,是一个庞大而复杂的工作。因此,在目前的状况下,很多的学习者在利用网络资源的时候,是被"溺水",而不是有效地利用了网络资源。在基于 Agent 的网络教学体系中,资源 Agent 将主动地为学习者完成这一过程,网络的信息和数据将变成学习者所需的知识。

5. 讨论协作学习智能化

传统的网络教学中,学习者的交流和协作者的交流是静态的,网络环境只是提供了一个交流的场所。而在基于 Agent 的网络教学系统中,讨论板块对讨论的问题有总结提炼,并能根据讨论的情况组织专题性的讨论,引导学习者做更深入的研究和探讨,发挥协作式学习的优越性。

6. 改善学习模式

改善学习模式,培养学习者的各种能力,有益于素质教育的开展。学习者可以提出自己的问题,或者根据已有的问题,在学习系统的协助下逐步求解,甚至可以对领域内的某一问题做深入的研究探讨。基于 Agent 的网络学习体系将面向学习者提供开放的环境、详尽的资源,而不是呆板的学习模式,学习者可以自主地选择学习的重点、学习的方式。在学习过程中,自身的问题逐步得到解决,同时在解决问题之中学习者的各种能力得到提高。

基于 Agent 的网络课程,其不足之处主要表现在实现方面需较高的技术要求和资金投入。但随着 Agent 软件方法可重用性的、可扩展性的提高,不同的课程中只要改变专业知识模块,整体的框架可重复利用,并加以扩展,相对于一次性课件,从长远角度看,投入并不高;同时在技术性上,目前已经有不少的商用系统投入使用,效果良好。在教育领域,United States Army War College 已完成人工智能课程的学习 Agent,并投入了使用。

6.2.4 智能答疑系统

智能答疑系统是将来自各地学习者的问题和教师的解答有机地组织起来存储至相应的答疑库中,通过自然语言的语意理解技术分析并自动地匹配学习者所提出的问题,自动地给予问题解答的系统。

理想的智能答疑系统应该允许学习者用各种方式提问,学习者提问后,系统马上能在答疑库、教育资源库、Internet 中查找相关匹配答案,如果学习者还不满足给出的答案,则转到专家答疑模块,自动发给相应教师解答,解答结果和问题将输入到答疑库中。要实现智能答疑系统的理想效果,需要研究如下内容和关键技术:

(1)标准化技术

只有遵循统一的标准,才能很好地实现学校与学校之间、传统学习的学生与远程学习的学生之间答疑信息的资源共享。问题和答案都是教育资源,应该符合有关的国家标准和规范。

(2) 自然语义理解技术

目前的答疑系统,大部分还是以关键词查询为主,能否实现智能答疑,关键是能否更好地理解自然语言,尽管自然语义理解仍然是一门正在研究的尖端技术,但对于特定的课程,也应争取实现最大程度上的语义理解。

(3) 数据统计和挖掘技术

系统采用数据挖掘技术,通过分析学生在课程学习过程中提出的问题,可以发现教师授课过程中的缺陷,教师可以借此调整授课方式和授课内容。同时,系统还可以通过分析学生的提问和浏览、查询行为,分析出学生个性化的学习特征并给出适当的建议。

(4) 教育搜索引擎技术

答疑库要和教学资源库成为一个整体。在远程教学环境中,由于教学资源分布在整个 Internet 上,为了更加有效地进行信息搜集,需要有一个专用于教学资源搜集的搜索引擎。该搜索引擎首先要能自动寻找相关的教育研究站点,扩充搜索数据库,能够主动定期地向用户发送信息。

总之,设计与开发智能答疑系统,必须从问题的表示、解决问题的手段、答案的表示,以及对最常见的 Internet 使用方式的支持四个方面加以全面考虑。下面就以步步高公司设计开发的家教机为实例加以介绍。

步步高家教机 H8 是步步高教育电子产品有限公司 2013 年 6 月推出的一款学习型产品,主要是针对学生作业难题多又不能及时找到解决方式、知识点掌握不牢等问题而设计的。家教机 H8 的核心内容主要分为三大部分:

(1) 智能答疑——扫除作业难题

家教机 H8 是在兼容步步高之前所有机型丰富内容资源的基础上,通过云计算技术和海量数据平台,实现了即问即答、有问必答。帮助学生解答学习中遇到的难题。搜索的题目不仅有详细的解题步骤,还配有对应知识点的讲解以及巩固题型的自动推送,真正做到举一反三。

(2) 立体同步辅导

相对于以往的内容架构,H8 的架构条例更加清晰,9 门功课一目了然。内容的整合完全同步学生的课本。以 7 年级数学为例,课本中的每个章节都配有"视频""教辅""练习""试卷"四个功能。

H8 是在以前机型的基础上增加了视频在线播放功能,这样学习者就不用辛苦地去网上更新视频资料,连接 WiFi 便能获取最新的学习内容。视频课程讲解可以帮助学习者更好地预习和复习。同时,放学后、节假日等时间在没有教师辅导的情况下,学习者在家也可以独立学习。该机型的知识点练习包括基础练习、能力练习、技巧练习、易误易混练习等,学习者可以根据自己的学习情况合理选择。而且步步高还与黄冈中学合作,获得了独家的黄冈密卷资源,学习者可以直接线上答卷、线上评分,同时,试卷中针对重点的知识点配有解析和视频讲解,便于学习者真正掌握学习内容。

(3) 学习诊断

学习诊断实际上是根据学习者做题之后的题目属性分析,找到他们自己知识薄弱环节,其实就是学习者练的题目越多,诊断得就越准确,找到学习者自身的知识短板进行补充。诊断之后,系统会根据学习者未掌握的知识点内容,推送相应的知识点解析视频以及该知识点下的相似题供学习者练习巩固,让学习者真正"吃透"这个知识点。为了满足不同年级学习者的需要,家教机在设计上也考虑到低年级学习者的体验,并为此设计了单独的卡通风格页面,学习者可以在"个人中心"中进行切换,核心功能也分为上述三大部分,这里就不再赘述。

6.2.5 在线教育

当前在线教育的模式大致可分为平台类、工具类、内容类、社交类及点评类等几种,其中,工具类占有相当一部分市场份额。诸如,"猿题库""一起作业网""悟空识字"和"学霸君"等在线教育企业都是工具类的,而百度和腾讯也算是技术驱动的工具类起家,有道词典也进军了在线教育领域,包括受争议的超级课程表等也是工具类的。

实际上,人工智能的兴起本来算是技术的革新性改变,人工智能技术最终通过工具来体现,其产品主要体现在机器人、APP及相应的智能硬件上。人工智能产品要实现的是与人类的紧密贴合,甚至未来可以实现"思考即学习"的可能,因此连接人与知识的工具将不再是刚性需求。当然,也可以把诸如机器人等人工智能产品看成工具,而这类工具足以让人们脱离在线学习的方式进行学习。

机器人是人工智能综合技术的体现,从识别系统到专家系统、智能搜索、逻辑推理以及信息感应与辩证处理等各种系统都有嵌入,简单地说,就是试、听、触、感觉及思维方式的模拟。未来,人们只需要一个机器人或者一款智能头盔的客户端就可以完成所有的学习,这样一来,工具类的在线教育在未来就可能都会是可有可无的。因此,工具类在线教育的最终归宿还是做平台。

人工智能将进一步改变教学场景。现在人们把教学环境称为教学场景,当前的教学场景非常简单,在线教育也仅仅通过图像、视频及游戏等多媒体的方式来表现教学知识点。而在未来的人工智能教育时代,将会有全方位立体型的综合教学场景,答题可以表现在互动、搜索及综合体现等三个方面。

(1)互动

长期以来,教育领域都在研究授课行为中教师与学习者的互动,互动可以增加学习者的学习乐趣,容易提高学习质量。而人机交互被认为是人工智能领域重要的一部分,未来教育的互动不只是与教师互动,同时也可以与知识互动,每一个知识点都可以立体式展现,甚至可以从试、听、触等感觉中来影响人们的认知。

(2)搜索

搜索是人工智能重要的一部分,也是不可或缺的一部分。无论人工智能发展到什么阶段,搜索都是刚性需求。几乎可以肯定的是,将来的搜索方式会脱离打字搜索,语音搜索与识别技术正在高速发展,未来的搜索只需要说一句话或者一个词就可以展现出精确的结果。百度的小i机器人已经充分体现了这一点,无论是搜索速度还是反应能力,都已经做到了超前。这意味着,学习中只要有一个机器人或者语音引擎程序,学习者不用再费力去查找工具书,学习效率将会更高。其实,更智能的搜索在于未来的意识搜索,只要头脑中有想要搜索的对象,就可以找出结果,这是当前人工智能与可穿戴设备领域同时在探索的方向。

(3) 综合体现

场景时代是当前人们比较期待的,各行业都在不断探讨消费场景及应用场景,在线教育产品也离不开场景应用。当前的多媒体教学仍旧还是投影仪及影音时代,通过幻灯片、视频及终端展示来体现知识点。在未来,通过人工智能技术,可以实现的不只是视觉上的,而是包含视觉、听觉、嗅觉、触觉等所有的感官体验的场景,让学习者对知识点有全方位的综合感知。因此,可以说,未来教育的一个方式会是"意识教育"。

6.2.6 学习分析技术

学习分析(learning Analytics)是教育技术领域内迅速发展的新热点,它是运用先进的分析方法和工具预测学习结果、诊断学习中发生的问题、优化学习效果的一类教学技术集合。随着教学资源越来越网络化,以及基于网络的学习方式的普及,能够获取的学习行为和学习结果数据也更加丰富。这就为学习分析技术的产生和应用奠定了物质基础。与此同时,网络学习的普及也为此提出了迫切的需求,使之进入人们的视野并迅速发展。

1. 信息技术教学

现如今网络发展快,技术提升快,知识更新快,数据复杂化,信息多样化,面对这种高速度、快速变化的发展节奏,对于这些海量的、多样的、复杂的信息和数据,学习分析技术的作用更加突显,尤其是在教育教学领域里,它能够系统地搜集大量与学习者有关的数据和信息,将这些搜集到的数据进行分析整理后,高效地运用在教育教学中,对教育质量和教学水平的提高起到至关重要的作用。

运用学习分析技术于高中信息技术课堂教学中,其课堂教学的实施过程,如图6-2所示。

平台 → 分析 → 调整教学方法、策略 → 施教

图6-2 学习分析技术应用于高中信息技术课堂教学的实施过程

从图6-2可以看出,在信息技术课堂教学中,运用网络平台的各种功能(考勤、学习时间统计,学习的时间长度统计,学习的内容统计,分组、活动的形式记录,学习成绩统计,测验成绩统计等)收集教学中的数据,通过学习分析技术,调整教学方法和教学策略,并且应用于施教过程之中,优化教学过程,便于因材施教,完成教学任务,从而实现针对每个层次学习者不同需求的个性化教学。

2. 学习管理系统

在网络辅助教学平台环境下,运用学习分析技术实现高中信息技术个性化教学,是通过网络辅助教学平台对学生基本信息、个性特征的提取完成的。网络教育平台长期运

行过程中,积累了大量的系统化、结构化的数据,可以利用学习分析技术充分挖掘这些数据并对其进行分析整理,反馈给教师用户,教师调整教学策略,为学习者的个性化学习提供建议。由此,搜集的大量数据将成为重要的教育教学资源。这样的数据可以提供可视化或者非可视化的相关指标。研究人员通过对这些指标的分析,可以发现学习者的学习状况,以此作为基础为使用者提供相关的建议项目。

澳大利亚卧龙岗大学(University of Wollongong)的研究人员则运用"社会网络适应性教学实践"应用软件——SNAPP(Social Networks Adapting Pedagogical Practice)进行数据分析。这种软件可以帮助教师直观了解学习者在论坛的发帖和回复情况,通过直观跟踪论坛交流内容,教师可以快速判断学习者的行为模式,覆盖课程进度的任何阶段。通过分析发帖者、回复对象、讨论话题以及话题范围,SNAPP可以对数据加以分析并以社会网络图的形式呈现分析结果,进而对学业面临风险的学习者进行识别。

美国普渡大学的信号灯系统在提高学生学业成绩方面对师生也有很大帮助。这种信号灯系统运用了预测模型与"黑板视野(Blackboard Vista)"软件共同提供的数据,对学习者的学业进展情况进行实时分析,当学习者的学业成绩处于边缘风险状况时,信号灯系统就会发挥其功能,指导学习者相应地提高课程学习。由于这种系统实时反馈性很强,所以对教师和学习者帮助很大。

通过运用学习分析技术来提高学习者成绩的学校还有很多。像德雷塞尔大学(Drexel University)收集数据的方法是采用在线教学管理系统的"视野之星报告(Bista Star Report)",进而对学习者的在线学习时间、登录次数、下载量等相关数据进行收集评估。北卡罗来纳州立大学(North Carolina State University)也是运用学习分析技术对学校已有的学生信息以及针对学习者进行问卷调查等形式获得的数据进行统计分析后,预测学习者在第一学期的学习成绩。

值得一提的是,国内由浙江温岭市中学信息技术教师开发的一款信息技术教学辅助平台——ITtools3.0。这一教学辅助平台从2005年着手研发,期间经历了几个版本,直到2011年5月才初步完成,并在不断改进和完善中。这一信息技术教学辅助平台已经被我国多所学校使用,如大连海湾高中、浙江省湖州五中、浙江省海盐第二高级中学、广州宜州一中以及浙江省义乌市实验小学等。针对现在机房对机器的特殊保护,不允许学生对计算机进行改写,每当学生对计算机进行相关学习任务的操作后,再重新启动计算机,以前的学习记录就会消失,信息技术教学辅助平台的展示模块解决了这一令人无奈的问题。该模块可以对教师和学生的所有操作进行记录,其强大的查询和展示功能对于学习者来说,不仅可以随时查阅自己的学习成果,而且还可以查询其他学习者发布的学习作品,这样大大提高了学习者自主学习的能力;对于教师来说,针对该平台对记录数据分析的结果,可以及时调整自己的教学方式和方法,从而提高教学效果。图6-3所示为网络辅助教学平台环境下高中信息技术个性化教学模式。

从图6-3可以看出,当学习者通过身份确认登录到系统后,系统的信息收集模块开始收集学生请求,跟踪学生的行为,将产生的学习者数据(学生的基本信息、个性特征信息、学习过程信息、学习表现信息、学习状态信息)通过预处理存入用户数据库,然后学习

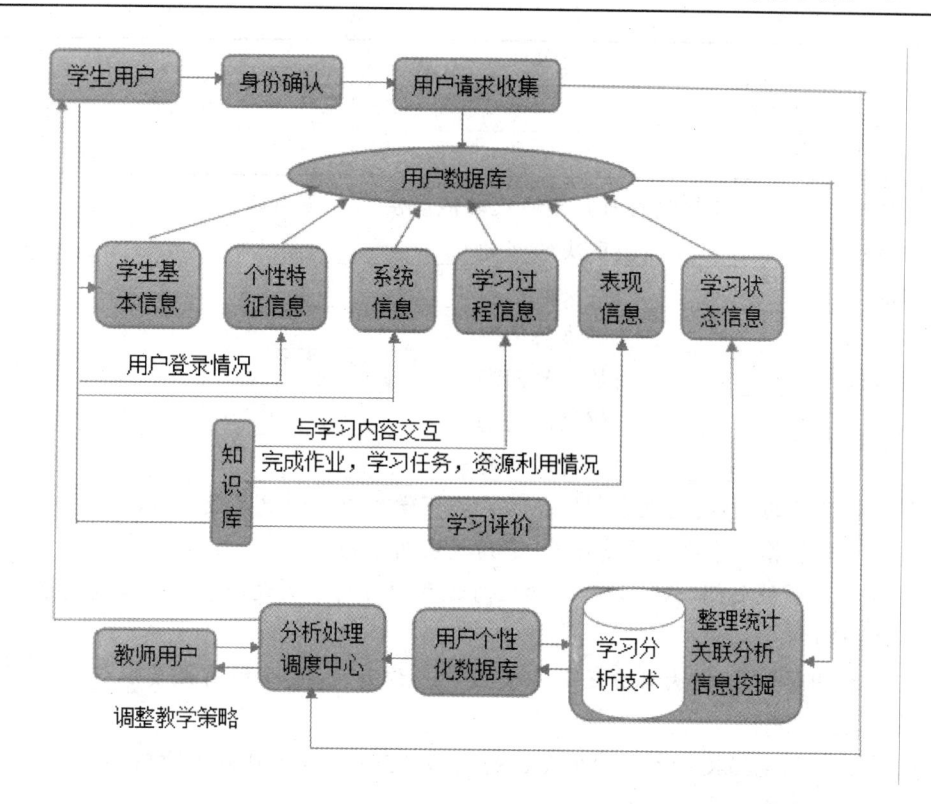

图 6-3　ITtools 环境下高中信息技术个性化教学模式

分析模块通过整理统计、关联分析和信息挖掘,挖掘学习者个性数据,产生用户个性化数据,并把结果送往个性分析处理调度中心。调度中心根据学习者个性化信息给教师发送数据,教师调整教学策略,为学习者的个性化学习提供建议,调度中心根据学习者的个性化数据及教师的个性化学习建议为学习者提供有针对性的个性化服务。

在此教学模式环境下,学习者用户登录到教学平台后的界面将是个性化的学习界面:个人信息、出勤情况、作业完成及批改情况、测验情况(成绩记录、测验错题记录)、分组情况、答疑情况、互助信息、教师评价等都是针对学习者个人特点的。

本章自测题

1. 根据人工智能的发展简史填写下面的表格。

时间	重要事件	代表人物

时间	重要事件	代表人物

2. 请列举几种人工智能的研究领域及其能解决的主要问题。

领域一＿＿＿＿＿＿；解决的问题＿＿＿＿＿＿

领域二＿＿＿＿＿＿；解决的问题＿＿＿＿＿＿

领域三＿＿＿＿＿＿；解决的问题＿＿＿＿＿＿

领域四＿＿＿＿＿＿；解决的问题＿＿＿＿＿＿

领域五＿＿＿＿＿＿；解决的问题＿＿＿＿＿＿

领域六＿＿＿＿＿＿；解决的问题＿＿＿＿＿＿

3. 根据自己的理解,说说在智能导师系统下学生应如何更高效的学习?

4. 对于智能答疑系统的关键技术,下列说法错误的是(　　)。

A. 学校与学校之间、传统学习的学生与远程学习的学生之间答疑信息的资源共享必须遵循统一的标准。

B. 目前的答疑系统,大部分还是以关键词查询为主,因此很有必要加强对自然语言理解技术的研究。

C. 通过数据挖掘技术考查学生提出的问题,可以分析教师教学中存在的问题,也可以分析学生的个性化学习特征。

D. 答疑库和教学资源库是两个相对独立的数据库,以便教师和学生分别进行操作。

5. 说说学习分析技术对你的启发。

参考文献

[1] 傅莉. 人工智能在教育中的应用研究[J]. 计算机与数字工程,2012(12):63-65.

[2] 彭绍东. 教学设计自动化的定义与发展述评[J]. 电化教育研究,2011(1):24-34.

[3] 柳泉波,黄荣怀,何克抗. 智能答疑系统的设计与实现[J]. 中国远程教育,2000(8):43-48.

[4] 张静华. 人工智能在网络教育中的应用研究[J]. 计算机仿真,2014(9):7-8.

[5] 吴吉义,平玲娣. 人工智能在现代远程教育中的应用研究[J]. 中国远程教育,2008(23):66-69.

[6] 乔金瑶,王红. 学习分析技术在未来教育中的应用[J]. 软件导刊,2013(12):191-192.

[7] 吴战杰,秦健. Agent 技术及其在网络教育中的应用研究. 电化教育研究,2003(3):32-36.

[8] 钟琦,胡水星. 人工智能在教育中的整合应用研究[J]. 赣南师范学院学报,2011(6):66-69.

第 7 章 虚拟现实技术与教育

【导言】

本章介绍了虚拟现实技术的基本内容及其当前在教育中的应用。就目前虚拟现实技术的发展水平来看,无论是其硬件系统的研究还是软件产品的开发,都是一个庞大的系统工程,需要具有较高专业知识人员的参与才能得以完成。本章介绍的关于虚拟现实的最基本的知识,建议读者在学习本章内容时,从虚拟现实的基本内容开始,对其感兴趣的读者可以阅读相关的书籍资料,进一步了解虚拟现实更深层的知识和应用。

【思维导图】

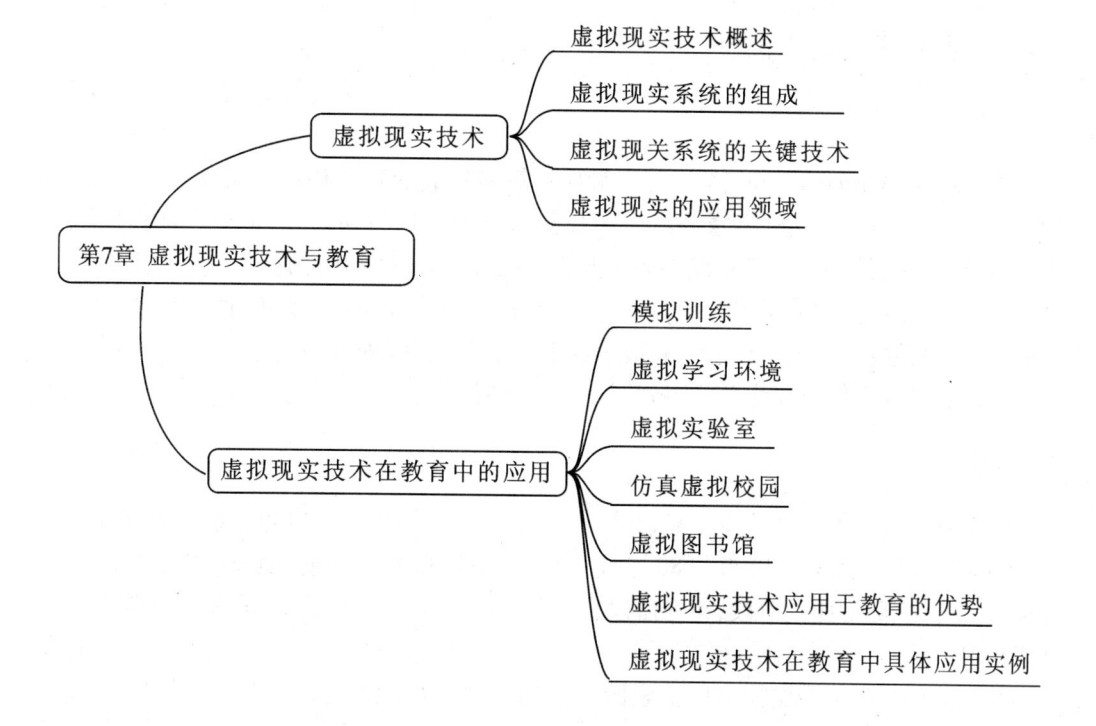

第7章 虚拟现实技术与教育
- 虚拟现实技术
  - 虚拟现实技术概述
  - 虚拟现实系统的组成
  - 虚拟现关系统的关键技术
  - 虚拟现实的应用领域
- 虚拟现实技术在教育中的应用
  - 模拟训练
  - 虚拟学习环境
  - 虚拟实验室
  - 仿真虚拟校园
  - 虚拟图书馆
  - 虚拟现实技术应用于教育的优势
  - 虚拟现实技术在教育中具体应用实例

【学习目标】

通过对本章内容的学习,学生应该能够做到:
1. 了解虚拟现实的基本概念及其发展。
2. 认识不同类型的虚拟现实系统。
3. 了解不同虚拟现实系统各自的特点。
4. 认识常见的虚拟现实设备,包括输入及输出设备。
5. 了解虚拟现实系统的常用软件。
6. 了解不同虚拟现实软件的应用特点和使用范围。
7. 了解虚拟现实的关键技术,说明其特点。
8. 了解虚拟现实软件在不同领域中的应用。
9. 明确虚拟现实软件在应用中存在的问题。
10. 掌握虚拟现实应用于教育的理论基础。
11. 能够结合教学要求,操作并使用各种类型的虚拟实验室。
12. 能够使用不同的虚拟现实系统来完成学习任务。
13. 认识虚拟现实系统在教育的不同领域中的作用。
14. 能够对虚拟现实系统在未来教学中的应用提出设想。

7.1 虚拟现实技术

7.1.1 虚拟现实技术概述

1. 基本概念

虚拟现实(Virtual Reality,VR)是一种由计算机生成的高科技模拟系统,具有多感知性、存在感、交互性、自主性等重要特征,VR 技术作为一项尖端科技,集成了计算机图形技术、计算机仿真技术、人工智能、传感技术、显示技术、网络并行处理等技术的发展成果,这一技术是由美国公司 VPL 公司创建人拉尼尔(Jaron Lanier)在 20 世纪 80 年代初提出的,也称灵镜技术或人工环境。它最早源于美国军方的作战模拟系统,直到 20 世纪 90 年代初才逐渐为人们所关注并且得到了进一步发展。

2. 发展历程

虚拟现实技术的发展基本上可以分为三个阶段:第一阶段是 20 世纪 50~70 年代,属于准备阶段;第二阶段是 20 世纪 80 年代初到 20 世纪 80 年代中期,是虚拟现实技术走出实验室,进入实际的应用阶段;第三阶段是从 20 世纪 80 年代末至今,是虚拟现实技术全面发展时期。

第一阶段是虚拟现实技术的探索阶段,在此阶段中有了虚拟现实技术的基本思想。

在 1956 年 Morton Heileg 开发出了 Sensorama 的摩托车仿真器,Sensorama 具有三维显示及立体声效果,能产生振动和风吹的感觉。虚拟现实技术发展史上一个重要的里程碑就是在 1968 年美国计算机图形学之父 Ivan Sutherlan 在哈佛大学组织开发了第一个计算机图形驱动的头盔显示 HMD 及头部位置跟踪系统。

第二阶段开始形成了虚拟现实技术的基本概念。这一时期,出现了两个比较典型的虚拟现实系统,即 VIDEOPLACE 与 VIEW 系统。VIDEOPLACE 是由 M. W. Krueger 设计的,它是一个计算机生成的图形环境,在该环境中参与者看到他本人的图像投影在一个屏幕上,通过协调计算机生成的静物属性及动作行为,可使它们实时地响应参与者的活动。1985 年在 M. M Greevy 领导下完成的 VIEW 虚拟现实系统,装备了数据手套和头部跟踪器,提供了手势、语言等交互手段,使 VIEW 成为名副其实的虚拟现实系统,成为后来虚拟现实的体系结构。其他如 VPL 公司开发了用于生成虚拟现实的 RB2 软件 DataGlove 数据手套,为虚拟现实提供了开发工具。

第三阶段虚拟现实技术开始了全面的发展。在这一阶段,虚拟现实技术从研究转向应用阶段,在医学、航空、教育、商业经营、工程设计等方面都有所应用。国内许多高校和研究所开始了对虚拟现实技术的研究和应用。例如,清华大学计算机系对虚拟现实和临场感方面进行研究,在球面屏幕显示和图像随动,克服立体图闪烁的措施和深度感实验等方面都具有不少独特的方法;浙江大学心理学国家重点实验室开发的虚拟故宫;CAD & CG 国家重点实验室开发出桌面虚拟建筑环境实时漫游系统;北京航空航天大学计算机系虚拟现实与可视化新技术研究室集成的分布式虚拟环境;以及还有其他许多单位对虚拟现实在不同领域进行研究,并取得了一定的研究成果。伴随互联网的普及,计算能力、3D 建模等技术的进步,大幅提升了 VR 体验,虚拟现实商业化、平民化有望得以实现。

3. 虚拟现实的分类及其特点

1) 桌面式 VR 系统(Desktop VR)

桌面式 VR 系统仅使用个人计算机来产生三维空间的交互场景。它把计算机的屏幕作为用户观察虚拟环境的一个窗口,也被称为窗口虚拟现实系统。参与者需要使用手拿输入设备或位置跟踪器,来驾驭虚拟环境和操纵虚拟场景中的各种物体。在桌面 VR 系统中,参与者虽然坐在监视器前面,但可以通过计算机屏幕观察 360°范围内的虚拟环境;可以通过交互操作,使虚拟环境的物体平移和旋转,从各个方向观看物体;也可以在虚拟环境中浏览。但是参与者并没有完全沉浸,仍然会受到周围现实环境的干扰。常见的桌面式虚拟现实系统主要有基于静态图像的虚拟现实 Quick Time VR、虚拟现实建模语言 VRML、桌面 CAD 系统等几种形式。

桌面式虚拟现实系统主要有以下三个特点:

①用户处于不完全沉浸的环境,缺乏完全沉浸、身临其境的感觉,即使戴上立体眼镜,参与者仍会受到周围现实环境的干扰;

②对硬件设备的要求极低,有的简单到甚至只需要计算机,或是增加数据手套、空间

跟踪设备等；

③通过相对简单的技术和低成本装备产生较真实的效果，其应用面广，易于普及，而且也具备了沉浸式虚拟现实系统的一些技术要求。

2）增强式 VR 系统（Augmented VR）

增强式 VR 系统（也称为叠加式 VR 系统）。该系统允许用户对现实世界进行观察的同时，通过穿透型头戴式显示器将计算机虚拟图像叠加在现实世界之上，为操作员提供与他所看到的现实环境有关的、存储在计算机中的信息，从而增强操作员对真实环境的感受，因此又被称为补充现实系统。与其他各类 VR 系统相比，补充现实式的虚拟现实不仅是利用 VR 技术来模拟现实世界、仿真现实世界，而且要利用它来增强参与者对真实环境的感受，也就是增强现实中无法感知或不方便的感受。在增强式虚拟现实系统中，虚拟对象所提供的信息往往是用户无法凭借自身的感觉所能感知到的深层次的信息。增强式 VR 系统最常见的是：一个眼睛看到显示屏上的虚拟世界；另一个眼睛看到的则是真实的世界。

常见的增强现实虚拟现实系统有基于台式图形显示器的系统、基于单眼显示器的系统（一只眼看显示屏上的虚拟世界，另一只眼看真实世界）、基于光学透视式头盔显示器的系统、基于视频透视式头盔显示器的系统等。

增强现实虚拟现实系统主要有三个特点：

①真实世界和虚拟世界融为一体；

②具有实时人机交互功能；

③真实世界和虚拟世界在三维空间中整合。

3）沉浸式 VR 系统（Immersive VR）

沉浸式 VR 系统是一种较高级的 VR 系统。利用头盔显示器和数据手套等各种交互设备把用户的视觉、听觉和其他感觉封闭起来，而使用户真正成为 VR 系统内部的一个参与者，并能利用这些交互设备操作和驾驭虚拟环境，产生一种身临其境、全心投入和沉浸其中的感觉。它是一种较为先进的虚拟现实系统，使得用户有一种身临其境的认同感。常见的沉浸式系统有基于头盔式显示器的系统、投影式虚拟现实系统、远程存在系统等。这种沉浸式 VR 系统的原理是：首先，把用户的各种感觉封闭起来，然后再提供一个与原来不同的感官世界。为了实现用户产生从头到脚的全方位立体沉浸，就要多种设备与多种相关软件的交互作用。

沉浸式虚拟现实系统有以下五个特点：

①具有高度实时性能。沉浸式虚拟现实系统中，要达到与真实世界相同的感觉，必须要有高度实时性能。如用户头部转动改变观察视点时，跟踪设备必须及时检测到，由计算机计算并输出相应的场景，同时要求必须有足够小的延迟，且变化要连续平滑。

②具有高度的沉浸感。沉浸式虚拟现实系统采用多种输入与输出设备来营造一个虚拟的世界，使用户沉浸于其中，产生一个看起来、听起来、摸起来都是真实的虚拟世界，

同时要求具有高度的沉浸感,用户与真实世界完全隔离,不受外面真实世界的影响。

③具有良好的系统集成度与整合性能。为了实现用户产生全方位的沉浸感,就必须要有多种设备与多种相关软件技术相互作用,且相互之间不能有影响,所以系统必须有良好的系统集成度与整合性能。

④具有良好的开放性。在沉浸式虚拟现实系统中,要尽可能利用最新的硬件设备、软件技术及软件,这就要求虚拟现实系统能方便地改进硬件设备、软件技术,因此必须使用比以往更灵活的方式构造系统的软硬件结构体系。

⑤能支持多种输入与输出设备并行工作。为了实现用户产生全方位的沉浸感,可能需要多种设备综合应用,并保持同步工作,所以支持多种输入与输出设备并行处理是虚拟现实系统的一项必备技术。

4)分布式 VR 系统(Distributed VR,DVR)

分布式 VR 系统是指基于网络的虚拟环境。它在沉浸式 VR 系统的基础上,将位于不同物理位置的多个用户或多个虚拟环境通过网络相连接,并共享信息,从而使用户的协同工作达到一个更高的境界。VR 系统之所以运行在分布式环境,一方面,是它可以充分利用分布式计算机系统提供的强大计算能力;另一方面,是因为有些应用本身具有分布特性。在分布式虚拟现实系统中,多个用户可通过网络对同一虚拟世界进行观察和操作,以达到协同工作的目的。系统有四个基本组成部分:图形显示器、通信与控制设备、处理系统和数据网络。根据分布式虚拟现实系统运行的共享应用系统的个数,可分为集中式结构和复式结构两种。

分布式虚拟现实系统的特点主要表现在五个方面:
①各用户具有共享的虚拟工作空间;
②伪实体的行为真实感;支持实时交互,共享时钟;
③多个用户可以使用各自不同的方式相互通信;
④资源信息共享以及允许用户自然操纵虚拟世界中的对象。

7.1.2 虚拟现实系统的组成

所有的虚拟现实系统都有五个关键成分:虚拟世界、虚拟现实软件、计算机、输入设备和输出设备。虚拟世界是可交互的虚拟环境,可以从任意角度连续地观看和考察,它一般是一个包含三维模型或环境所定义的数据库,目的是获取实际环境的三维数据,并根据应用的需要,利用获取的三维数据建立相应的虚拟环境模型。虚拟现实软件提供实时观察和参与虚拟世界的能力。输入设备可用于观察和构造虚拟世界,包括鼠标、游戏杆和定位跟踪器等。输出设备显示当前虚拟世界视图,包括显示器和头盔等。

如果将虚拟现实系统以模块划分,则主要由检测模块、反馈模块、传感器模块、控制模块、建模模块构成。其中,检测模块是检测用户的操作命令,并通过传感器模块作用于虚拟环境;反馈模块是接收来自传感器模块信息,为用户提供实时反馈;传感器模块一方面接收来自用户的操作命令,并将其作用于虚拟环境,另一方面将操作后产生的结果以各种反馈的形式提供给用户;控制模块则是对传感器进行控制,使其对用户、虚拟环境和现实世界产生作用;建模模块是在获取现实世界组成部分的三维表示,并由此构成对应的虚拟环境。在五个模块的协调作用下,最终构建出 3D 模型,实现对现实的虚拟。

参与者与虚拟世界交互的过程大致是这样的:参与者首先激活头盔、手套和话筒等输入设备,为计算机提供输入信号,虚拟现实软件收到由跟踪器和传感器送来的输入信号后加以解释,然后对虚拟环境数据库做必要的更新,调整当前的虚拟环境场景,并将这一新视点下的三维视觉图像以及其他(如声音、触觉、力反馈等)信息立即传送给相应的输出设备(头盔显示器、耳机、数据手套等),以便参与者及时获得多种感官上的虚拟效果。

1. 输入设备

传统的个人电脑输入设备,如键盘、鼠标、摇杆等对于虚拟现实系统并不适用,因为这些设备通常只有两个自由度。虚拟现实系统的用户是在一个三维空间中做运动,因此,输入设备也必须相应地拥有三维运动功能,也就是要拥有六个自由度。

按照输入设备的操作方式,可以分为手持式、运动捕捉和语音控制三种类型的输入设备。

1) 手持式输入设备

在虚拟现实系统中最常用到的输入设备大都是用手来操作的,可以分为三类,分别是三维鼠标(3D mouse)、虚拟现实手套(VR glove)和三维摇杆(flystick)。

(1) 三维鼠标

相较于普通鼠标,能够让用户感受到在三维空间中的运动,如图 7-1 所示,它可以完成在虚拟空间中六个自由度的操作,含有三个平移和三个旋转参数。其工作原理是在鼠标内部装有超声波或电磁发射器,利用配套的接收设备可检测到鼠标在空间中的位置与方向,与其他设备相比成本低,常应用于建筑设计等领域。

图 7-1 三维鼠标　　图 7-2 虚拟现实手套　　图 7-3 三维摇杆

(2) 虚拟现实手套

虚拟现实手套有多种产品,最常见的是数据手套,如图 7-2 所示。数据手套(data glove)是美国 VPL 公司推出的一种传感手套,它已成为被广泛使用于输入的传感设备。用户将数据手套穿戴在手上之后,便可以在虚拟现实系统中以虚拟的手使用,对物体实现抓取、移动、操纵、控制等操作行为。手指和手掌伸屈时的各种姿势转换成数字信号传送给计算机,计算机通过应用程序识别出用户的手在虚拟世界中操作时的姿势,执行相应操作。在实际应用中,还必须配有空间位置跟踪器,检测手在三维空间中的实际方位。目前,虚拟现实数据手套主要有 5DT、CyberGlove、DGTech 等公司生产,根据用户的需求,可提供不同配置、精确度的版本。

(3)三维摇杆

图 7-3 所示是一款由 A.R.T. 公司开发的三维摇杆,用于虚拟现实应用领域的无线式交互设备,拥有六个自由度。这种设备的形状类似于游戏机用的模拟摇杆,并且配有特殊功能的按钮,特别适用于以投影为基础的虚拟现实环境,使用起来会比较自然。三维摇杆具备带有反光标识的座架,这些反光标识通过追踪摄像机可以在任何时刻被观察到。追踪系统通过光学设备完成追踪,设备按钮的功能通过无线电传播。其最大的优势是可以长距离并精确地传输数据。

2) 运动捕捉输入设备

虚拟现实系统的一个重要目标就是在虚拟世界里的高沉浸度,因此仅仅用手来操作虚拟环境就显得不是十分自然。如果能够捕捉到运动者的全身运动信息,则可以使用户更好的全身心沉浸在虚拟世界里。如图 7-4 所示的设备就是运动捕捉设备中的一种。运动捕捉设备除与数据手套有类似的功能外,还可以传输整个身体的数据。它具备最多 50 个节点(如胳膊、膝关节、脚部等)反映身体的运动状态。同时拥有 4 个校正系统,分别在左右手、头部和背部。身体的位置通过电磁感应设备确定。这种设备也多用于三维电影,如影片《阿凡达》等的拍摄制作。

图 7-4 运动捕捉输入设备　　图 7-5 语音控制输入设备

3) 语音控制输入设备

对虚拟现实环境的操作如果能够通过语音控制来实现,将会使各种操作变得十分简单。比如,打开一辆虚拟汽车的车门,就可以省去使用虚拟手套定位车门和车把手的位置,简单的一句"开门"便可以完成。

图 7-5 所示是一套名为"Speech VR"的虚拟现实语音控制系统,主要用于基于桌面电脑的虚拟现实系统。人们可以使用这套语音控制设备来实现室内导航的功能。

通过语音控制来实现虚拟现实系统的各种操作还有待开发和研究。语音输入的一个重要难点就是语音识别。语音识别技术目前还有待成熟，因此还不能完全使用语音控制来实现全部的操作。

4) 力反馈设备

力反馈(force feedback)是在人机交互过程中，计算机对操作者的行为做出反应，并通过力反馈设备作用于操作者的过程。力反馈设备是实现人机交互的关键设备，借助它人们可以按照自然方式进行人机互动和信息交流。与传统的视觉和听觉相比，力觉再现能更好地提高虚拟现实系统的真实感，并提高操作的执行效率和成功率。由于计算机和传感技术的限制，人们研究的重点都集中在视觉和听觉方面，而对于力反馈这一重要而感官形态关注得较少。下文将介绍几种用于虚拟现实系统的力反馈设备。

(1) CyberTouch、CyberGrasp 和 CyberForce。CyberTouch 是针对触觉模拟的力反馈装置，需要搭配具有 18 个传感器的 CyberGlove 手套一同使用，如图 7-6 所示。CyberGrasp 是由 Immersion 公司基于数据手套 CyberGlove 研发的一种手指型力反馈设备，如图 7-7 所示。使用的时候它会附加在 CyberGlove 上，由钢丝绳传递力的外骨架设备，由电机驱动，可以在每个手指上实现最大 12 牛顿的阻尼力，其缺点是长时间佩戴会使人感到疲劳。CyberForce 不仅可将逼真的力道从手掌传达到手臂，同时提供六个自由度的位置追踪，可准确测量出三维空间中手掌的移动与转动。图 7-8 所示的 CyberForce 还可与 CyberGrasp 搭配使用，轻巧的力反馈装置，可在每个手指上增加反作用力。

图 7-6 CyberTouch　　图 7-7 CyberGrasp　　图 7-8 CyberForce

(2) PHANTOM

PHANTOM 系列产品提供三个自由度的位置感应和三个自由度的力反馈，包含被动式的铁笔和万向节套管，电子电机与位置跟踪器所驱动的机械手臂，可与指尖进行点交互。PHANTOM 桌面力反馈系统已经在虚拟装配和医学等领域得到广泛的应用。

2. 输出设备

虚拟现实系统的输出信号携带有关虚拟环境的视觉、声音以及触觉信息，由三个独立子系统并行工作来完成。视觉信号的输出主要是在用户头盔上显示出虚拟环境的视图。声音输出信号由声音模拟子系统产生，信号经预处理后，用户用耳机就能确定声音的空间位置。用户要感知触觉的前提是佩戴某种手套或手执反应游戏杆或置于某种力反馈装置上。常见的输出设备有立体显示设备、声音生成设备及触觉力反馈设备等。

1) 立体显示设备

(1) 头盔显示器（HMD）

该显示器是和 VR 联系极其密切的一种硬件装置。看起来像头盔或风镜。头盔显示器在使用者眼睛的面前装有小型视频显示器，并利用特殊的光学系统聚集和铺展使用者视野。大多数头盔显示器采用双显示器产生立体景象，头盔把用户与真实世界相隔离，代之以虚拟环境的双目景象。头盔显示器可单独与主机相连以接受来自主机的 3D 虚拟图形信号，使用方式为头戴式，辅以空间跟踪定位器可进行虚拟输出效果观察，同时观察者可做空间上的自由移动，如自由行走、旋转等，虚拟效果好，沉浸感极强。谷歌、三星、索尼等公司都推出了自己的显示头戴产品，大部分已投放到市场中，以具有领航者身份的 Oculus Rift 显示头戴最具代表性，其拥有 110°视角，全封闭视觉环境。在戴上它之后，使用者将看到另一个虚拟的世界，通过双眼视差以及画面变形，使用者会有很强的立体感与景深感，仿佛置身虚拟世界当中。此外，设备中配有陀螺仪、加速计，用以追踪头部转动，达到更加强烈的沉浸感。

(2) 立体眼镜

立体眼镜是一副特殊的眼镜，用户戴在眼睛上能从显示器上看到立体的图像。立体眼镜的镜片由液晶快门组成，通电后能实现高速的左右切换，使用户左右眼看到的图像不同，从而产生立体感。

(3) 球面投影仪

该投影仪是近年最新出现的虚拟现实显示设备，其最大的特点是视野宽广，视角可以达到 156°甚至更高，覆盖了观察者的绝大部分视野，从而令使用者感到仿佛身处飞行器驾驶舱之中，给人以深刻印象。需要注意的是，在使用球面投影仪时，所使用的虚拟现实软件平台必须具备软件鱼眼透视矫正的能力，否则视野中的物体将会严重变形。因此，球面投影仪并不适合使用普通视频的演示场合。

(4) 3D 显示器

麻省理工学院媒体实验室空间影像研究组发明了一种被称为边光显示器（edgelit display）的三维显示器，它不需要用户带上专门的眼镜也能观察到立体的图像。这项技术不同于普通显示器中的发射与反射类型，它把光源从显示器的下面向上面发射，通过显示器内部结构的反射与折射，使用户看到立体影像。边光显示器目前面临的主要问题是制作的成本高，尚未商品化，在未来有希望成为三维可视化的一种理想可视工具。

(5) 3D 打印机

3D 打印技术又称三维打印技术，是一种以数字模型文件为基础，运用粉末状金属或塑料等可黏合材料，通过逐层打印的方式来构造物体的技术。它无须机械加工或任何模具，就能直接从计算机图形数据中生成任何形状的零件，从而极大地缩短产品的研制周期，提高生产率和降低生产成本。灯罩、身体器官、珠宝、根据球员脚型定制的足球靴、赛车零件、固态电池以及为个人定制的手机、小提琴等都可以用该技术制造出来。

扩展阅读

3D 打印技术应用实例

(1) 微型飞机

同济大学航空航天与力学学院楼前的草坪上,一架乒乓球拍大小的微型飞机由红外遥控控制飞行起来。这是该校微小飞机实验室的几名师生研制的。和普通的微型飞机不同,这架飞机不是用胶水等粘接起来的,而是 3D 打印技术制造出来的,其遥控范围 20 米左右,适于室内飞行。

图 7-9 3D 打印技术打印房子

2014 年 1 月 22 日,美国航天局(NASA)出资与美国南加州大学合作,最新研发出"轮廓工艺"3D 打印技术,24 小时内就可以印出大约 232 平方米的两层楼房子,只要一个按键就可以操控机械打印出房子(图 7-9)。由于大大节约了建筑时间和建筑成本,该技术让人类在移民月球或火星后可以就地取材,快速并且批量打印出"外星屋"。

(2) 3D 打印手

英国一名 15 岁少年因先天缺陷而没有左手手指,无意中了解到 3D 打印技术,结果给自己成功"打印"了一个非常好用的"左手"。2015 年 9 月,乔·奥克森伯里的父亲克里斯读到一篇 3D 打印手的文章,于是向相关机构发出求助信息。4 个月后,一个利用 3D 打印技术制成的"左手"(图 7-10)被送达他们位于斯陶尔布里奇的家中,成功地安装在了奥克森伯里的左臂上。在一个慈善机

图 7-10 3D 打印手

构牵头下,一名志愿者耗费 20 小时为奥克森伯里量身定制了这个制作成本仅 30 英镑(约 288 元人民币)的"左手",其风格模仿美国《星球大战》系列电影中的黑武士造型,令奥克森伯里觉得"酷极了!"现在,这名少年已经可以轻松地用左手拿起香蕉和橙子,甚至是鸡蛋!父子俩均表示"难以置信"。

2) 3D 声音生成器(耳机)

3D 声音是指由计算机生成、能由人工设定声源、呈现在三维位置空间中的一种声音。3D 声音生成器是利用人类定位声音的特点生成出 3D 声音的一套软硬件系统。

人类进行声音的定位依据两个要素:两耳时间差和两耳强度差。除此之外,由于人耳结构复杂,对声源的不同频段会产生不同的反射作用,导致对声音定位的研究变得非常困难。研究人员在研究与头部相关的传递函数 HRTF(head-related transfer function)的基础上,成功地将单声道声音转换为具有双耳听觉效果的三维空间声,从而模拟出人耳对不同频率与不同位置声音的感知情况,对任何声音,给它施加两耳时差 ITD(interaural time difference)和耳际声强差 IID(interaural intensity difference)以及 HRTF 系数,便能把该声音虚拟的定位在空间的任何位置。

3) 触觉和力反馈装置

在真实的周围环境中,当伸手去触摸某件物体时,它同时给予触摸反馈。为了产生虚拟触摸的感觉,研究人员开发了触觉和力反馈装置。该设备能使参与者实现虚拟环境中除视觉、听觉之外的第三种感觉——触觉和力感,进一步增强虚拟环境的交互性,从而真正体会到虚拟世界的交互真实感。它广泛应用于虚拟医疗、虚拟装配等诸多领域。

3. 虚拟现实软件及平台

1) 虚拟现实整合软件及平台

(1) Virtools

Virtools 是一套整合软件,可以将现有常用的档案格式整合在一起,如 3D 的模型、2D 图形或是音效等。Virtools 是一套具备丰富的互动行为模块的实时 3D 环境虚拟实境编辑软件,可以制作出许多不同用途的 3D 产品,如网际网络、计算机游戏、多媒体、建筑设计、交互式电视、教育训练、仿真与产品展示等。

(2) Nibiru 虚拟现实游戏平台

该游戏平台是国内首家主打虚拟现实游戏的游戏平台,采用 VR 设备物理的方式,直接利用手机的运算和传感器。任何一个智能手机,只要装上 Nibiru 平台同时购买 Nibiru 授权的梦境系列眼镜,就可以体验沉浸式游戏了。

(3) Quest3D

Quest3D 是一个容易且有效的实时 3D 建构工具。比起其他的可视化的建构工具如网页、动画、图形编辑工具来说,Quest3D 能在实时编辑环境中与对象互动。Quest3D 提供一个建构实时 3D 的标准方案。Quest3D 可透过稳定、先进的工作流程,处理所有数字内容的 2D/3D 图形、声音、网络、数据库、互动逻辑及 A.I,完全是人们梦想中的设计软件巨擘。

(4) 三维虚拟现实平台软件 Converse3D

Converse3D 是由北京中天灏景网络科技有限公司自主研发的具有完全知识产权的

一款三维虚拟现实平台软件，可广泛地应用于视景仿真、城市规划、室内设计、工业仿真、古迹复原、娱乐、艺术与教育等行业。该软件适用性强、操作简单、功能强大。

（5）三维软件开发工具 ShiVa3D

ShiVa3D 是一款即时三维软件开发工具，是为 Windows、Mac OS、iPhone、Android 和 iPad 用户开发实时 3D 应用程序和游戏使用的开发工具。

（6）三维虚拟现实软件开发平台 WebMax

WebMax 是以 VGS 技术为核心的新一代网上三维虚拟现实软件开发平台。WebMax 具有独特的压缩技术、真实的画面表现、丰富的互动功能。通过 WebMax 开发的三维网页无须下载，只需输入网址，即可直接在互联网上浏览三维互动内容。具有目前互联网上最好的三维显示效果及互动功能，其超乎寻常的 3D 图形处理能力，经过国家科技部测试，其运算速度比目前国外同类技术快将近 6 倍。

2）游戏开发引擎 Unity3D

Unity3D 是一个可以让人轻松创作的多平台的游戏开发工具，是一个全面整合的专业游戏引擎。是一个让玩家轻松创建诸如三维视频游戏、建筑可视化、实时三维动画等类型互动内容的多平台的综合型游戏开发工具。

3）语言类虚拟现实工具

（1）高级着色器语言 HLSL（High Level Shader Language）

该工具是由微软出品，只能供微软的 Direct3D 使用，其主要作用是将一些复杂的图像处理，快速而又有效率地在显示卡上完成。与组合式或低阶 Shader Language 相比，能降低在编写复杂特殊效果时发生编程错误的机会。

（2）虚拟现实建模语言 VRML（Virtual Reality Modeling Language）

该工具是一种用于建立真实世界场景模型或虚构三维世界场景的建模语言，本质上是一种面向 Web、面向对象的三维造型语言，而且是一种解释性语言；具有平台无关性；是目前 Internet 上基于 WWW 的三维互动网站制作的主流语言。VRML 的对象称为结点，子结点的集合可以构成复杂的景物。结点可以通过实例得到复用，对它们赋以名字，进行定义后，即可建立动态的虚拟世界。

（3）三维图像标记语言 X3D

X3D 是由 VRML 的升级版本，全称可扩展三维语言，浏览 X3D 的脚本文件，跟浏览 Flash 一样，需要相关插件支持。常用的是 Media Machines Flux 以及 Bitmanagement BS Contact VRML 插件这两种。

4）视觉类虚拟现实工具及应用

（1）Flash 3D

Flash 3D 是网页 flash 播放器播放实时三维画面、三维游戏的程序的总称。目前，通用的开源 Flash3D 渲染引擎有 Papervision3D、Away3D、Sandy 等，非开源 Flash3D 渲染引擎

Alternative3D 等。Flash3D 的可视化软件有 8 倍网的 Flash3D 浏览开创版,同时显示的面为 20000~30000,这个为非实时渲染时的面数,也就是位图显示,位图与面数无关。

(2)视频监控运行保障系统 VGS(Video Guarantee System)

该系统是国内第一个完全自主知识产权的网络三维互动软件技术,是视频智能分析技术在视频监控领域的突破性的创新。网络三维互动技术是下一代互联网展示技术的核心,是目前互联网技术的换代与升级。VGS 系统的成功研发,不仅实现了在互联网上以三维立体互动的方式发布和实时高速浏览功能,而且对用户终端电脑的硬件配置没有任何特殊要求。在 VGS 技术支持下,用户将轻松上网实现浏览三维网页、观赏网上虚拟社区等一系列网上三维虚拟互动应用。与国外同类技术相比,互动性更强、压缩比更高、运算速度更快。

(3)暴风魔镜

该魔镜是暴风影音正式发布的第一款硬件产品。暴风魔镜是一款虚拟现实眼镜,在使用时需要配合暴风影音开发的专属魔镜应用,在手机上实现 IMAX 效果,普通的电影即可实现影院观影效果。

(4)3D 播播

该软件是一款为手机眼镜量身打造的 3D 视频播放器,适配市面上绝大部分手机,以及虚拟现实体验设备。它聚合了大量高清 3D 内容,支持 1080P 高清视频,能让用户大视野体验超五星院线的 3DIMAX 影效。同时还独家支持语音、体感控制,智能使用场景识别,自动判断 3D 内容格式。

(5)3D 中国

该软件可免费提供优质的 3D 视频在线分享服务,有网络最新最热的 3D 原创视频、3D 短片、立体电影等。用户可直接在线搜索、观看,也可自行上传、发布、分享喜欢的 3D 视频。

5)触觉类虚拟现实工具 Haptics

Haptics 的发音是 HAP-tiks,是触觉学科的一种,是指通过与计算机进行互动实现虚拟触觉。Haptics 一词源于古希腊的"haptein(捆绑)"。通过利用特殊的计算机输入、输出设备,用户通过与计算机程序交互来获得真实的触觉感受。结合虚拟视觉,Haptics 技术可用来训练人的手眼协调能力。另外,还可以将这两种技术用在电脑游戏上。Immersion 公司制造的一种游戏手柄,可以用在实验室中,或者用来进行模拟游戏。Haptics 技术为虚拟现实或三维环境提供了一种新的发展方向。

7.1.3 虚拟现实系统的关键技术

1. 虚拟现实技术的重要技术特征

(1)多感知性(multi-sensory)

所谓多感知是指除了一般计算机技术所具有的视觉感知之外,还有听觉感知、力觉感知、触觉感知、运动感知,甚至包括味觉感知、嗅觉感知等。理想的虚拟现实技术应该具有一切人所具有的感知功能。由于相关技术,特别是传感技术的限制,虚拟现实技术所具有的感知功能仅限于视觉、听觉、力觉、触觉、运动等几种。

(2) 浸没感(immersion)

又称临场感,指用户感到作为主角存在于模拟环境中的真实程度。理想的模拟环境应该使用户难以分辨真假,使用户全身心地投入到计算机创建的三维虚拟环境中,该环境中的一切,无论视、听、触、嗅、味等感觉都是真实的,如同在现实世界一样。

(3) 交互性(interactivity)

指用户对模拟环境内物体的可操作程度和从环境得到反馈的自然程度(包括实时性)。例如,用户可以用手去直接抓取模拟环境中虚拟的物体,这时手有握着东西的感觉,并可以感觉物体的重量,视野中被抓的物体也能立刻随着手的移动而移动。

(4) 构想性(imagination)

强调虚拟现实技术应具有广阔的可想象空间,可拓宽人类认知范围,不仅可再现真实存在的环境,也可以随意构想客观不存在的甚至是不可能发生的环境。

2. 虚拟现实系统的关键技术

虚拟现实的关键技术包括以下几个方面:

(1) 动态环境建模技术

虚拟环境的建立是虚拟现实技术的核心内容。动态环境建模技术的目的是获取实际环境的三维数据,并根据应用的需要,利用获取的三维数据建立相应的虚拟环境模型。三维数据的获取可以采用 CAD 技术(有规则的环境),而更多的环境则需要采用非接触式的视觉建模技术,两者的有机结合可以有效地提高数据获取的效率。

(2) 实时三维图形生成技术 三维图形的生成技术已经较为成熟,其关键是如何实现"实时"生成。为了达到实时的目的,至少要保证图形的刷新率不低于 15 帧/秒,最好是高于 30 帧/秒。在不降低图形的质量和复杂度的前提下,如何提高刷新频率将是该技术的研究内容。

(3) 立体显示和传感器技术

虚拟现实的交互能力依赖于立体显示和传感器技术的发展。现有的虚拟现实还远远不能满足系统的需要,例如,数据手套有延迟大、分辨率低、作用范围小、使用不便等缺点;虚拟现实设备的跟踪精度和跟踪范围也有待提高,因此有必要开发新的三维显示技术。

(4) 应用系统开发工具

虚拟现实应用的关键是寻找合适的场合和对象,即如何发挥想象力和创造力。选择适当的应用对象可以大幅度地提高生产效率,减轻劳动强度,提高产品开发质量。为了达到这一目的,必须研究虚拟现实的开发工具。例如,虚拟现实系统开发平台、分布式虚拟现实技术等。

(5）系统集成技术

由于虚拟现实中包括大量的感知信息和模型,因此系统的集成技术起着至关重要的作用。集成技术包括信息的同步技术、模型的标定技术、数据转换技术、数据管理模型、识别和合成技术等等。

7.1.4 虚拟现实的应用领域

虚拟现实技术的应用极为广泛。目前在娱乐、教育的应用占据主流,其次是军事、机械设计与制造。在建筑业的应用显示出广阔的前景。除此之外,虚拟现实技术还被应用到医学、工业、电影制作、园林园艺、土木、航天、计算机可视化等各个方面。

表7-1给出了虚拟现实的应用领域。

表7-1 虚拟现实的应用领域

领域	用途
医学	外科手术、远程遥控手术、身体康复、药物合成、虚拟器官
教育	虚拟实验室、虚拟仿真校园、模拟训练、虚拟学习环境、科研
军事	虚拟战场环境、军事训练、武器操纵
航天航空	飞机设计、机场管理、太空训练、太空载人驾驶模拟
景观模拟	建筑设计、室内设计、工业设计、地形地图
艺术	虚拟展览馆、虚拟电子乐器
商业	电传会议、电话网络管理、空中交通管制
科学视觉化	数学、物理、化学、生物、古生物、考古、行星表面重建、虚拟风洞实验、分子结构分析
机器人	机器人辅助设计、机器人操作模拟、远程操控
工业	培训系统、电脑辅助设计
娱乐	游戏
其他	可穿戴技术(小米手环)、虚拟翻书、全息投影(iPhone7)、虚拟试衣

1. 娱乐

丰富的感觉能力与3D显示环境时的虚拟现实成为理想的游戏工具。如今众多风靡的电子游戏也都是基于虚拟现实实现的。作为传输显示信息的媒体,虚拟现实在未来艺术领域所具有的潜在应用能力不可低估。虚拟现实具有的临场感与交互能力,可以将静态的艺术(如油画、雕刻等)转化为动态的,使观赏者更好地欣赏作者的艺术作品。另外,虚拟现实提高了艺术作品的表现能力。基于桌面式的虚拟乐器软件还可以让人们轻松体验演奏不同乐器的感受。

2. 军事及航空领域

20世纪90年代初,美国率先将虚拟现实技术用于军事领域,随着科学技术的发展,虚拟现实技术已经渗透到了军事生活的各个方面,并开始在军事领域中发挥着越来越强大的作用。世界各国都将虚拟现实技术在军事领域的应用列为高度军事机密。虚拟现实技术在军事领域的应用主要集中在虚拟战场环境、军事训练和武器装备的研制与开发等方面。

(1) 虚拟战场环境

虚拟战场环境是指利用虚拟现实技术,通过计算机系统和其他辅助设备对获取或存储的战场要素数据,如战场地形、战场场景、战场态势、战场人员、战场武器装备等进行处理,最终显示出近似逼真的立体战场环境。它能够使使用者有一种身临实战的感觉,将它用于军事训练能够大大提高训练的质量。

美国被称为"激光沙盘"的虚拟现实系统,它能够产生虚拟战场环境,系统由图文扫描仪、计算机系统、激光发射器和"沙盘"组成。图文扫描仪将收到的图片或录像等信息处理后,输入计算机系统,计算机系统对图像信息进行处理,并在其屏幕上显示出三维立体图形。计算机系统将图像的信息送到激光发射器,激光发射器便向"沙盘"发出不同频率的激光。"沙盘"是一个空玻璃箱,箱内放有各种感应器并与计算机系统相连接,感应器用来控制、调节箱内空气。当几台激光发射器按照获得的图像信号同时连续快速射击箱内空气后,一副清晰的彩色立体图像就出现了,立体图像会随着输入图像的变化而变化。激光沙盘系统能够判读和转换由卫星发回的航空照片和录像,并将图像信息转变成逼真的彩色立体地形图。这样远在千里之外的战场环境就呈现在了指挥员的面前。

虚拟战场环境能够作为不同兵种的作战人员共同训练的平台,作战人员通过各种传感设备与虚拟战场环境相连接,共同感受虚拟战场环境中预先设定的训练内容和预案,并执行相应的作战行动,不同兵种的作战人员通过训练能够达到行动的相互协同。

虚拟战场环境还可以根据现在掌握的历史战争资料实现对过去战争的"虚拟战争再现",为现代战争研究人员提供了一种逼真有效的研究历史战争的手段。

(2) 军事训练

虚拟现实技术为军事训练提供了新的方法。将虚拟现实技术应用于军事训练,既能比实兵演练节省大量的人力、物力,使官兵"身临其境",又能够提高保密性,达到封锁消息不为外界所知的理想效果。虚拟现实技术用于军事训练可实现战斗力的系统集成,并将军事训练推向实战化。目前,虚拟现实技术在军事训练中的应用主要集中在单兵训练、战术训练和诸军兵种联合战役训练等方面。

太空操作仿真能够充分利用计算技术的优点,即成本低、具有高度的灵活性、能够突破环境的限制,可以模拟失重特性下肢体的相对运动与躯体姿态和运动关系,肢体的运动、躯体的姿态与操作过程中的力量之间的关系。结合图形图像和虚拟现实技术,太空操作仿真能够为航天员提供逼真的感官刺激,如提供逼真的立体显示、力觉反馈、接近真实的操作过程和虚拟场景等等,提供逼真的操作体验。这种基于虚拟现实的太空操作仿真技术的模拟器可用于以太空操作体验为目的的程序训练模拟器,也可用于训练部门或任务规划部门设计和规划操作任务的技术手段。

(3) 武器装备的研制与开发

随着现代科学技术不断应用于军事领域,现代武器装备的科技含量越来越多,研制难度越来越大,开发周期越来越长,研制费用越来越高。将虚拟现实技术应用于武器装备的研制与开发,可以使研制者首先对武器装备进行系统建模,对武器装备的作战性能进行初步评估和改进,从而使武器装备的各种性能指标更接近实战要求。在随后的研制阶段,研制者和使用者可以同时进入虚拟作战环境中对所研制的武器装备进行虚拟操作,进一步检验武器装备的设计方案、技术战术性能及操作的合理性,为武器装备的最后定型提供依据。在整个武器装备的研制开发过程中,可以做到边设计边开发,边测试调整边开发,从而缩短了开发时间,节约了开发费用。

随着虚拟现实技术在军事领域的广泛应用,必将对未来战争产生重大而深远的影响。我们可以看到虚拟现实对人类战争的影响已经悄然临近。美国在索马里战争中就曾使用过一种被称为"幻觉武器"的虚拟武器,这种武器是利用被称为"终极的虚拟"——激光全息投影技术,以空气为媒介,实施激光定距聚焦,将受难耶稣的巨幅头像的三维投影投放到空气中,让索马里士兵看到"眼见为虚"的耶稣的头像,以致从心理上使索军受到骚扰和恫吓,并最终达到恐惧厌战的目的。随着虚拟现实技术的不断成熟,虚拟现实在未来战争中的应用将会越来越多,对战争的影响也将会越来越大。可以确信,虚拟现实技术的发展和运用必将在军事变革中产生深远的影响。同时,虚拟现实技术还被广泛地应用于航天航空领域。

(4)飞机的设计

现代飞机技术越来越复杂、性能要求也更加苛刻,而研制周期却越来越短,应用 VR 技术已成为确保飞机研制成功最关键的手段之一。在飞机设计过程中,应用 VR 技术提前开展性能仿真演示、人机工效分析、总体布置、装配与维修性评估,能够及早发现、弥补设计缺陷,实现设计、分析、改进的闭环迭代。

3. 建筑、城市规划

按照不同的表现主体和不同的制作方向,虚拟现实在建筑与规划中的应用基本上可分为三大类:室外虚拟现实;室内虚拟现实;环境规划虚拟现实。虚拟现实技术的研究与应用表现在如下方面:

①为景观、建筑、规划设计领域的发展提供全方位的技术支撑。
②提升国家建设发展技术水平,为城市的发展、建设提供有力的技术支撑。
③面向全国推广,将为我国城市发展提供科学理论依据和全面的技术支撑,提高我国城市发展决策科学化水平,促进我国城市建设持续、快速、健康发展,使得重大项目的评估更为全面,领导决策更为科学合理,从而避免重大设计缺陷和开发风险,提高成功率。
④将全面提升设计师的工作效率和设计水平。
⑤将全面提升我国在虚拟现实技术方面的研究水平和应用水平。可以对设计项目或现存建筑进行数字虚拟和仿真,使用户可以从任意角度、视点、高度、速度漫游和审视场景,对于场景中的单体、立面、高度、颜色、景观等元素进行实时调整,并且可以对多种设计方案进行实时切换和比较。

4. 医学界

虚拟现实技术和现代医学的飞速发展以及两者之间的融合使得虚拟现实技术已开始对生物医学领域产生重大影响,虚拟现实技术在医学应用中存在的难点问题和关键问题是三维虚拟人体模型的构造、人体模型的绘制和显示速度。其应用范围包括从建立合成药物的分子结构模型到各种医学模拟,以及进行解剖和外科手术教育等。

1) 虚拟手术

虚拟手术(virtual surgery)充分体现虚拟现实作为计算机图形学在医学治疗过程中的作用,充分体现了人机交互和真实感。国外也有称此为虚拟手术室(virtual operating room)或医学虚拟现实。对病人实施外科手术之前,外科医生可以先用虚拟现实系统进行练习。如果将该病人的真实形象(利用计算机轴向层析 X 射线摄影、磁共振成像或其他成像技术获取)送入仿真系统,外科医生就可以对实际的外科手术做出相应的规划,因而预见到手术中难以预料的某些复杂性。还可以为那些刚走上工作岗位的医生提供机会演练从未做过的手术。

在手术中,医生戴着可以显示计算机生成立体图像的头盔显示器,头盔上装有空间跟踪定位器,显示的图像始终跟踪医生的视线,当医生转动头部时,空间跟踪定位器就会发信号给系统调整仿真中的视图。当医生观看虚拟手术台上的三维仿真人体模型时,头盔显示器同时可以显示出该虚拟病人的血压、心率或其他生理信息。医生戴着数据手套,拿着虚拟手术刀,数据手套上配备位置跟踪定位装置,这样系统便可以精确地跟踪人体的运动和位置以及在医生和虚拟病人之间的手术动作。一些类似手术仪器、提供力反馈的设备正在研制当中,有了这些设备就可以提供手术器械通过虚拟肌肉时感受的真实阻力。

2) 医学教育

医学教育也是虚拟现实技术应用的一个主要领域,可以用作医学教学、新生培训、技能测试、技术学习、手术计划等。使用虚拟现实技术还可以进行人体解剖仿真,医学院的学生不必局限于书本和尸体,为了解人体解剖学的复杂性,可以使用虚拟的病人。外科手术仿真类似于解剖仿真,但要了解更多的、有关各种器官和肌肉的性能与行为方面的知识,比如为了修补、移植或摘除某些组织和器官,外科医生必须与人体打交道。利用虚拟现实技术将空间跟踪定位装置固定在虚拟手术刀或手术剪上,系统就可以监视和记录医生的位置和方向。医生带上虚拟头盔显示器就可以看到虚拟的人体立体视图,该虚拟人体具有正在工作的肌肉骨骼系统和完整相互作用的器官系统,因而它能像真实的人体一样具有生命力。

3) 虚拟器官

虚拟现实技术在医学上已应用于仿真组织、器官的解剖结构,包括虚拟人。今后还可构建"虚拟器官",它可以对各种刺激做出反应,具有生长功能,可模拟实际人体器官的生理、病理过程。例如,虚拟心脏就是该技术在生物医学工程领域的一项具体应用,虚拟心脏应用计算机强有力的计算和图形显示能力,通过在给计算机心脏模型赋予活体心脏所具有的心肌、血液的动力学特性,动态电传导特性,生化特性和各种生理病理知识,使之从形态、结构和功能等方面逼真地再现人体心脏的活动过程。远程医疗出席系统在医学中用于控制远方的医疗设备,远程手术系统根据遥感和机器人等技术将远程传送来的图像仿真成手术场景,医生在此场景下进行手术操作,传感器将医生的操作控制信号传送到手术目的地,控制手术目的地的手术机器人或机器手完成手术。

4) 虚拟药物开发

当前计算机经常被用来设计各种合成药物,虚拟仿真器允许研究人员测试各种新药物的特性,如北卡罗来纳大学使用的 Grope III 虚拟仿真器,可以使研究人员看到或感受到一种药物分子是如何与其他生物化学物质相互作用的,这些先进的仪器和技术大大加速了用于各种疾病的药物开发过程。

5) 医疗虚拟实验室

虚拟实验室可对一些较危险的实验通过计算机进行模拟,以达到安全和有效的目的。近年来出现的虚拟内窥镜在外科疾病的诊断中也表现出有意义的前景。

6) 心理症状治疗

目前已有一些医院应用虚拟现实疗法来治疗烧伤后遗症和恐惧症,包括飞行恐惧症、蜘蛛恐惧症和恐高症等。例如,由美国开发的"雪世界"虚拟现实疗法就是专门用来治疗烧伤后遗症的虚拟环境,患者在接受痛苦的治疗过程中可以在虚拟环境中飞越冰封的峡谷,俯视冰冷的河流和飞溅的瀑布,还可以将雪球抛向雪人,观看河中的企鹅和爱斯基摩人的圆顶雪屋。其基本原理就是把病人的注意力从创伤或病痛上转移到虚拟的世界中来,与环境中的物体和人物实现互动。在治疗各类生理和心理症状方面具有极高的价值。

7) 康复治疗

虚拟现实技术同时也已被广泛应用于康复治疗的各个方面:在注意力缺陷、空间感知障碍、记忆障碍等认知康复,焦虑、抑郁、恐怖等情绪障碍和其他精神疾患的康复,对运动不能、平衡协调性差和舞蹈症等运动障碍康复等领域都取得了很好的康复疗效。空间感知障碍和运动功能受损患者的康复训练是康复医疗的重要内容之一。所谓运动障碍是以运动异常为特征的各种障碍,包括运动不能(运动发动困难)、震颤、舞蹈症、扭转痉挛、斜颈、张力障碍、颤搐、抽动和肌阵挛等症状。将虚拟现实技术应用到运动康复医疗领域,可以有效解决传统康复训练方法的局限性。随着虚拟现实技术本身的不断进步,以及该技术在康复治疗领域的不断推广和深入,它必将带来一场影响深远的康复训练革命,并推动运动康复训练技术日臻完善。

随着虚拟现实技术和电子技术的飞速发展,计算机与人类互动的水平也将日益提高,利用数据的无线传输技术,也许患者可以在家中接受虚拟治疗,而虚拟环境或计算机中的人物将不再是死板的机器人,他们会更接近人类的形象,并且具备更多的人类特质。尽管虚拟现实技术在生物医学工程研究领域的研究与应用还处在一个初级阶段,但我们有理由相信,虚拟现实在医学中其应用前景和价值是不可估量的。

5. 应用中存在的问题

将虚拟现实技术应用于军事领域,最早进行的是美国。19 世纪 80 年代,美国就开发了 Simnet 网络,把美国和欧洲一些国家的军事设施和仿真设施用网络连接起来,进行异地的军事训练。它可以连接各种各样的飞行器和车辆模拟器,而且即使分隔数千里,两地的驾驶员也可以进行实时交互。

在装备制造领域,目前应用虚拟现实技术更多的是汽车制造业。比如,2006 年,福特公司将虚拟现实技术用于新车设计,使研发周期和费用大大降低;2014 年,宝马公司宣布将推出虚拟现实眼镜,用于智慧维修和沉浸式汽车设计当中。此外,在医疗、建筑、教育等领域,虚拟现实技术也在发挥着重要的作用。

虽然,虚拟现实技术与各个行业的结合越来越紧密,但要想做到两者的真正融合,目前仍有许多重大技术瓶颈需要突破。包括多源数据或模型无缝融合的困难,还有对象模型不能自由交互或逼真响应。比如,在军事领域应用虚拟现实技术,假设击中一架直升机之后,直升机向下掉,是尾巴掉还是旋翼掉,都要事先建模。那么,如何做到更加真实是摆在我们面前的一个问题。同时,目前模型的复杂性、可建模性和可信性理论还有待突破。当前的虚拟现实技术能与视觉、听觉、触觉等相结合,但智能化的部分还有所欠缺,人机体感交互还不尽如人意。

新的相关领域技术的发展,会为虚拟现实技术提供新的元素、机会和平台。可穿戴设备、互联网、移动终端应用、大数据应用等新型应用需求的出现,也需要虚拟现实技术提供有力的支撑。随着虚拟现实技术与相关领域技术的不断发展,人机交互设备产业,行业应用模拟器、虚拟环境产业,网络、移动终端虚拟现实产业,虚拟现实平台软件与嵌入式系统产业,虚拟现实服务产业等,都将逐步成为虚拟现实技术产业中新的增长点。

总的来说,虽然目前还存在许多有待解决与突破的问题,但虚拟现实是一个充满活力、具有巨大应用前景的高新技术领域。为了提高虚拟现实系统的交互性、逼真性、智能性和沉浸感,我们在新型传感和感知机理、几何与物理建模新方法、高性能计算,特别是高速图形图像处理以及人工智能、心理学、社会学等方面,都还要付出很多努力。

7.2 虚拟现实技术在教育领域中的应用

教育是一个传授知识的过程。通过亲身经历能加速这一过程和巩固所传授的知识,为此而设计的很多方法中,虚拟现实技术是最有效的,因为它允许学习者与现有的各种信息发生交互作用,经历不同的时间和空间。随着信息时代的发展,数字化三维虚拟仿真技术以其画面逼真精美、运行高效便捷、功能丰富实用、查询管理信息方便等特点逐渐应用在教学领域。

7.2.1 模拟训练

虚拟现实技术在教育中应用最成功的案例就是模拟训练系统的开发与研制。空间探索和军队战争训练需要花费高昂的费用,需要极高的安全性与可靠性,虚拟现实技术在此领域的应用潜藏着巨大的商机和价值。随着计算机技术和网络的发展普及,虚拟现实技术也延伸到了一般的医学教学、汽车驾驶以及电器维修等需要培养各种操作技能的领域。

7.2.2 虚拟学习环境

虚拟学习环境(Virtual Learning Environment,VLE),通过人体模型或者化合物等分子结构演示的虚拟体验,教育者与学习者之间,或者学习者与同伴之间可以在一个虚拟的现实空间中,进行虚拟人之间的面对面的情感交流。对于VLE系统,学习者、教师和教育机构所持的观点并非完全一致,在教育环境中,对于各方虚拟学习所体现的优点亦不同。对于那些不愿意在教学活动中采用虚拟学习的人来说,虚拟学习最大的缺点就是它的不确定性和不可知性,这意味着虚拟学习还有很多的潜力没有显现出来,还没被他人所了解。

7.2.3 虚拟实验室

虚拟实验室由虚拟现实应用开发平台——包括软件平台和硬件平台、高性能图像生成及处理系统、立体式沉浸性虚拟三维显示系统、虚拟现实交互系统——虚拟现实数据手套、头盔等和集成应用控制系统组成。利用虚拟现实技术建立的各种虚拟实验室在教育上应用前景广阔,尤其在物理、化学、生物等需要实验的学科中更是如此。创建虚拟实验室,可以摆脱真实实验所需要的昂贵设备,还原基本接近真实的实验效果。虚拟实验室也可以是协作式虚拟环境(Collaborative Virtual Environments,CVE)中的一种,高级的CVE系统甚至能模拟真实实验室中学习者之间以协作方式为主的、需要共同完成的学习任务。学习者可以在跟真实实验室几乎相同的学习环境中学习。虚拟实验室具有如下特点:

(1)成本低

虚拟实验室基于VR在可视化方面的强大优势以及可交互地探索虚拟物体的功能,对对象进行几何、功能、制造等方面交互的建模与分析。学习者既可以在虚拟实验室动手操作,又可自主设计实验,有利于培养学习者的操作能力、分析诊断能力、设计能力和创新意识。

(2)效率高

虚拟实验室省去了大量的基于物理原型实验的简单劳动,学习者集中精力研究实验对象本身的特性和规律。充分利用网络优势,使用在线帮助和学习功能,可以帮学习者迅速掌握实验研究本身和达到实验研究的具体目标和要求,大大提高了学习和研究效率。学习者在其中更易获得相关的知识、科学的指导和敏捷的反馈。帮助学习者建立科研的思维能力。例如,模拟动物实验的整个操作步骤,包括动物的麻醉、手术及信号的记录。通过对未知药物对动物机体造成的反应对药物进行识别。

(3) 功能全

虚拟实验室的数据库可做到规格品种齐全,并易于升级换代和增加新品种,从根本上解决了因实验元器件和仪器仪表不全而影响实验的问题。

(4) 协作性

在协同虚拟环境技术下,可实现合作实验、远程实验、协同研究等。

7.2.4 仿真虚拟校园

虚拟校园是校园环境和教学环境在计算机中的虚拟再现,是对真实校园三维景观与教学环境的数字化和虚拟化,是虚拟现实在教育中的一个重要应用。虚拟校园具有两个重要的特点,即真实感和交互性,它利用虚拟技术构建校园中的建筑物、教学设备、校园景物等,使用户能够在一个逼真的虚拟校园中进行漫游,足不出户就可以领略校园的风光,并且具有身临其境的感觉,结合校园的地理空间信息及其属性信息,用户能够进行查询和分析。虚拟校园建立基于真实校园的三维虚拟环境后,用户可通过网络进行远程访问。虚拟校园扩展了传统校园的功能,能够提供更加丰富的内容,例如,虚拟实验室、网络虚拟课堂等,利用虚拟技术和信息化手段实现学校环境与教学管理信息资源的全面虚拟化和数字化,集教学、科研和校园生活于一体,为学校的环境规划和教学资源优化管理等方面发挥重要作用,提高学校的教育管理水平。近年来,随着数字地球概念的提出,以及空间信息科学、计算机图形学和虚拟现实等技术的交叉融合发展,数字城市和数字校园开始涌现并逐步转变为现实。国内很多高校也开展了数字校园的探索和研究,如香港中文大学、南京师范大学、中国海洋大学、华东师范大学等都纷纷进行数字校园的建设。

7.2.5 虚拟图书馆

虚拟图书馆是指通过计算机信息网络技术实现的具有传统图书馆的基本功能的网络实体,可以实现跨地域跨时空的信息采集和管理。

数字图书馆具有同传统图书馆不同的功能和特征。在馆藏建设、读者服务等方面都有了新的发展。由于数字图书馆以网络和高性能计算机为环境,向读者和用户提供比传统图书馆更为广泛、更为先进、更为方便的服务,从根本上改变了人们获取信息、使用信息的方法,较之传统图书馆具有很大的优势。

传统图书馆的馆藏载体主要是纸质文献,与之相比,数字图书馆对藏书建设的影响,首先表现在图书馆"馆藏"的含义已被扩展,不仅包括不同的信息格式(如磁盘、光盘等),而且包括不同的信息类型(如书目信息、全文信息、图像、音频、视频等),因而使得无论数字图书馆自身还是收藏的书刊等资料的数量将不再受制于物理空间。传统图书馆中进行的手工操作,如装订、上架、归架及核点书刊等,在数字图书馆时代将会消失,还能有效的解决图书破损、遗失、逾期不还等各种问题。

除上述介绍的教育应用外,国内各高校也在相关领域进行了课题研究,对科学技术研究具有极大的促进作用,例如,北京航空航天大学在分布式飞行模拟方面的应用研究;浙江大学在建筑方面进行的虚拟规划、虚拟设计的应用研究;哈尔滨工业大学在人机交互方面的研究成果;清华大学在临场感的研究等等。

7.2.6 虚拟现实技术应用于教育的优势

沉浸和交互性是虚拟现实的特征,它营造了特殊的自主学习环境,由传统的以教促学的学习方式代之为学习者通过与信息环境的交互获取知识、技能的学习方式。虚拟学习环境为学习者提供了广泛科目领域中的无限体验。使学习者印象深刻,主动交互增加了学习兴趣,更易投入到学习环境中,自主探索问题的能力和创新能力得到提升。

基于虚拟现实技术的数字虚拟艺术带来了学习主体在心理体验上的泛化,带来了学习主体的心理上的愉悦和自我满足,增加了学习者学习的信心和动力。在一些虚拟系统,如虚拟校园、虚拟世界以及一些虚拟游戏中,基于它们的数字虚拟艺术带给学习主体的体验已经扩张到人类所有精神领域和意识领域,甚至是单纯的学习主体的自我发泄体验。这对学习主体是一种精神压力的释放。这种体验不强求深层的精神愉悦和灵魂净化,它不再追求传统的意境悠远和耐人寻味,而是关注当下身体的快活反应。

与虚拟环境的零距离的接触,使得学习者能以第一人称的方式参与知识的建构,马克·波斯特说:"在电子媒介的交流中,主体如今是在漂浮着,悬置于客体的种种不同位置之间,不同的构造使主体随着偶然情境的不定而相应地被一再地重新构建。"虚拟现实教育应用的最重要的一点就是提供给教育领域一面镜子来观察和分析自我如何感知和建构知识。

虚拟现实技术的教育应用发展了课堂教学,弥补了教学中的不足。对于那些对条件要求高、在现实中无法进行的实验或者危险性高的实验,可以利用虚拟实验节省成本。

7.2.7 虚拟现实技术在教育中的具体应用实例

1. 在特殊儿童教学与训练中的应用

(1)肢体障碍儿童的肢体康复训练

肢体障碍儿童接受康复训练与治疗的目的是掌握一定的知识技能,提高活动能力和增强社会适应性。在传统肢体康复训练中,由于训练单调枯燥、动作反复,很容易使他们产生厌烦情绪,不利于康复的顺利开展。黄靖远等人认为,现有康复器械不能将功能测评、运动治疗及心理治疗三方面有机结合在一起,尤其是无法将心理治疗贯穿治疗过程的始终。而VR技术可以很好地解决上述问题,提供测评、辅助、监控、训练等技术,使训练效果更为显著。

(2) 视力障碍儿童的视觉康复训练

视力障碍包括盲和弱视两类。在儿童视觉发育早期,积极正确的弱视治疗会产生良好的效果。但处于该时期的儿童认知能力差,很难配合与坚持单调乏味、训练周期长的传统疗法。因此,眼科工作者就试图寻找一种既能激发儿童训练兴趣,又能提高治疗效果的 VR 治疗新方法。

(3) 听力障碍儿童的语言训练和课堂教学

听力障碍包括聋和重听两类。聋童由于听力严重缺损导致不同程度的语言障碍,对外界信息的加工更多依赖视觉、触觉等其他感觉通道,重听儿童则由于听不清周围声音,难以与他人进行顺畅的口语交流。因此,在听力障碍儿童的教学和训练中,要充分利用"缺陷补偿"理论,向他们提供直观、形象的视觉刺激,调动其他感觉器官共同参与知识获得过程,并进行相关语言训练,帮助他们建立言语和视觉刺激间的联系。

2. 在舞蹈教学中的应用

当前已经有研究者进行了用于舞蹈教学的虚拟现实系统的研发。达乌塞夫等设计了一种能同步展示舞蹈教学动作的视频、三维动画、音乐、说明文字和拉班舞谱的舞蹈学习系统;索加等人利用三维剪辑技术设计了一套当代舞学习系统,系统中由一个虚拟人在三维空间中展示动作细节。使用者认为,系统中设计的教师评价等反馈环节对舞蹈学习有着很大的帮助;中村俊辅等人开发了一套由定时振动设备和自移屏组成的舞蹈教学辅助系统;八村等在整合了动作捕捉技术和虚拟现实技术的基础上开发出一套舞蹈训练系统;香港城市大学的制作团队与日本的研究人员野村拓合作开发了用于自学舞蹈的舞蹈教学虚拟现实系统等。

3. 在实践实训教学中的应用

以旅游虚拟实践实训教学系统为例,旅游虚拟实践实训教学系统是一套为满足旅游教学和实训需要而设计的虚拟现实教学演示系统。将旅游景点的建筑、风光和环境真实、清晰地展现在学习者面前,使学习者足不出户就可以在景点中旅游、培训。系统不仅提供了漫游讲解、自动讲解和模拟考试等多种教学模式,还提供了场景切换、多媒体超链接、信息查询、导航地图等实用功能。

4. 发展前景

VR 技术的实质是构建一种人为的能与之进行自由交互的"世界",在这个"世界"中参与者可以实时地探索或移动其中的对象。沉浸式虚拟现实是最理想的追求目标,实现的方式主要是戴上特制的头盔显示器、数据手套以及身体部位跟踪器,通过听觉、触觉和视觉在虚拟场景中进行体验。纵观 VR 的发展历程,未来 VR 技术的研究仍将延续"低成本、高性能"原则,从软件、硬件两方面展开,发展方向主要归纳如下:

(1) 动态环境建模技术

虚拟环境的建立是 VR 技术的核心内容,动态环境建模技术的目的是获取实际环境的三维数据,并根据需要建立相应的虚拟环境模型。

(2) 实时三维图形生成和显示技术

三维图形的生成技术已比较成熟,而关键是怎样"实时生成",在不降低图形的质量和复杂程度的基础上,如何提高刷新频率将是今后重要的研究内容。此外,VR还依赖于立体显示和传感器技术的发展,现有的虚拟设备还不能满足系统的需要,有必要开发新的三维图形生成和显示技术。

(3) 新型交互设备的研制

虚拟现实技术实现人能够自由与虚拟世界对象进行交互,犹如身临其境,借助的输入、输出设备主要有头盔显示器、数据手套、数据衣服、三维位置传感器和三维声音产生器等。因此,新型、便宜、鲁棒性优良的数据手套和数据服将成为未来研究的重要方向。

(4) 智能化语音虚拟现实建模

虚拟现实建模是一个比较繁复的过程,需要大量的时间和精力。如果将VR技术与智能技术、语音识别技术结合起来,将对模型的属性、方法和一般特点的描述通过语音识别技术转化成建模所需的数据,再利用计算机的图形处理技术和人工智能技术进行设计、导航以及评价,将模型用对象表示,并且将各种基本模型静态或动态地连接起来,最终形成系统模型。人工智能一直是业界的难题,良好的人工智能系统对减少乏味的人工劳动具有非常积极的作用。

(5) 分布式虚拟现实技术的展望

分布式虚拟现实是今后虚拟现实技术发展的重要方向。随着众多DVE(Distributed Virtual Environment),分布式虚拟环境开发工具及其系统的出现,DVE本身的应用也渗透到各行各业,包括医疗、工程、训练与教学以及协同设计。仿真训练和教学训练是DVE的又一个重要的应用领域,包括虚拟战场、辅助教学等。另外,研究人员还用DVE系统来支持协同设计工作。随着网络应用的普及,一些面向Internet的DVE应用使得位于世界各地的多个用户可以进行协同工作。将分散的虚拟现实系统或仿真器通过网络联结起来,采用协调一致的结构、标准、协议和数据库,形成一个在时间和空间上互相耦合的虚拟合成环境,参与者可自由地进行交互作用。特别在航空、航天领域应用价值极为明显,因为国际空间站的参与国分布在世界不同区域,分布式VR训练环境不需要在各国重建仿真系统,这样,不仅减少了研制费用和设备费用,还减少了人员出差的费用以及异地生活的不适。

总之,虚拟现实是一个造梦的行业,立体化拓展了我们的感知空间,也许现在虚拟现实技术的未来还不能够清晰的被勾勒出来,相关产品的普及也还需要很长一段时间。虚拟现实头戴显示的画面还不够清晰,仍然可以看到像素颗粒,也无法去触摸看到的东西,但随着时间的推移,这一切都会有所改观。虽然目前虚拟现实技术的发展还不够成熟,存在着许多争议,但不可否认的是,虚拟现实技术将会成为一种重要的新媒介、新的平台,无论是对于教育还是社交,抑或是其他更多领域。

本章自测题

1. 什么是虚拟现实技术?
2. 虚拟现实系统的特点有哪些?请简要分析。
3. 举例说明不同类型虚拟现实系统的区别。
4. 结合所学到的知识说说虚拟现实的应用有哪些?发展前景怎么样?

参考文献

[1] 王梅艳.虚拟现实技术的历史与未来[J].中国现代化教育装备,2007,47(1):108-110.

[2] 王晓楠,王仲海.虚拟现实技术及其应用[J].航空计算技术,2002(2):50-53.

[3] 周红军,王选科.虚拟现实系统概述[J].航空计算技术,2005,35(1):114-116.

[4] 虚拟现实系统的分类.http://www.zbu.com/2/view-609433.htm,2012.03.07.

[5] 李忠儒.虚拟现实研究的意义及现状[J].科技资讯,2009(4):220.

[6] 张州.浅谈虚拟现实系统的输入设备[J].黑龙江科技信息,2015(17):81-82.

[7] 薛庆文,辛允东.虚拟现实VRML程序设计与实例[J].北京:清华大学出版社,2012.

[8] 宋达.虚拟现实技术在教育领域中的应用与设计[D].长春:东北师范大学,2005.

[9] 舒建华.虚拟现实技术的应用现状及未来展望[J].电脑知识与技术,2008,2(18):1706-1708.

[10] 虚拟现实的关键技术.http://www.zhihu.com/question/26940069.

[11] 全球不得不说的五类虚拟现实软件.http://www.sfw.cn/xinwen/458843.html.

[12] 虚拟现实技术的应用现状及发.http://www.3edu.net/lw/xxjslw/lw_43153.html.

[13] 赵沁平院士:虚拟现实技术进入"+时代".http://wearable.ofweek.com/2015-07/ART-8480-5011-28982827_2.html.

[14] 虚拟实验室软件.http://www.douban.com/note/407982573/.

[15] 王龙江,荆旭,焦学健,等.基于虚拟现实技术的校园漫游系统[J].山东理工大学学报,2007(4):89-93.

[16] 郭凌云.虚拟现实校园漫游系统的设计与研究[D].开封:河南师范大学,2012.

[17] 王庭照,许琦,赵微.虚拟现实系统在特殊儿童教学与训练中的应用研究[J].华东师范大学学报(教育科学版),2013(3):30-42.

[18] 刘炼,孙慧佳.虚拟现实技术在舞蹈教学中的应用现状及设计要求[J].中国电化教育,2014(6):85-88.

[19] 张建武,孔红菊.虚拟现实技术在实践实训教学中的应用[J].电化教育研究,2010(4):109-112.

[20] 邹明,王忠雅.虚拟现实技术在建筑与城市规划设计中的应用[J].大连工业大学,2006.25(1):77-78.

第8章 社会性软件与教育

【导言】

随着网络的快速发展,社会性软件成为网络社会化到来的明显技术标志。人们也不再仅限于对软件技术功能的关注,而更多关注社会性软件在社会联系中所发挥的作用。将发展成熟的社会性软件引入教育领域,带来了教学形式和教学效果的变化。因此,如何将社会性软件更加高效地应用于教育教学中,成为目前学界研究的重点。

【思维导图】

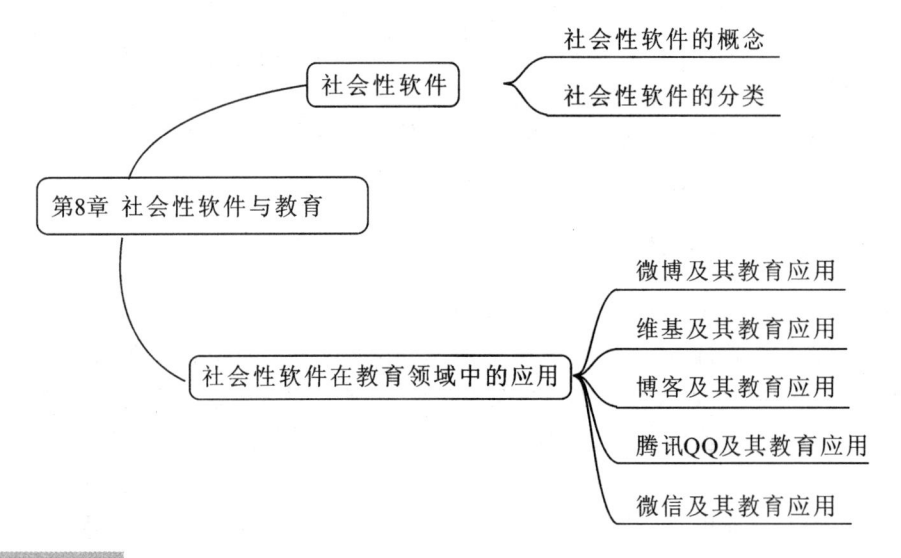

第8章 社会性软件与教育
- 社会性软件
  - 社会性软件的概念
  - 社会性软件的分类
- 社会性软件在教育领域中的应用
  - 微博及其教育应用
  - 维基及其教育应用
  - 博客及其教育应用
  - 腾讯QQ及其教育应用
  - 微信及其教育应用

【学习目标】

通过本章的学习,学生应能做到:
1. 认识有关社会性软件的基本概念和特征。

2. 了解社会性软件的历史发展及其分类。
3. 掌握社会性软件与教育相结合的理论依据。
4. 了解几种常见社会性软件的教育应用。

8.1 社会性软件

社会性软件(SS),是构建于信息技术与互联网络之上的应用软件,在功能上能够反映和促进真实的社会关系的发展和交往活动的形成,使得人的活动与软件的功能融为一体。社会性软件不是让人们陷入虚拟网络的孤独之中,而是将网络与真实的社会结合起来,构建社会网络,生成社会资本。

8.1.1 社会性软件概念

社会性软件(social software)又被译为社会软件,被认为是近10多年来网络技术与文化的一种新表现形态。它是架构于互联网与信息技术之间的应用性软件,是网络技术的社会化应用,但就目前看来,学术界对社会性软件的具体定义还没有达到完全的统一,界内众说纷纭。

1. 国外有代表性的研究者对社会性软件的定义

美国社会性软件的研究者Stowe Boyd认为:社会性软件最初是立足于个体服务于个人的,之后便逐渐将服务的对象转为群体,并且群体的形成同样又是以个体之间的相互作用或相互联系为基础,个体以社会交往展示自我的个性,而群体又是由交往而形成的。

而美国另一位社会性软件的研究者认为:社会性软件首先是基于个人的,其次是基于群体的。这个群体产生于个体间的交流,个体以社会交往展示自我的个性:兴趣、偏好、社会关系等,而群体也又经由交往而形成。

2. 国内研究者对社会性软件的定义

国内大多数学者都认为,对社会性软件的定义都应着力于其在形成社会网络和自建群体组织等方面的特性,落脚于"社会"这一核心层面上来。庄秀丽认为:社会性软件是以面向个人服务为基础,支持群体相互作用的软件,通过最大化满足个人服务需要,实现可能产生的社会群体价值效应。毛向辉认为:社会性软件就是个人带着软件成为社会网络的一部分。

社会性软件并非以"软件"为重点,而是要强调软件的"社会性"这一属性,因此,可以以"社会性"为阐述的角度并结合国内外相关研究者的定义,从以下三个方面来概括社会性软件的具体含义:

①由于社会性软件与传统性软件的初衷都是基于个体而设计的,然而不同之处仅在于前者主要是依赖于网络;

②随着网络互联性的普及,必然会导致社会的网络化日益突出,社会性软件也理所

当然地呈现出它们在社会化过程中的基础力量；

③单纯地强调社会性已经不太合乎当前个性化时代所提倡的主要思想，它要求能够将个性化与社会化有效地结合起来。

3. 社会性软件的基本特征

总括以上的定义研究，我们可以看出对社会性软件的认识有描述性的定义，有本质性的定义，但对社会性软件的主要特点都有基本相同的认识，即认识到社会关系与人际交往是作为人本质存在的，传统软件具有预先规划好的结构与关系，但社会性软件从个人与他人发生社会联系的需要出发，通过软件工具构建"人网"，这也使得知识的分享从人—机对话的显性知识交流到达了人—人交流的隐性知识交流。因此，可以归结出社会性软件的特征：

①以网络群体的形态反映了现实社会中的社会网络；
②是一个群体的逐渐形成和信任的逐渐发展过程；
③以自我为中心，轻量级，松散混合，网络连接；
④使用者的身份和信任在软件中体现；
⑤软件本身不断更新和自我发展；
⑥个体主动参与到群体中。

社会性软件的主要特征包括四个：人的主体身份(who)，人的生产力即拥有的知识沉淀(who know what)，思想互联知识共享即主体之间的交流，以及由此构成的"社会关系"。

4. 社会性软件的发展

社会性软件的发展历程回顾可以按照时间顺序，从代表人物、典型事件和典型社会性软件平台、国内外角度进行阐述(图8-1)

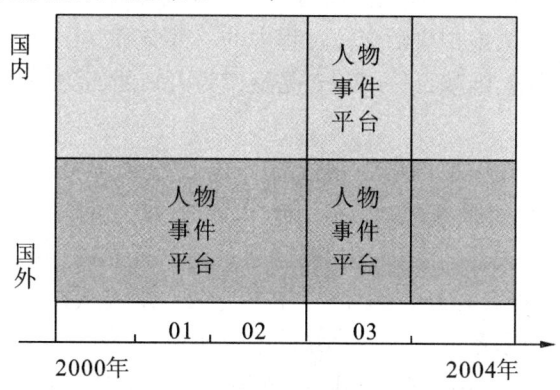

图8-1 社会性软件的发展

国内社会性软件概念正式提出及对它的研讨，主要是从2003年开始。推广社会性软件的代表人物有毛向辉和方兴东。典型事件有毛向辉组织的两次社会性软件的同好会(BOF)。典型软件平台包括两个方面：一是Blog、Wiki在更大范围的推广应用，尤其在教育领域有很多的大中小学校开始架设相关服务。通过 Blog、Wiki 为代表的一种社会性软件，能够培养学习者信息素质，并起到训练思维能力以及管理个人知识的作用。二是 2003 年下半年涌现出一系列商业运作、以交友为主的社会性软件，包括：Yoyonet（http://www.yoyonet.cn/index.jsp）；Heiyou（http://www.heiyou.com/Main.aspx）；Uume（http://www.uume.com/octopus/dispathjsp）；Efriendsnet（http://www.efriendsnet.com/）；Uufriends（http://www.uufriends.com/user/index.do）；Friendmore（http://www.friendmore.com/）。

国外以英、美地区为代表，社会性软件的发展可以分为两个阶段。第一个阶段是 2000—2002 年，这时出现了几款典型的社会性软件，包括：Ryze（http://www.ryze.com/）；Friendster（http://www.friendster.com/home.jsp）；Tribe（http://www.tribe.net/）；Linkedin（hops://www.finkedin.com/home）。第二阶段，2003 年前后，开始了对社会性软件广泛应用进行研讨。主要事件有：2002 年 11 月份的 Social Software Summit；2003 年 4 月底的 ETCON 以及 Social Software Alliance 的成立。在发展进程中，出现 Tim O'Reilly，Clay Shirky，Tom Coates，David Weinberger 的典型代表人物。

2003 年末，硅谷分析师 Gary George 和 ECnow（http://ecnow.com）公司的 CEO Mitchell Levy 两人合作一篇力作《The Interactive Social Networking Industry Analyzed via the Value Framework》，对国外当前的社会性软件做了深度分析报道。书中将国外社会性软件分为以下三个阶段，有一定的参考价值：1995 年以前，对社会性互联理论的研究及其在娱乐业中应用；1995～2002 年，互联网络的发展与社会互联理论的融合，基于网络的社会性软件显现；2003 年（突破性发展的一年），不仅关注社会性软件本身的发展，更关注对其所蕴藏的价值链进行系统研究。

5. 典型的社会性软件

随着 Web2.0 的发展，社会性软件在内容与形式上均有了较为丰富的发展，已然伴随着人类的计算机应用成为虚拟生活交往过程中的一部分。其中社交网络服务、博客平台（Blog）、社会化标签系统、维基百科（Wiki）是最广为人知的四类社会性软件。

（1）社交网络

社交网络是指那些在虚拟网络中盛行的虚拟交友、人际交往的平台或网站，主要为用户提供人际交流与交往服务，如 Friendster、人人网、朋友网、腾讯 QQ 等。它的主要功能是要简单地建立社会关联，尤其是强/弱联接。用户首先通过提交自己的相关信息进行注册成为会员，会员拥有相互查阅照片、资料、兴趣、好友等个人信息的权力。网站通过会员个人信息及会员联系的分析，为会员"推荐朋友"。最常见的形式是通过用户已有的联系进行推荐，包括强联接推荐和弱联接推荐。强联接推荐是指向用户推荐那些与他关系紧密的朋友的强联接朋友。举例而一言，A 和 B 是好友，B 和 C 也是好友，那么 A 很有可能会对 C 产生兴趣，而且由于 B 的存在，A 和 C 之间具有较低的信任障碍，能够更迅速地认识并且快速达到关系契合。强联接推荐就是基于这种原理进行推荐的，它旨在为用户推荐好的朋友。而弱联接推荐则只是基于用户联系，无论其关系强弱，它为用户推荐与他有联系的其他个体具有普遍联系的个体。这种推荐更多的是基于"大众联系"而非"个体联系",它旨在为用户推荐更多的朋友,而非好的朋友。无论是基于哪种推荐方式,处于社交网络服务中的个体,他们所结识的新朋友都不是毫无关系的陌生人,而是与他们存在某种千丝万缕的联系的"有关个体"。

(2) 博客平台(Blog)

博客简单来讲就是个人内容管理系统,其功能是为用户提供时间性的网络日志——记录平台。用户通过注册成为会员,就会拥有自己的个人主页。在主页中进行长时间的日志——记录与信息编写,就能逐渐形成较为完整、丰满的个体形象,因而博客也形象地被称作是"现实身份的网络代理"。其他用户通过足够次数与时间的日志浏览,就能比较快捷方便和全面地了解 Blogger。通过这种原理,它起到了降低 Blogger 之间相互熟识、了解和进一步交流的时间、交际门槛。因而博客也被认为是社会性软件的基本单位。

微博,即微博客的简称,是近年来出现的一种简洁、快速的 Blog 形式。除了传统博客的内容管理功能,它更是一个用户关系信息分享、传播以及获取平台,用户可以以 140 字符的文字更新信息,将自己的最新动态和想法进行即时分享。相对而言,微博能够更迅速地实现人际转移,在内容方面也更加注重主体特色呈现,将用户的完整性呈现。

(3) 社会化标签(Social Tags)系统

社会化标签系统也是被公认为是四种典型社会性软件之一。Free Tags(自由标签)是社会化标签的原型,它首先收集用户对其发表信息标注的标签,然后将所有具有相同标签的信息进行归类整理,从而以标签为分类标准,形成一种全新的用户信息分类。

(4) 维基百科(Wiki)

维基百科是一种多人协作的知识编辑工具,在 Wiki 站点中,可以有多人(甚至任何访问者)参与知识内容的维护,每个人都可以就相关主题发表自己的意见,或者对共同的主题内容进行扩展或探讨。目前,Wikipedia(维基百科)是一世界上最大的 Wiki 系统,它是一个基于 Wiki 和 GNU FDL 的百科全书网站系统,主题是以词条形式出现,所有兴趣用户都可以对其进行内容补充和编辑,最终使它形成一个比较完善的词条解说体系。不同于社会化标签的多用户参与、多信息的标签分类,这里的信息内容更具知识性,同时多用户协作内容也比较单一。

百度百科是以同原理呈现的另一中文 Wiki 系统,其中词条的选择范围更广,不拘泥于维基百科的科学性,它囊括了网络中出现的各种新兴词汇和生僻词条,相较而言更生活化。

百度知道也是百度旗下的另一 Wiki 产品,但其主题并不以词条形式出现,而是以用户提问形式来开展,并且给参与用户更多的可操作性,不仅由用户给出答案,而且由提问者选择最佳答案。

在这些 Wiki 系统中,用户之间联系的构建同样不以用户本身的人际关系为基点进行扩展,更加注重用户的兴趣偏好与操作行为。因而系统中参与度较高的用户之间,也会因兴趣的相似性与操作行为的互补性形成一种"无形"的社会关系网络,并且理论上是可能通过网络数据的记录与采集分析提取出的。

8.1.2 社会性软件的分类

社会性软件的应用早于其概念的提出,当人们开始研究社会性软件时,身边已经充斥了各种新型的社会性软件。社会性软件的层出不穷以及多样性带来其分类方式的多样性。许多研究机构和研究者试图从不同视角,根据不同的划分标准对社会性软件进行分类汇总研究。

1. 按研究机构分类

(1)尼尔森在线研究——中国社会化媒体全景图

尼尔森在线研究发布了最新中国社会化媒体全景图,统计了目前国内约 100 家社会化媒体网站,划分为 19 大类型,如图 8-2 所示。

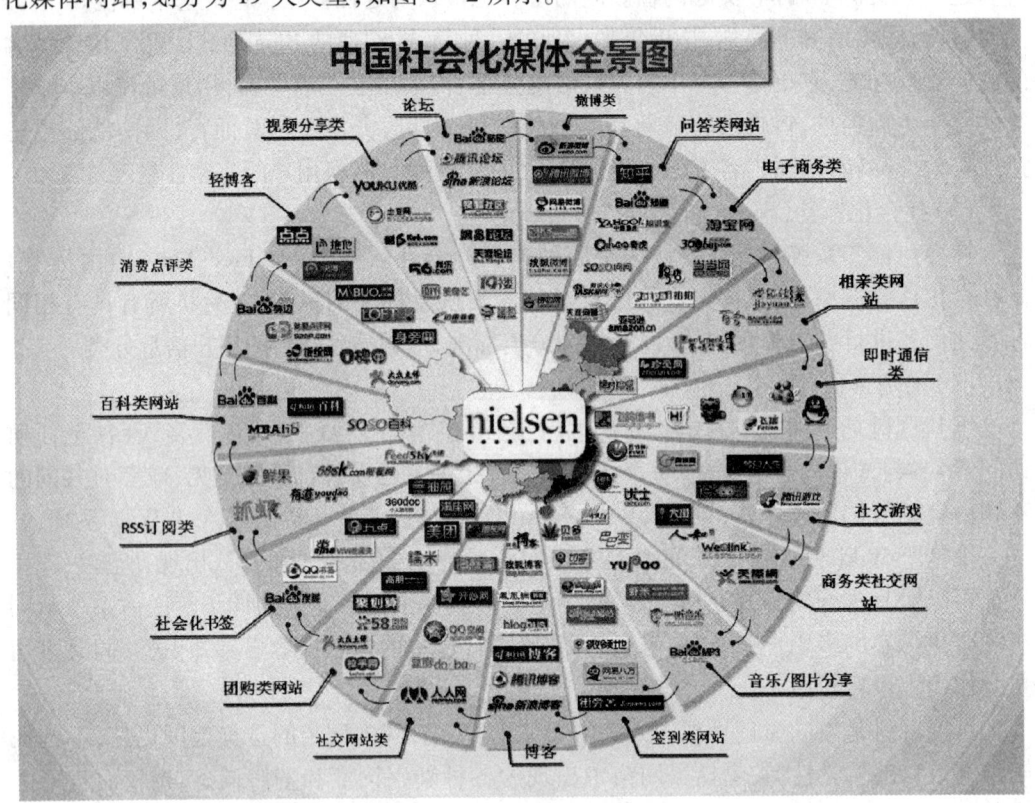

图 8-2 中国社会化媒体全景图

(2)Kantar Media CIC——中国社会化媒体格局图

Kantar Media CIC 发布了 2015 年中国社会化媒体格局图,如图 8-3 所示,CIC 是中国第一家网络口碑研究和咨询公司。2008 年开始制作第一张中国社会化媒体格局图,到现在已经有 7 年多的历史。该图最先的创意来自于国外知名社会化媒体营销专家 Brian Solis 制作的 The Conversation Prism,后几经演变,成为现在的格局,包括基础功能网络、增值衍生网络、核心网络、新兴/细化网络四大类,细化为在线问答、在线百科、博客、文档分享、社会化内答聚合、社交游戏、社会化电子商务、签到位置服务、分类信息、消费评论、论坛、视频&音乐、电子商务、即时通信、社交网站、微博、私密社交、企业社交、商务社交、婚恋交友网络、轻博客、移动/弹性社交、在线旅游。

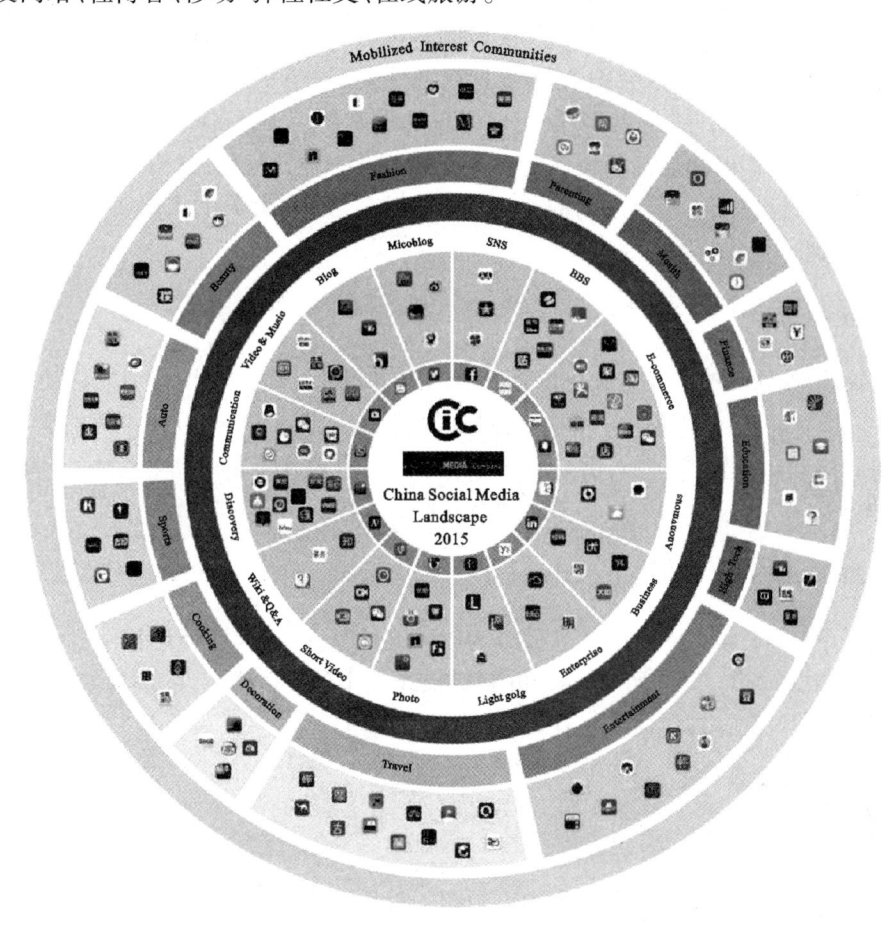

图 8-3　中国社会化媒体格局图

2. 按研究者分类

William Davies 在一份研究报告中对社会性软件做了初步的分类,如表 8-1 所示。

表 8-1　William Davies 的社会性软件分类

类型	应用样本
E-Mail	Outlook、Sendmail、Pine、Hotmail
Webblog 和 Wikis	Movable Type、Blogger、Wikipedia
即时通信系统	ICQ、MSN、Trillian
文件编辑系统	Groove、Hydra、Lotusnotes
组群日记	Live journal
引见系统	Meetup、Update、Ryze
组群讨论系统	Smartgroups、BBS、Usenet

3. 按产生时间分类

按产生的时间先后出发,社会性软件分为第一代社会性软件与第二代社会性软件。

"第一代社会性软件"是指最初的电子邮件、简单的网络游戏、即时通信软件等,虽然这些软件已经具备一定的社会关系功能,但社会性交互效果并不是很突出。

"第二代社会性软件"是指 21 世纪后出现的强调社会关系的软件,比如博客、维基、社会性书签等,他们的功能比第一代要更加完善,支持个人的意义建构,也为群体间的网络协作提供平台,提升了用户之间的交流和社会交往,真实世界的人际关系在网络的虚拟环境中得到了充分的体现。

4. 按交互性分类

根据社会性软件的交互方式可以将其分为以下四种类型:一对一,例如移动电话、IM(如 QQ)、博客、社会性书签等;一对多,例如 IM、博客、维基、论坛、社会性网络服务、网络聚合(如 RSS 技术)等;多对一,例如 RSS 网络聚合、博客、E-mail 等;多对多,例如社会性书签、论坛、社会性网络服务、标签云、网络视频广播等。

5. 按功能分类

根据功能不同,可以将社会性软件分为以下五种类型:显示社会性软件,例如 Friendster 等;协作和通信工具,例如 Groove 和 TM 等;个人出版和聚合软件,例如博客、维基等;智能社会性软件,如计算机协同工作等;以上软件的组合。

6. 按模式分类

(1)社会性软件模式一:分享类

在模式一中,以不同用户身份为内容组织的首要维度,即首先是按用户的不同,以时间倒序方式进行组织排列呈现内容。这一类社会性软件包括:Blog,各种提供图、音、视频服务的社会性软件(如 Flickr、Youtube、Podcasting),提供文件存储与分享的社会性应用(如 Scribd、SlideShare、社会书签、Twitter)等。

时间属性是模式一中组织与呈现用户内容的基本依据,每一位用户都是在时间尺度上不断进行资源内容(C_i)的积累,由此逐步形成奠定用户之间交流的网络信任基础。

(2)社会性软件模式二:共创类

模式二是重点关注来自不同用户对内容"C"的构建发展与完善,相对于模式一以用户为维度组织呈现内容的极其鲜明的个性化特征而言,模式二中的"C"具有比较清晰的层次逻辑结构。属于模式二的社会性软件包括:Wiki、合作编辑工具 Google Docs & Spreadsheets、Google Earth、Google Maps、Digg 等。这些软件都是通过用户的参与,目的和结果都是形成具有一定结构功能的内容作品。

(3)社会性软件模式三:社交类

模式三主要是依靠用户所标注的成长背景信息,即依靠所谓"档案"的匹配来建立社会联系。这种形式的社会性软件,对于不断扩大用户的社会网络构建有重要的促进作用。

:::
教学活动建议
:::

本节教学重点在于向学生介绍社会性软件的有关概念和社会性软件的特征及其历史和发展,以及通过不同的角度对其进行分类等内容,为了对这些内容能够更好地进行掌握,建议进行以下教学活动:

活动 1:组织学生讨论在日常生活中所接触到的社会性软件有哪些,并且把能够想到的都写下来。

活动 2:以小组为单位,将活动 1 当中提到的各种社会性软件按照不同的角度对它们进行分类,并且讨论它们在日常生活中起到的作用有哪些。

8.2 社会性软件在教育领域中的应用

一方面,社会性软件能够促进个体知识建构,将个人的知识管理过程与社会性软件的应用融为一体,因而,社会性软件在促进个体的学习、生活和工作等方面有很广阔的应用前景和空间。另一方面,社会性软件在学习社群、学习共同体等社会知识建构和社会协作关系的建立方面也有很多可拓展的应用空间。随着互联网和科学技术的不断发展,社会越来越倾向于技术化。人们交往需求的本能,促使了软件的社会化。社会性软件能够构建社会关系、生产社会资本,因而具有多种应用。社会性软件应用于学习和教育领域,促使人们分享知识、激发知识创新,培养自己的信息能力和协作能力。

以下选取了微博、维基、博客、腾讯 QQ、微信等几种常见且被使用频次较高的社会性软件分析讨论其在教育中的应用。

8.2.1 微博及其教育应用

1. 微博

微博这一概念译自于英文单词 Microblogging,是一种新型的 Web2.0 互联网服务,是一种非正式的迷你型博客。它允许用户通过手机、IM(如 QQ、MSN、Gtalk 等)、Email、Web 等方式向朋友或关注自己的人发布自己的最新信息,但字数要求限制在 140 字符之内。最早也是最著名的微博是美国的 Twitter,在 2006 年 3 月推出,截至 2010 年 1 月份,在全球已经拥有 7500 万注册用户。中国的门户网站新浪也于 2009 年 8 月开始提供微博服务,并迅速提升为中文微博的领头羊。

与之前出现的社会性软件(比如 IM 和博客)相比,微博的沟通更为随意,表达更为简单,传播也更为有效,它代表着社会性软件的未来。微博的主要特征如下:

(1)灵活便捷的沟通。微博打通了移动通信网与互联网的界限,可以与手机无缝结合,具有革命性意义,是别的各种产品都难以比拟的。它是对互联网交互行为的一种延伸,用户以此可以保持移动在线状态。

(2)"表达欲"的支撑。在现代生活中,社会信息爆炸性增长,工作节奏加快,人际交往表层化与快捷化,使得表达沟通的欲望始终存在,而微博就以最简单、最随意的方式满足了人们的这一需求。比起博客的写作高门槛以及 IM 的及时回应的限制,微博的发布更为简单灵活。

(3)创新的传播机制。微博通过创新的"关注"机制以及简便的转推功能将信息分享和沟通交流两大传播功效发挥到了极致。基于对用户状态的关注的基本构想,当用户发起话题时,关注他的人就会参与该话题并转发给更多的人,这样微博就能够实现无限扩大话题的传播范围和传播影响,传播也更为及时,对象也更精准,效果甚至超过其他所有媒体。

2. 微博的教育应用

从娱乐与个人琐事的随性而为到教育的理性创新应用,微博除了需要在技术上更进一步加强对教育目标和过程的支持外,更多的是需要建构性的巧妙设计以及与教学活动的有机整理。这里提炼了几种典型的教育应用活动。

(1)组建班级社区

支持课堂内的班级社区在课堂外的延伸和活力,从而促进正式和非正式场景人际互动的无差异性融合,甚至可以组建虚拟班级社区。

(2)协作学习

简短的文字要求、即时的反馈机制使得协作学习变成一件有趣的活动。另外,大到国家、小到学校之间对真实世界的各种视野的文化交流也充满无穷魅力。

(3)元认知训练

比如语言、思维,微博要求经过深思熟虑,用最简洁精练的话语表达自己的观点或与他人沟通,促进个体思想凝练和有效交流能力的训练。

(4)学术专题讨论

就某一给定的主题,开展充分、自由的互动和交流,通过微博"@用户名"的机制,方便追踪思维的脉络,发现一致的观点,倾听一样的声音。

(5)会议后台交谈(backchannel communication)

通过微博可以在不影响主讲者发言的情况下,支持在会议现场听众之间自发展开的后台电子交谈。还可协作主讲者及时了解现场的氛围以做出调整,有效支持现场与在场人员之间的沟通。

(6)项目管理工具

使项目成员可以即时把握项目的进展情况,同步成员的目标和行为,收集问题,并协商解决办法。

(7)搭建个人学习网络

通过关注专家或想学习的"名人",同时寻求拥有共同学习兴趣的同伴,形成自己的学习社区网络,获取所需的资源,以及求助问题的解答。

表8-2列出了微博的教育应用实例。

表8-2 微博的教育应用实例

角色类型	功能模块	功能阐述
学生	发表微博	发表学习和生活的心得、感想,支持超链接、图片、音频、视频等多种媒体,并与其他同学和教师进行交流
	发布并参与投票活动	针对某一话题或疑问发起投票
	上传、搜索、评论、下载资源	学习者可以分享各种学习课件、文档,形成宝贵的文件资源库
	参加班级活动	班级负责人添加和编辑班级通知、日历、课程表、通讯录、班级投票、各种电子文档,其他人则可以浏览全部内容
	创建并加入兴趣组	具有共同兴趣的学生可以组成一个群组,讨论和交流某个领域的知识
	搜索、添加好友	学生可以自由添加好友,并可以与好友私信
	发布、浏览、回复微博问答	学生可以通过微博发布问题求教,也可答复
教师	创建班级、课程班级、教师群	教师可以创建班级并委任班长,并对班级进行监督和管理;任课教师还可以创建课程班级组,全校所有选择这门课的学生都可以加入。另外,教师也可以创建教师群进行交流
	发布微博	教师可以将生活感悟、教学心得、教案设计、课堂实录等发布到个人微博
	发起投票	教师可对某课程知识模块、班级事务等发起投票,并最后宣布结果
	发布学生作业	教师可以通过微博随时随地发布作业要求
	发布班级或课程通知	教师可以发布班级紧急通知,还可以发布课程通知,例如,更换上课时间、地点
	解答学生问题	教师可以通过各种方式回复学生提出的疑问,并给予评价
	监督学生行为	教师对学生的言行举止进行监督,一旦发现不"规矩"的学生,可以发出警告,提出批评教育

角色类型	功能模块	功能阐述
学校部门人员	发布通知和新闻	学校各级部门可以实现发布通知和新闻
	发起投票和话题会	学校相关部门还可以针对学校某项改革发起投票和话题会,广泛采纳学校师生的合理意见,根据调查结果深化改革,有利于促进民主、和谐校园的建设和发展
	审核和监督平台的良性运行	学校有权监督平台的合理运行,并负责系统的升级、改良、扩展

8.2.2 维基及其教育应用

1. 维基

1996—2000年,维基的概念不断得到丰富,维基出现在社会性软件发展的第三阶段——成熟阶段。主要集中在2007年之后,使用率和被研究率一直呈现上升趋势。维基最初是应用于计算机领域,后逐步应用到教育、新闻娱乐、法律、商业等领域。2007年之后教育方面维基的研究一直处于比较平稳的水平,主要是探讨维基技术在教育教学、平台系统的开发集成、知识组织管理、学习网站、学习共同体、资源库、教学评价等方面,关于维基在教育教学中的应用研究,又有近半数在于协作学习的研究。维基支持参与者开展协作、交流、互动活动,其写作者自然构成一个相互尊重、相互认同的社群,最终的内容会构建成一个公共的资源库。

2. 维基百科在教育中应用

在教育教学中,维基不仅仅可以作为一个协作学习的平台,还可以借助社会网络分析探索在协作过程中学习者和知识词条之间的相互关系。例如,通过维基人对词条贡献关系以及维基人网络的研究,可以很清晰地找出在某个词条网络中的关键人物、成员的参与情况,以及维基人网络中各参与者之间的关系等。维基应用于教育教学,帮助分析学习者在某知识的协作编辑或问题协作探讨中的网络关系,从而对参与者的学习状况做到一定程度的了解。

目前,维基在教育教学中主要有以下应用:将维基作为师生交流的平台;利用维基的协作编辑功能建立学生互动的研究小组;利用维基的开放平台促进孤立教师个体之间的交流;利用维基庞大的词条体系为教学提供丰富的资源以及资源的共建平台。也就是说,维基主要是形成人际交流(师生、生生、师师)平台和资源共建共享平台。

基于协同开发的维基百科实现了知识的互动共享,使知识以更自由的方式快速传播,维基作为支持Web2.0的工具之一,以及作为枢纽,让所有人参与到知识的构建中进行编辑,使其趋于完整。研究维基百科中知识的生命周期以及维基人与词条之间的网络关系,掌握规律,有利于教育教学中知识更好地创建、共享与传播。

表8-3给出了维基百科的教育应用实例。

表 8-3　维基百科的教育应用实例

功能模块	功能阐述
教学信息源	通过将教学内容信息发布在 Wiki 站点上,可以让学习者在课堂之外继续得到老师的指导和帮助,继续咀嚼和巩固课堂上所学知识
师生网上学习交流、协作共创和问题解决环境	Wiki 站点因其开放性和协作性的特点,给学习者参与进行资源的完善和共建提供了方便。这样,可以充分发挥学生的能动性和创造性,让每个学生在学习的同时参与到资源建设中来
班级管理	到目前为止,结合 Wiki 的唯一一个 E-Learning 提供商 Learning Objects,它的产品 Teams LX,整合了黑板学习系统,使学习者在基于问题的学习训练时进行合作

8.2.3　博客及其教育应用

1. 博客

Blog 就是以网络作为载体,简易、迅速、便捷地发布自己的心得,及时、有效、轻松地与他人进行交流,再集丰富多彩的个性化展示于一体的综合性平台。Blog 是继 E-mail、BBS、ICQ 之后出现的第四种网络交流方式,至今已十分受大家的欢迎。它是网络时代的个人"读者文摘",是以超级链接为武器的网络日记,代表着新的生活方式和新的工作方式,更代表着新的学习方式。具体说来,博客(Blogger)这个概念解释为使用特定的软件,在网络上出版,发表和张贴个人文章的人。

2. 博客的教育应用

Blog 在教学中的应用方兴未艾,就目前而言,博客已经成为一种继课件、积件、资源库、教育主题网站等信息化教学模式之后,一种新的网络应用模式。结合目前 Blog 在教育教学中的运用,现将其归纳为以下几个方面:

(1)构建数字化教学平台的工具

Blog 不但能发布文本信息,也可以显示图像、视频、音频和 Flash 动画等多媒体资料,也可以提供 PowerPoint 演示文档、Excel 电子表格等的链接下载。Blog 的这些特点,使其可以用于构建零技术要求的数字化教学平台。学校可以通过建立基于 Blog 的数字化教学平台,组织教学资源,建立学生的电子档案。教师可以利用这个平台发布自己的教学计划、电子教案、教学课件、作业布置等;教师之间也可以通过这个平台实现信息的分享与交流;Blog 还可以促进教研的开展,教师可以利用 Blog 积累第一手的研究资料,教师之间的讨论、切磋将不再受到时空的限制。学习者则可以利用这个平台进行自主学习、研究性学习和协作学习。

(2)终身学习的工具

Blog 以时间为序,组织每天的内容,Blog 之间通过回溯引用(Track back)和回响/留言/评论(comment)的方式来进行交流和分享。Blog 的这些特点使得它适合作为一种网络学习工具,构建以个体自主学习为中心的网络虚拟学习社群。Blog 为人们的终身学习搭建了一个广阔的平台和通道。信息技术的发展及教师专业化的发展,对教师和学生的自身学习能力提出越来越高的要求,学习者需要不断更新专业知识和教学理念、教学方法,具备适应新需要的技能,这不仅是技术的学习,而且还是观念与方法的学习。所有这一切,都要求学习者具有终身学习的能力。

(3) 个人知识管理的工具与出版的工具

Blog 还提供了简单易用的多种文档归类方法和检索查询功能,这使得 Blog 可以很好地充当简单的个人知识管理的工具。Blog 简单易用,可以用它记录日常的所见、所感、所思,并且可以对记录的内容反复回顾和品味,从而最终完成对知识意义的构建,促进个人隐性知识显性化。Blog 也是一种有效的个人作品出版工具。教师可以通过 Blog 出版自己的教学教研论文,学习者则可以通过 Blog 出版自己的学习笔记、学习作品等,并通过交流分享,实现知识的创新。

(4) 协商学习和交流讨论的工具

Blog 能够完全体现协商、合作学习。Blog 为学习者进行交流与协作提供了一个相对宽松的平台,Blog 可以由个人创建,也可以由小组群体共同创建,它可以作为教学活动中交流与协作的工具,也可以作为教师和学习者课后交流的平台。有了 Blog,学习者可以将自己的所思、所想、所见、所得都记录在上面,让同学、老师、朋友、父母来分享交流。Blog 可以有效地鼓励学习者的参与,不光是阅读和评论老师或其他学习者的日志,更重要的是通过建立自己的日志,设置自己的议题,与别人分享自己的思想。Blog 是网络环境下展开素质教育、创新教育良好的组织形式和重要的工具手段。Blogger 鼓励其他相关社会成员共同参与到学校的讨论中。参与者不仅局限于学习者,而且还有教师与家长。这种方式让学校内部成员与外部成员之间,个人与学校之间可以进行更好的沟通协作。

(5) 知识构建和创造性工具

首先对 Blog 的管理本身就是一件富有创造性的工作,学习者可以把平时生活中的点子、灵感以及对某一件事情的看法及时地记录下来,可以说 Blog 是一个进行头脑风暴活动的有效工具,一旦点子达到一定的数量的时候便会产生质变,形成创意。同时,学习者在博客中畅游时,当看到别人对某个主题发表的见解等信息,会积极主动地去思考问题,激发自己的灵感,而学习者在利用 Blog 进行自主学习的过程中,也会不自觉地参照多种见解,对所学知识进行比较对照、联想、总结,实现自我认识和评价,培养了学习者的创新能力。

(6) 作为自我测评和学习的反馈工具

Blog 通过进行信息跟踪和多元评价模式,能够为学习提供过程评价。这种评价接纳了新的评价模式——开放评价模式,这正是 Blog 的成功之处。另外,Blog 中,教学评价体现出评价主体的多元性,包括教师、同学、家长及其他的访问者,展现出一个多向度的学习评价空间。评价主体是不同的人,代表不同的角色,评价的角度不同。同时在每一向度的评价当中,信息的流动也是相互的,这就构成了评价信息的多向交互立体空间。评价方式体现在学习者的整个学习过程中。

Blog 也便于老师对学习的管理、跟踪、监视和及时评价,从而有利于教师更好地扮演学习者学习的促进者、组织者和指导者的角色。另外,它也是教学反思工具,不管是教师还是学习者,反思自己的行为,记录教育教学过程中和学习过程中的所得、所失、所感,可以说 Blog 为教育叙事研究提供了一个数字化平台。

8.2.4 腾讯 QQ 及其教育应用

1. 腾讯 QQ

腾讯 QQ、MSN、ICQ 是目前国内应用的三大即时通信软件,其中,MSN、ICQ 分别是由微软公司和以色列特拉维夫的 Mirabils 公司开发的、主要用于办公和日常联络的即时通信软件,而腾讯 QQ 是由深圳市腾讯计算机系统有限公司于 1998 年开发的,以"玩"和"聊天"为基本定位的产品。由于其界面设计合理、操作简单、功能齐全,所以一经问世就几乎垄断了中国的在线即时通信软件市场,其用户群也成为中国最大的互联网注册用户群,是目前亚洲最大、全球第三大即时通信网络。

QQ 的主要功能是交流,根据交流过程使用的符号,将其分为基于语言符号(文字、语音)和非语言符号(视频、图片、构图符号、表情符号、自定义表情、魔法表情),QQ 还有文件传输、文件存储、远程协助控制、文件共享、群聊、在线游戏功能。除此之外,QQ 还有聊天室、手机短信服务、捕捉屏幕、在线听歌、QQ 商城、QQ 网络电视等功能。QQ 由于界面设计合理、用户操作简单而力压群芳,垄断了中国的在线即时通信软件市场,其用户群也成为中国最大的互联网注册用户群。QQ 应用也逐步渗透到教育尤其远程教育中,QQ 已经成为人们工作、学习和处理日常事务的重要平台,正在潜移默化地改变着人们的工作和学习方式。

2. QQ 教育应用

借助 QQ 进行远程教育或课外教育,是对传统课堂教育的一种有效补充,尤其对处于准分离状态的师生来说,QQ 无疑成了交流和实现信息反馈的最有效的途径。QQ 在远程教育中的具体应用形式如下:

1. 借助 QQ 进行班级管理

借助 QQ 的匿名和非匿名的特点辅助班主任进行班级管理,通过德育对班级群体进行引导和约束,或针对班级和个人实施心理辅导,师生共同营造积极健康的学习氛围。

(1)通过 QQ 群发布班级事务公告

在 QQ 群中,公告是以醒目的方式显示在 QQ 群的标题位置,一些重要信息如开班会、听报告、考试、上课、提交作业的具体时间、地点等由群主或管理员以公告的方式发布,另外,群主也可以送上一些美好温馨的祝福词,这样可以加强学习者的集体意识,消除因时空分离产生的孤独感,让学习者时刻感受到集体的存在。

(2) 对班级群体进行德育教育,正确引导学习者的行为

教师利用收集到的信息开设专题讲座,开展有关德育的网络环境下或基于班级 QQ 群的教学研讨活动,对学习者开展信息化环境下的品德教育,树立信息道德观念;引导学习者利用好 QQ;学会区分网络与现实的异与同、网络中的利与弊,提高学习者对不良信息的分辨能力和免疫力。

(3) 利用 QQ 群和贴吧对学习者进行心理辅导

学校可以安排有能力的教师做"群主"或"版主"建 QQ 群或贴吧,开设或选择一些内容健康、知识性、趣味性强的论坛。在 QQ 群和贴吧的讨论和交流中,给学习者做心理疏导,这或许比面对面更有效,更能受到学习者欢迎;让学习者在 QQ 群和贴吧发表自己对学校、家庭、社会交往等各种问题的看法和见解,提高辨别是非的能力、减轻心理压力。

2. 使用 QQ 进行交互式教学

借助 QQ 辅助课堂或课外教学,是对传统教学方式的一种有效补充,尤其对师生处于准分离状态的远程教育,QQ 无疑成了他们交流和实现信息反馈的最有效的途径。使用 QQ 进行交互式教学的具体应用有:

(1) 发布课程内容

QQ 网络硬盘和 QQ 空间提供了文件共享功能,教师可将教学计划、教学大纲、教学周历、课程讲义以及考试资料等课堂教学内容,上传到共享空间里供学习者浏览、下载和使用,与传统课堂教学相比,在线浏览课程内容使学习者对课程的学习更具有前瞻性和整体观。

(2) 补充课堂内容

由于课堂教学时间很有限,课堂里只能讲授重难点内容。对一些来不及讲解的内容,教师可用 QQ 空间论坛补充相关的知识点和资料,甚至将一些自学的材料放到 QQ 空间或 QQ 网络硬盘中供学习者课后自学。这样有助于学习者对学习内容更好地理解,增强自学能力。

(3) 评价课堂教学

教学质量是学校生存和发展的生命线。学习者评教是实现学校教学质量自我监控的重要环节之一,推动教师改变自身的知识结果和教学方法。学习者通过 QQ 空间论坛从教学内容、教学方法、教学效果等对课堂教学进行评价,教师可追踪学生对课堂的评价结果,调整教学内容、方法和进度,争取做到"因材施教""教其所需""教其所惑"。

(4) 反思课堂教学

反思教学是教师用于提高自身业务水平、改进实践教学的有效途径,也是学生巩固、复习和提高知识的重要方式。师生借助 QQ 可实现课堂和课后答疑、讨论。具体可通过两种途径来实现:针对个别有问题的学生,教师可借助 QQ 实现一对一的辅导;对大多数学生存在的普遍问题,教师可在班级 QQ 群中进行一对多的辅导。对一些存在争议的、答案不唯一的开放性问题,学生可在 QQ 群中进行协商、讨论,主动探究解决问题的方法,之后教师再做点评,总结并反思是否达到了预期的教学目标。

3. 利用QQ实现教学资源共享

通过QQ群的文件共享功能和QQ自带的网络硬盘,可以实现优质教学资源共享。网络硬盘是腾讯公司推出的在线存储服务,服务面向所有QQ用户提供文件的存储、访问、共享、备份等功能。可以像访问本地硬盘一样访问网络硬盘。腾讯QQ向普通用户免费提供16MB的网络硬盘,向QQ行用户和QQ会员,分别提供32MB和128MB的网络硬盘。教师或班级QQ群主可将重要的学习资源,如课后复习题、内容扩充材料、作业要求等上传到QQ空间,实现资源班级共享。但这种方式对文件容量有限制,对较大容量的资源可上传到QQ网络硬盘中,并且可以利用QQ网络硬盘的分类功能实现资源的分类管理,这样便于资源的查找和管理。

4. 利用QQ传输教学资源

借助QQ可实现教学资源的实时和非实时传输。若拥有QQ号的双方同时在线,可利用QQ提供的文件传输功能实现资源的在线发送和接收。若一方不在线,则可借助QQ信箱实现非实时传输。一方先将信息发送到另一方的QQ信箱中,等另外一方登录后即可查阅。利用QQ文件传输功能,教师可以及时向学习者传输与学习内容相关的资料,供学习者参考。学习者也可将找到的学习资料提供给教师,共同进步。利用QQ的文件传输功能,还可以方便快捷地提交作业。

5. 借助QQ空间进行学习交流、成果展示

QQ为用户提供了一个充分展示自己的空间。在QQ空间里,用户可通过撰写网络日志,记载个人心情、情感经历、学习日志等。在QQ空间里,师生可以就某一主题发起自定计划或自定时间的讨论,学习者可以围绕这一主题搜集资料,经整理资料并讨论后就这一主题回帖,通过一段时间的探究、协作或自主学习后,将学习结果以文字、图片或视频的形式呈现在空间里。借助QQ空间进行学习交流,有助于创设自主学习的氛围,并可拓展探究学习的空间。

8.2.5 微信及其教育应用

1. 微信

微信自腾讯公司发布后,便快速得到了广泛的认可。目前,使用微信的用户数量已突破6亿,并且每天有超出1亿的用户在频繁使用微信。微信逐渐成为越来越受欢迎的社交通信工具。

微信6.2.4版本支持发送文字、图片、语音、视频。用户不仅可以像使用其他聊天工具一样一对一的聊天、建立多人群组进行文字交流,同时还可以使用视频聊天、网络对讲等功能。与此同时,各种新奇而又实用的功能都一一囊括在内:位置服务、好友分享、附近的人等常用功能,以及整合包括腾讯微博、邮箱、QQ同步等服务,并支持"朋友圈""公

众平台"等功能。依托于腾讯巨大的商业发展势头,微信发展迅速而又前途广阔,支持目前市面各种主流操作平台,如 Android、IOS、Windows Phone 等。由于微信消除了不同操作系统、不同通信运营商之间的沟通障碍,使人们的交流变得更加方便、快捷。微信作为一种新媒介,已经被大量应用到广播电台、旅游服务、企业维护等领域。有人以经济学 S(strength)W(weakness)O(opportunity)T(threat)理论分析微信还可流行多久,结果表明微信将在商业领域有巨大的发展前景,如广播电台用它来与听众交流,还可以用于企业与会员之间关系的维护等。在教育领域中,目前大多数被应用于教师管理方面,应用于教学中的案例则较少。

2. 微信教育应用

针对微信信息传播的特点,分析微信在移动教育中的传播结构和功能,在此基础上,我们提出基于微信的移动教育模式。

1) 第一阶段:备课阶段

这一阶段属于课前准备阶段。教师在利用微信客户端和学习者交流互动后,从学习者那里收集到了作业中出现的问题和授课时学生可能较难掌握的难点内容后,便可以结合教学大纲和教学目标,选取恰当的教学方法和教学媒介,有针对、有重点地设计教学内容。为了设计出最适合学习者需求的课堂学习内容,教师要利用微信和学习者充分沟通,了解每个人的学习需求、兴趣爱好及容易接受的授课方式。学习者与教师交流时,可以采用真实姓名,也可以采用昵称。实名交流可以使教师的教更具有针对性,匿名交流可以保护学习者的隐私。依据获得的学习者基本信息,教师收集教学素材,设计教学课件,力求在教学过程中充分吸引每位学习者的注意力,使每位学习者充分融入教学的各个环节中,成为学习的真正主人。

2) 第二阶段:授课阶段

授课阶段,教师首先对通过微信收集的学习者先前作业中出现的问题给以解答,并检查出现问题较多的学习者是否真正解决了问题。对前一天的课程做总结后,再开始新的课程。在真正开始新的课程前,教师可先抽查提问几位学习者,监督用微信预习计划的完成情况,以便再次确定课堂教学节奏,按照已设计的教学教案有条不紊地进行讲授,并主动观察学生对新知识接受的反应情况,随时调整授课节奏,记录课中表现不佳的学习者,便于课后利用微信进行重点辅导。

3) 第三阶段:巩固、预习阶段

教师利用微信公众平台向学习者推送作业、课下预习资料以及学习拓展资料。学习者接收后则自行查看学习。对于遇到的问题,学习者可以在学习资料平台上,下载学习资料,或者利用微信自动回复功能智能地查看是否可以解决问题,也可利用微信和学习者、教师互动交流。学习者可以选择私聊,也可以群聊交流。自学过程中遇到的问题,可以及时反馈给教师,便于教师进行教学评价和设计教案。这是一个循环往复的过程。

教学的三个基本阶段,微信主要用于第一和第三阶段,即课前预习和课后巩固知识。在自学过程中,学习者和教师可以自由沟通,及时解决遗留问题。在微信推送的消息中,不仅有与课本有关的知识,也有基本的拓展资料,这些资料有助于学习者综合素质的提高。

学习活动建议

本节学习的重点是社会性软件与教育相结合的几种理论依据,介绍了几种常见的社会性软件及其教育应用。但是最终要达到的目的是实践。基于这个目标,建议教学活动如下:

活动1:组织讨论社会性软件与教育相结合的几种理论依据,与社会性软件具体的应用功能相结合,使得理论依据更好地为实践服务。

活动2:使用文中提到过的几款社会性软件,并且按照其具体应用形式分小组进行学习活动,将理论转化为实践。

参考文献

[1] 陈卫东. 教育技术学视野下的未来课堂研究[D]. 广州:华东师范大学,2012.

[2] 吴庭婷. 基于社会计算环境的 e-Learning 研究[D]. 广州:华东师范大学,2013.

[3] 杨满福. 基于两种社会性软件的大学生交互学习模式研究[D]. 广州:华南师范大学,2005.

[4] 冯俐. 基于社会性软件的非正式学习环境模型构建研究[D]. 重庆:西南大学,2009.

[5] 王志华,陈益君. 维基:基于网络环境下的一种新的信息交流方式[J]. 现代情报,2007,27(5):53-57.

[6] 操玉杰. 基于社会性软件的知识传播研究[D]. 武汉:华中师范大学,2012.

[7] 邢若南. 社会性软件教学应用的策略研究[D]. 南昌:江西师范大学,2007.

[8] 李凡. 社会性软件支持的大学生学习模式设计研究[D]. 徐州:江苏师范大学,2012.

[9] 赵飞,周涛,张良,等. 维基百科研究综述[J]. 电子科技大学学报,2010(3):321-334.

[10] 郁晓华,祝智庭. 微博的社会网络及其教育应用研究[J]. 现代教育技术,2010(12):97-101.

[11] 邓光裕. "博客"应用于高校教育中的研究[D]. 长沙:湖南师范大学,2009.

[12] 王莹. 教育技术微博社群研究[D]. 北京:北京交通大学,2011.

[13] 张斯琦. 微博文化研究[D]. 吉林:吉林大学,2012.

[14] 袁磊,张哲. 我国微博教育应用研究现状与发展趋势[J]. 现代远程教育研究,

2013(4):48-53.
[15] 王林发.博客教育的基本含义、类型与特征探析[J].湛江师范学院学报,2007(2):126-129.
[16] 张豪锋,卜彩丽.博客在国内教育应用的发展现状研究[J].现代教育技术,2007(10):75-78.
[17] 甘忠伟.博客在课程教学中的应用研究[D].武汉:华东师范大学,2007.
[18] 马晓玲.QQ在远程教育中的应用及其传播特性研究[D].兰州:西北师范大学,2009.
[19] 郏伯荣.网络QQ在教育教学中的应用研究[J].新课程研究(职业教育),2008(2):102-104.
[20] 庄秀丽,刘双桂.拥抱2004社会性软件年[J].中国电化教育,2004(5):61-64.
[21] 吕海燕.微信在移动教育中的应用研究[D].延安:延安大学,2014.

第 9 章　教育游戏

【导言】

新媒体联盟《2012年地平线报告》将游戏化学习列为未来2~3年将得到广泛应用的学习技术。如今,教育游戏的研究和开发有了长足的发展,已经从最初的电视游戏发展到了计算机游戏,电子游戏以及今天的网络游戏,教育游戏的类型也逐渐增多,并且有了广泛应用。本章介绍教育游戏的基本内容以及其当前在教育中的应用。

【思维导图】

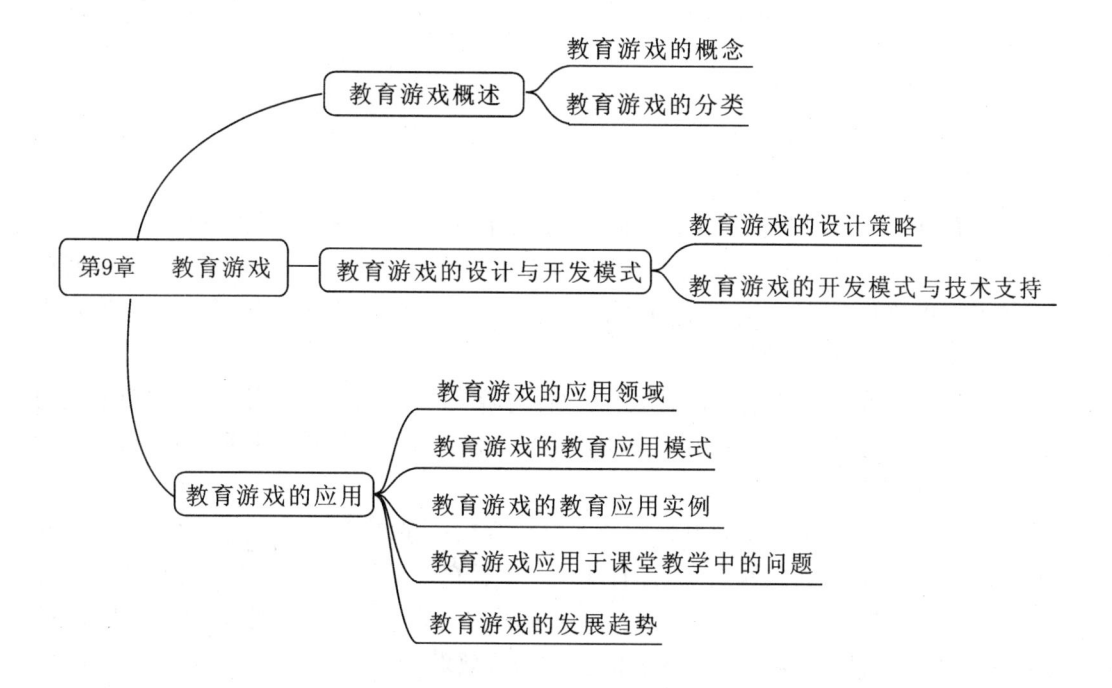

第9章　教育游戏
- 教育游戏概述
  - 教育游戏的概念
  - 教育游戏的分类
- 教育游戏的设计与开发模式
  - 教育游戏的设计策略
  - 教育游戏的开发模式与技术支持
- 教育游戏的应用
  - 教育游戏的应用领域
  - 教育游戏的教育应用模式
  - 教育游戏的教育应用实例
  - 教育游戏应用于课堂教学中的问题
  - 教育游戏的发展趋势

【学习目标】

通过对本章内容的学习,学生应该能够做到:
1. 理解教育游戏的含义和概念。
2. 掌握教育游戏与教育软件、一般计算机游戏的区别。
3. 了解教育游戏的分类。
4. 理解教育游戏的设计策略。
5. 了解教育游戏的开发模式和技术支持。
6. 了解教育游戏的应用领域。
7 掌握教育游戏的教育应用。

9.1 教育游戏

游戏是自然界中最普遍的活动之一,自古以来,人们学会了在快乐的游戏体验中不知不觉地掌握本领。因此,从某种意义上说,游戏也是学习活动的一种。在信息时代,数字游戏及相关产业得到了长足的发展。与此同时,尝试借助数字游戏为载体,以达到开发智力、提高技能、传授知识、培养正确价值观等目的的教育游戏也应运而生。本节将通过多方位、多角度对教育游戏做一个较为完整的、全面的梳理,力图使读者对教育游戏的内涵有一个较为清晰、完整的认识。

9.1.1 教育游戏概述

1. 教育游戏的概念

在《辞海》中,所谓"游戏"是指"体育的重要手段之一,文化娱乐的一种"。它是一种古老而普遍的活动。游戏一般都有规则,对发展智力和体力有一定作用。夸美纽斯指出,游戏可以使儿童锻炼身心。皮亚杰认为,游戏具有发展智力的功能,儿童通过游戏满足对外界的好奇心和探索欲望。

教育游戏是带有教育意义的游戏,是教育与游戏的合成物。教育游戏是严肃游戏的一种,是专门针对特定教育目的而开发的游戏,具有教育性和娱乐性并重的特点,是以游戏作为教育的手段。

狭义上的教育游戏是指教育性和游戏性整合在一起,在玩游戏的过程中,所产生的自然的教育效果。换言之就是"通过有趣性产生教育效果的游戏"。因为即使是以教育为目的的,但是失去了游戏的有趣性,就不可能称之为真正意义上的教育游戏。因此,教育游戏的必要条件是"有趣性",充分条件是"教育效果"。

广义上的教育游戏是指具有教育素材和游戏性因素的所有的教育软件。而《中国远程教育》市场研究室提供的《教育游戏产业研究报告》中,则将其定义为能够培养游戏使用者的知识、技能、智力、情感、态度、价值观,并具有一定教育意义的计算机游戏类软件。前者强调了"教育软件",后者则落脚在"计算机游戏类软件"上。这便引出了关于教育游戏的本质讨论,即:教育游戏是"游戏化的教育软件"还是"具有一定教育意义的计算机游戏"?教育性和游戏性哪个更重要?

2. 教育游戏与教育软件

广义上的教育游戏包括在教育软件的范畴中。教育游戏不同于一般教育软件的独特性就在于娱乐性和有趣性。它是以玩者的学习过程为主的,即教育游戏能够很好地体现以学习者为中心的建构主义教育理念。教育软件的设计与开发则遵循课程教学的价值,以学习者明确的求学动机为前提。玩者参与游戏的唯一动机就是游戏所提供的趣味性,并且在游戏的过程中自然而然地进行学习,游戏的趣味性因素决定交互作用的持续性。教育软件是学习者主动地运用软件学习。促进交互作用的责任在学习者一方。

这里必须要强调的是,幼儿教育软件考虑到幼儿自主学习能力欠缺的认知特征,设计中自然多增加游戏的有趣性、娱乐性因素。因此,幼儿教育软件难以跟教育游戏加以区分。概而言之,在低年龄阶段,学习性因素与趣味性因素整合的必然性越大,而随着年龄的增加,学习性因素和趣味性因素越来越成为相对独立的概念。游戏对象的年龄越大,追求游戏与教育之整合的教育游戏的个性化价值就越高。如图9-1所示。

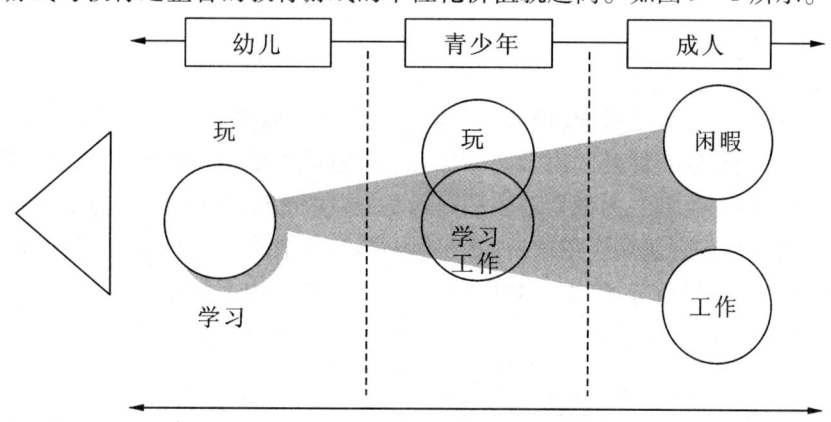

图 9-1 娱教整合水平的年龄特征

3. 教育游戏与一般计算机游戏

教育游戏跟一般计算机游戏一样,站在玩者的立场追求游戏的有趣性,但是在产生学习效应上跟一般计算机游戏是相区别的。严格来讲,"学习效应"并不是教育游戏的专利性特点。因为所有的游戏从其本质上来讲,都带有学习效应的特点。即在玩游戏的过程中,为解决游戏中的问题或任务,玩者必须积极地发挥创意性,并通过结果的反馈来吸取教训,进行反思性学习活动。

4. 教育游戏的特点

Black. Y. K 认为,教育游戏的最主要的特点是带有明显的、有意图的教育性。教育的目的很可能和游戏的目的一样,也可能独立于游戏而带有纯教育的目的。他把教育游戏的特点概括为如下几点:

(1)直接和间接的目的。教育游戏是带有教育目的或教学目标的。这种目的跟游戏的目的相互分开或者游戏的目的中已经内在了教学目的。

(2)有规则。教育游戏跟计算机游戏一样明确规定游戏的规则,这些规则一般都是虚拟的、人为规定的。

(3)竞争的形态。教育游戏跟娱乐游戏一样带有竞争性,它可以转化为玩游戏过程中促使学习者产生的学习动机。

(4)挑战性。学习游戏可以刺激学习者的挑战心理。

(5)把幻想转化成学习动机。教育游戏都带有程度不同的幻想的因素。

(6)安全性。许多游戏是模仿现实生活的情节制造的。但游戏的世界是虚拟的,它使游戏者安全地感受现实生活。

(7)娱乐性。教育游戏把游戏的娱乐性转化为学习动机,并使玩者达到特定的学习目的。

9.1.2 教育游戏的分类

美国娱乐软件定级委员会(ESRB)与欧洲互动软件联盟(ISFE)均将电子游戏分为游戏适合的年龄段与游戏涉及的内容两大部分。依据欧美的分类标准,教育游戏同样分两部分,其一是年龄段,其二为教育游戏的内容特征,这与 ESRB、ISFE 的分类保持一致。其中,第二部分可再细分为两个维度:计算机游戏内容与教育软件内容。因此,教育游戏可由这三类标签共同进行分类,即年龄段标签、计算机游戏内容标签和教育软件内容标签。它们的关系如图 9-2 所示。

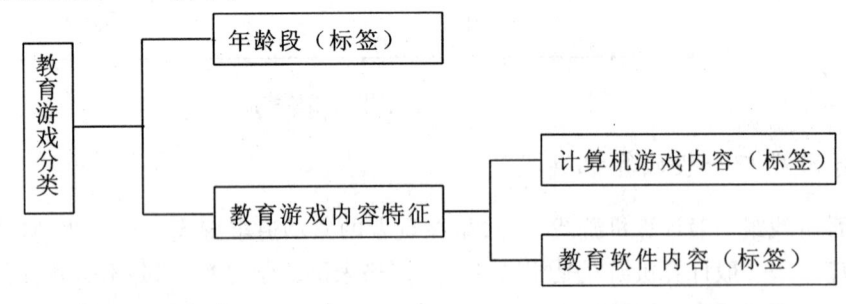

图 9-2 教育游戏分类关系

1)年龄标签

以年龄作为分类标准,不同群体的读者和使用者都能够较为容易地理解。在各国各类分级制度中,它的争议性也属最小。皮亚杰认知发展论理根据人的认知特性,将人按照年龄分为2岁以前、2~7岁、7~11岁、11岁以上四个认知阶段。ESRB用来标记游戏适合的年龄段共有六个等级,3+(3岁以上,下同)、6+、13+、17+、18+、待定级。ISFE颁布的年龄种类共有五个类别,分别为3+(3岁以上,下同)、7+、12+、16+、18+。参考以上方面,兼顾认知能力发展与计算机游戏的特性,教育游戏适合的年龄段可考虑分为3+、7+、12+、18+,这也相对贴近我国学生各学段的年龄分布,即为幼儿、儿童、青少年、成人。

2) 计算机游戏内容标签

教育游戏软件包含的游戏特性早已为人们所熟知,因此分类需要考虑,以起到最形象的参考作用。同时,它也是使用者最关注的标签。计算机游戏的分类方法较多,没有统一的分类标准,公认度较高的分类仍然采用《计算机游戏世界》(Computer Gaming World)的方法,将计算机游戏分为以下几类:动作游戏,冒险游戏,角色扮演游戏,模拟游戏,运动游戏,策略游戏,古典、益智类游戏与战争游戏。这是一个相对成熟的计算机游戏分类方法,教育游戏的计算机游戏内容标签同样可以沿用这八种小类。但是某些游戏兼具几种特性,例如,联合国教科文组织开发的粮食力量(Food Force),如果单从具备特性来分析,它既可以归为模拟游戏,又可以归为运动游戏,还可以归为策略游戏。因此,这类标签需要考虑某个特性在整个游戏中所占的比例,尽量按照比例最高的进行分类。

3) 教育软件内容标签

教育游戏具备明确的教学目标,对游戏者的情感、态度、技能等发展应有所助益。因此,从教育者的角度考虑,教育软件内容无疑是家长与教师最关注的对象,同时,标签也最为复杂。因为需要考虑教育活动中的多种因素,如学科体系、教学经典理论、教学模式等等,各种依据的分法各有利弊。

(1) 依据学科体系

根据学科体系划分是操作性相对简便的方法,可分为高等教育、基础教育、职业技术教育和成人教育等。高等教育这一类按照我国的12个学科门类再划分子类:哲学、经济学、法学、教育学、文学、历史学、理学、工学、农学、医学、军事学和管理学等。基础教育这一类按照教育因子再划分为:语文、数学、外语、自然科学、社会、艺术和健康等子类。职业技术教育这一类依据其培养人才知识能力结构特点,再划分为研究型、知识型、技术型和技能型等子类。成人教育这一类依据其功能再划分为补偿教育、继续教育、成人职业教育和社会文化生活教育等子类。根据学科体系划分贴近学校人才培养模式,容易被教师家长所采纳。

(2) 依据加涅的学习结果分类理论

根据加涅的学习结果分类理论,可以分为五种结果,或称习得的性能:言语信息、智慧技能、认知策略、动作技能和态度。教育游戏内容标签可沿用这种学习结果的分类方法。这种分法强调能力与倾向,反映了心理学和教学研究的新成果,并且在综合行为主义和认知心理学的基础上有所创新,对于期望得到明确学习反馈的家长教师具有积极的指导作用。但是对评估人员提出了较高的教育素养要求。

(3) 依据教学模式

教育游戏作为一种寓教于乐的学习环境,善于引导游戏者在游戏体验中自我建构知识。引入建构主义理论对其教学模式分类,具体可分为支架式、抛锚式、随机通达式和自上而下式等;支架式是指为游戏者建构对知识的理解提供的一种概念框架。抛锚式是指建立在具备感染力的真实事件或问题的基础上,并对其进行确定;随机通达式是指游戏者可随意通过不同途径、不同方式进入同样知识内容,从而获得对同一事物或同一问题的多方面的认识与理解;自上而下式是指先呈现整体性的任务再让游戏者尝试进行问题的解决。这种分法同样对评估人员的教育素养提出了非常高的要求,对游戏者在游戏情境中的体验与反思具有积极的指导作用。

9.2 教育游戏的设计与开发模式

教育游戏的设计开发是教育游戏研究领域中重要的子领域,也是研究的热点。教育游戏的设计主要包括理论、设计策略两方面的研究。其中,设计策略的研究包括教学设计、游戏系统与框架设计。教育游戏的开发包括开发模式和相关技术的研究。教育游戏的设计开发模式已基本形成,对各种相关理论和技术的探索,也为教育游戏的实践研究提供了源源不断的推动力。

9.2.1 教育游戏的设计策略

有效的教育游戏设计策略是教育游戏设计开发中最需要的,也是最欠缺的部分。研究者对于教育游戏设计策略的研究一直都极为重视,提出了很多设计开发模式和具体方法。关于教育游戏设计策略的研究,主要包括教学设计和模型设计两大类。

1. 教育游戏的教学设计

教育游戏的教学设计遵循以"学"为中心的设计理念,应用系统科学的观点和方法,按照学习目标和学习对象的特点,合理地选择和设计学习信息以及信息的结合方式,形成优化的知识结构体系,并将其与游戏目标的选择、游戏内容和主题的确定、游戏的难度与游戏类型的选择、游戏结构的设计融合在一起。教育游戏的教学设计主要包括学习目标与游戏目标的确定,学习内容与游戏主题的确定,学习者特征的分析与游戏难度、游戏类型的选择,媒体信息的选择,知识结构与游戏结构的设计等五个方面。

2. 教育游戏的模型设计

教育游戏的模型设计包括游戏交互层的设计和游戏内核的设计。游戏的交互层又分为游戏的外部效果和操作性两部分。外部效果指的是展现在学习者面前的画面、动画、文字、语音、音乐等。操作性决定了学习者与游戏间如何进行输入、输出行为,即响应的方式。游戏的内核则决定了响应的策略,即输入、输出什么,何时响应等。游戏的操作性和内核使学习者获得了主动性。因此,在教育游戏设计中,充分重视游戏的内核是首要原则。

3. 教育游戏设计策略的实践研究

从国内来看,早期教育游戏设计的研究对构思阶段的关注较多,提出了如何设计教育游戏的切入点、游戏的分幕架构等理论,对游戏的实现策略进行了探索。近期对于教育游戏设计策略的研究则逐步深入,已涉及具体的实践环节。

(1) 教育游戏的关卡研究

游戏关卡是指游戏过程中分割成的一系列小而集中且具有独立主题的小单元。关卡设计是关于游戏中场景架构的设计,此外,还包括物体布局、任务或目标确定以及该关卡中的子任务确定等。游戏的节奏、难度阶梯等方面很大程度上依靠游戏关卡来控制。游戏关卡可以分类为标准关卡、枢纽关卡、Boss 关卡和奖励关卡。

例如,以加涅的学习结果分类理论为基础,根据教育内容的不同对教育游戏关卡进行分类并细化到子类,如图 9-3 所示,从而对各种关卡子类逐一进行分析和设计。

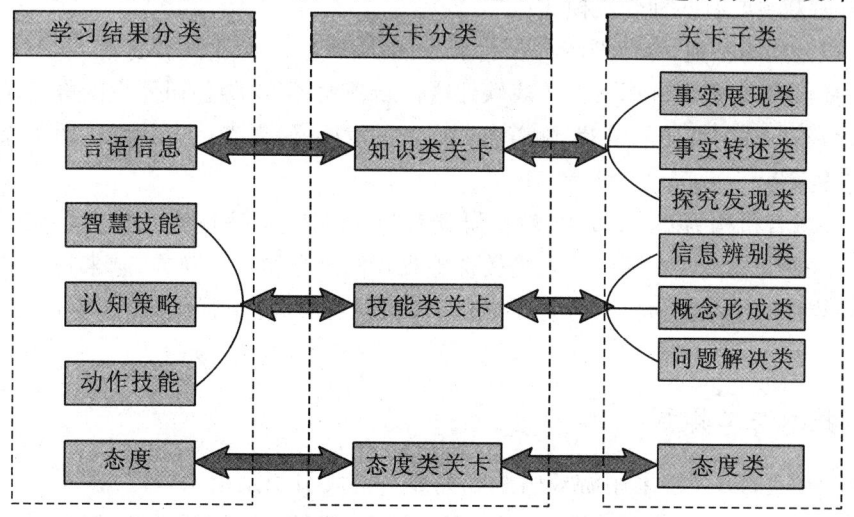

图 9-3 学习结果分类、关卡分类以及关卡子类的关系对应图

(2) 教育游戏的角色研究

游戏中出现的一些具有特色的人物角色,随着游戏产业的发展,人物角色的各个方面愈发精致。在教育游戏设计中,一般从故事观点和美术观点两方面设计人物角色。游戏中的角色类型很多,依不同的标准有不同的分类方法,如表 9-1 所列。

表 9-1 基于不同标准的游戏角色分类

分类标准	游戏角色分类
传统角色类型分类	英雄(玩家)、精神导师(指导者)、敌人
现代角色类型分类	主角、反英雄角色、共同主角、反派
配角分类	关键角色、盟友、伙伴
游戏专用角色分类	玩家角色、化身、非玩家角色

(3) 教育游戏情感设计研究

情感体验是指人的个体对情感的主观感受,包含体验到的情感内容和个体的体验过程。情感作为一种重要的非智力因素,对激发学习者的学习兴趣和学习动机、营造良好的教学情境、促进学习者的认知水平和人格的健康发展都起到了积极的作用。在教学活动中,情感教育要求把情感作为人发展的重要方面之一,对学习者进行潜移默化的感性教育。

9.2.2 教育游戏的开发模式与技术支持

国内教育游戏应用的研究起步较晚,研究内容主要是教育游戏的设计(尤其是设计的理论基础),而教育游戏的开发应用仍在探索阶段,缺少真正把教学内容和游戏有机结合起来的经典作品。

1. 教育游戏开发模式

教育游戏主要有两种开发模式:

(1)以公司为基地,专业技术人员为开发团队,开发的商业性教育游戏。近年来,越来越多的企业携带资本进军教育游戏软件这片新领地,但这些公司开发的教育游戏主要是 Flash 版本的练习性质的游戏,随着游戏产业的发展,研究者也开始尝试将大型网络游戏应用于教育。

(2)以教育机构为基地,教师、教育研究者为开发团队,注重游戏教育功能的校本教育游戏。这种开发模式在国内一直是教育游戏开发研究的主流模式,越来越多的游戏开发技术和软件的出现也为校本教育游戏的开发提供了功能更强大、难度更低、更为有效的支持。

2. 关键技术与工具类

目前,游戏的开发多采用游戏引擎来完成。游戏引擎是指一些已编写好的、可编辑游戏的工具系统及一些交互式实时图形程序的核心组件。玩家所体验到的故事情节、场景、交互操作、关卡、音乐、特效等内容,都是由游戏的引擎直接控制的。游戏引擎一般由多个子系统组成,包括渲染、场景管理、人工智能、粒子系统、音效、输入输出等。

不同文献探讨或研究的技术方案并不相同,比较常见的用来开发教育游戏的引擎或软件工具平台,包括:美国 Mark Over mars 公司推出的 Game Maker、日本 Enter brain 公司开发角色扮演类游戏制作工具 RPG Maker 等,这类工具易用性强,非常适合不熟悉游戏、底层开发技术的教育人士使用;FLASH 提供了 Action Script 脚本语言和强大的交互功能,也非常适合制作小型的教育游戏;Torque3D、Unity 3D、Virtools、Big World、Unreal 等商业游戏引擎的价格从几百美元到百万美元级别,适合具有一定技术背景的团队使用;DirectX、OpenGL 以及 OGRE(Object-Oriented Graphics Rendering Engine)+CEGUI(Crazy Eddie's GUI System)+RakNet+OpenAL 的组合等 API 和底层组件能够提供最大的灵活性,但开发难度和技术要求也最高,适合技术实力强的团队。

李卓群等尝试以游戏引擎技术为核心设计了教育游戏软件开发平台,在情境创设及变换、角色动画、教学功能交互组件等部分模块上进行了功能创新。为了显示不同形式的教学内容,系统专门设计了适合情境教学的 GUI 按钮和编辑框。同时,为了实现游戏对学生的实时反馈以及学生之间的信息交互,系统采取 UDP 数据包传送方式来加快服务器与客户端之间的通信速度,并且通过客户端预言来解决 UDP 快速响应游戏方式下的数据包的丢失和乱序问题。

为了便于农业领域中教育游戏的开发,一种基于游戏引擎的、面向农民科技培训的三维可视化平台提供了两种模式:游戏模式和编辑模式,其中编辑模式可完成游戏任务编辑、场景地图编辑以及相关知识点编辑,以帮助农业专家进行虚拟农业模型参数的设置。平台采取四层架构:表现层、控制层、逻辑层、持久层,可实现科学知识与游戏逻辑的分离,增强了知识的可复用性以及游戏系统的可扩展性。

9.3 教育游戏的应用

教育游戏的研究在近几年取得了丰硕的成果,并广泛应用于各个学科领域,大量的教育游戏应用软件也层出不穷,发挥着前所未有的强大作用。

9.3.1 教育游戏的应用领域

1. 教育

教育是教育游戏的一个重要应用领域。电脑专家利用游戏相关技术开发教育软件,让人们在玩游戏的过程中接受教育。

从教育对象看,有一些游戏旨在开发婴幼儿智力,例如:"走迷宫"游戏提供了一个迷宫场景,起点和终点是固定的。游戏中,幼儿可以反复体验"上""下""左""右"的感觉,训练幼儿对于方向的感觉,并且能够认识达到目的的多种途径。整个游戏采取卡通风格,亲近儿童,同时场景具有一定随机性,具有很强的游戏性。

还有一些教育游戏用于配合学校课堂教学,帮助理解抽象知识并掌握技能。例如,南天门公司研发的"幻境游学"游戏化英语学习产品,按难易分为五级,分别为对应小学、初中、高中、大学四级、大学六级英语学习。再如"E 代学堂"提供小学至初中(1~8 年级)的英语、语文、数学同步教学内容,所有的知识点均以益智游戏的形式展现出来。

2. 科普宣传

有相当数量的教育游戏应用于宣传科普知识,以提高普通公众的科学素养。例如,以消防知识为主要内容,基于游戏引擎开发的"消防游戏",利用虚拟现实技术再现真实的火灾情景,直观地传递消防知识。再如,面向青少年,针对户外、室内常遇意外事故(包括骨折、溺水、冻伤、烫伤等)开发的基于角色扮演的"安全急救知识"教育游戏,用于培养学生灵活运用急救知识解决突发事件的能力,帮助青少年积累急救经验,培养关心他人、克服困难、团结友爱的优秀品质并树立珍惜生命的信念。

3. 军事战争

随着计算机技术和人工智能的发展，各个国家军队开始利用先进技术开发各种模拟真实战斗的训练游戏。在玩游戏的同时，提高军官的指挥能力以及士兵应对各种战场情况的能力。虽然目前教育游戏在军事领域中最大的贡献是在于知识宣传，但是教育游戏同样可以胜任复杂的军事训练任务。在这一方面，美国走在了世界的前列。美国陆军是现在美国市场上最大的买家，牢牢占据了整个市场的半壁江山。1994年，美国海军陆战队成立了世界上第一个游戏军事训练机构。1995年，美国空军和陆军紧随其后，把游戏作为军队训练的一种辅助手段。在美国发动对伊拉克战争的准备阶段，美军就是利用电脑游戏来模拟即将到来的巷战，从而对不熟悉巷战的士兵进行有针对性的训练。利用电脑游戏辅助军事训练，一方面，可以激发军官与士兵的训练热情，提高战术素养；另一方面，还可节省训练经费。最重要的是，这是一种安全的方式，可以避免士兵在训练中受伤。

4. 医学

医学是教育游戏涉及的又一应用领域。"临床护理实习"是一款以丰富的临床护理模拟案例为基础，培训临床护理专业学生掌握实际操作中的关键步骤的角色扮演游戏。游戏提供了医患交流的虚拟情境，锻炼学生与医护人员以及病人之间的沟通能力、临床应急能力、临床思维能力、团队协作能力。另外，结合虚拟现实交互设备的教育游戏，还可以对医疗手术中的仪器操作等进行训练。

5. 其他领域

教育游戏逼真的画面、真实的沉浸感，以及虚构的故事情节，也为很多专业领域中的被培训者提供了知识学习和特殊技能培训的应用情境。周昌能等针对煤矿事故救援环境高危、救护队员训练不足、心理素质不过硬等问题，基于情感驱动的受训玩家个性化建模而研发的煤矿事故救援训练游戏，被用于训练救护人员的实践操作能力。同时，受训者在游戏过程中还能得到情感以及心理脱敏训练，提高其心理素质，塑造其坚韧、冷峻的性格品质。

9.3.2 教育游戏的教育应用模式

美国著名游戏设计师、教育专家 Marc Prensky 在其《Digital Game Based Learning》一书中指出：21世纪的学习革命不是课程的数字化、远程网络学习的实现，也不是无线、宽带、即时学习或学习管理系统的出现，真正的学习革命在于实现"在娱乐中学习，在学习中娱乐"的理想状态。教育游戏的出现，将使这种理想变成为现实。在数字时代，教育游戏作为一种寓教于乐的新方式，正呈现着如火如荼的发展态势。

根据应用环境的不同,教育游戏主要有三种模式:

(1)家庭教育

教育游戏作为一种家庭娱乐方式,可以丰富学习者的家庭生活,同时避免学习者玩其他电脑游戏而影响身心健康。但要注意,在家庭教育中应用教育游戏,需要家长的积极参与,对于游戏的时间要进行指导和监督。

(2)校本课程

教育游戏本身包含大量知识,可以提供一种生动轻松的学习环境,具有课程的潜质。对于一些大型教育游戏,可以对其内容进行选择和加工,将其设计成校本课程给学习者使用。例如,发展学习者创造性思维类教育游戏《创世纪西行》;历史题材教育游戏《历史任务急速对对碰》;模拟农场经营策略类游戏《农场狂想曲》;学习传统文化的 RPG 教育游戏《八国游记》等。随着相关研究的展开,教育游戏可能成为校本课程实施的一种新形式。

(3)课堂教学

为了提高课堂教学效率,教师会将教育游戏与课堂教学相结合。目前,该应用模式的研究开始逐渐与学科、课程乃至具体的知识技能相结合。应用的学科主要包括数学、英语、历史、信息技术、化学等。例如,对数学课堂教育游戏的研究;对小学英语单词教学教育游戏的研究;对教育游戏在数学学科中运用模式的研究等等。将教育游戏应用于课堂教学是当前教育游戏应用最主要的模式之一。

根据应用方式的不同,教育游戏可以分为四种模式:

(1)问题探究模式

问题探究式游戏教学法是在建构主义学习理论的基础上,利用教育游戏给学习者提供的真实问题情境和相关资源,让学习者通过游戏自主探索、获取知识,最后找出解决问题的办法。问题探究模式更适合于综合知识的运用、问题解决能力的培养、信息获取和处理能力的培养、信息意识与情感的培养。例如,奥卓尔推出的教育游戏《阳光行动》在《认识计算机》一课中应用;联合国世界粮食计划署推出的人道主义教育游戏《粮食力量》。

(2)导学模式

以"教师主导,学生主体"的学习理论为基础,导学模式注重充分发挥教育游戏、教师的主导作用和学习者的主体作用。导学模式的特点主要是以游戏任务促进学习的同时,教育游戏和教师双管齐下辅助学习者学习。例如,国标小学数学游戏《数学城堡》。

(3)操作练习模式

以斯金纳的行为主义理论为基础,技能操作式游戏化教学。即用教育游戏创设一个高度激励、任务驱动的操作与练习的学习情境,同时采用合作、竞争等教学策略,学习者在完成情境任务的同时,完成操作与练习的目标。例如,Windows 自带游戏《扫雷》在《鼠标及其操作》一课中的应用;益智类游戏《太空大战》,在小学信息技术课程《认识键盘》

中的应用。

(4) 虚拟协作模式

该模式是指在线教育游戏所创建的虚拟学习环境中开展协作学习的一种交互式教学活动。它以协作学习理论为基础,以在线教育游戏为载体,使得师生不再受地域限制,不再局限于面对面地教和学,教师的施教过程从课堂转到课外,教学过程和游戏过程两者相互融合。

9.3.3 教育游戏的教育应用实例

1.《环卫斗士》教育游戏

1) 故事简介

人类对自然环境的大规模的破坏,激怒了森林中的熊族,它们为了拯救自然环境而勇于向破坏环境的伐木盗贼亮剑。在与伐木盗贼的奋战中,小熊的生命随时会受到敌人的威胁,当小熊连续受到伤害且达到它的生命底线时,则会转向英语单词训练场进行单词的学习。小熊通过英语单词的学习得分可以累积它的生命值,当达到规定的生命值时,则又可以返回森林并再次开始与伐木盗贼进行搏斗。

2) 教育游戏设计

(1) 学习者分析

"环卫斗士"游戏的学习者面向小学4年级学生,学习内容是与课程教学同步的英语单词,游戏学习的目的是为了巩固学生对单词的记忆。学生的知识基础是刚刚学过的英语单词。这一阶段的小学生对逼真的动画形象十分感兴趣,所以游戏主角以可爱的小熊作为玩家的虚拟化身,配合风景如画的3D场景,激发学生的学习兴趣。

(2) 教育内容设计

教师或学习者可以自定义英语单词的学习内容,通过对文件夹中的单词文本进行指定的格式修改、单词添加即可完成。"环卫斗士"游戏的教育目的是强化学生对指定单词的识别和记忆,通过小熊与伐木盗贼的斗争培养学生保护环境的意识。

(3) 游戏角色设计

虚拟角色的身体构造、神经系统、感觉器官和运动系统决定了学习者在游戏中如何体验、如何认知、如何交互。"环卫斗士"中的游戏角色是基于Maya建模技术和Unity3D引擎技术进行构建和驱动的,游戏中的小熊、伐木盗贼具有灵活的运动系统,能够灵活奔跑和跳跃。它们也具有一定的感知能力,伐木盗贼能够实时检测小熊的位置,并采取移动、奔跑、攻击等行为。

(4) 游戏规则设计

伐木盗贼游戏的游戏规则旨在将玩家对游戏的渴望和心理需求的满足感与英语单词的学习关联起来,实现动机的转换,调动学习者的学习兴趣。玩家登录游戏平台后首先进入英语单词的学习,达到一定积分时则会进入到快乐的游戏场,即小熊斗伐木盗贼。在小熊与伐木盗贼的较量中,小熊和每个伐木盗贼都具有一定的生命值,如果被对方击中则会将生命值减1。挑战与获胜给玩家带来了快乐与兴趣,正是这种快乐在一定程度上满足了玩家的心理需求,然而,当其生命值等于0时,则被迫回到单词训练场学习单词,直到积分达到规定值后再返回游戏中。

3) 游戏中的英语单词训练场

游戏的学习性主要表现于通过"单词训练场"(图9-4)进行有趣的单词选择,同时,加上场景中小熊的行为配合,让学习兴趣和效果更显著。保护森林是该游戏教育性的重要内容,通过小熊与伐木盗贼的斗争,传达给学习者勇于维护我们赖以生存环境的理念和意识。英语单词学习包括英语单词、单词的读取、3D单词创建、单词匹配四个部分。

图9-4 英语单词训练场

在英语单词的学习游戏中,游戏将单词和单词代表的内容结合,实现知识的环境化,游戏玩家就能通过控制虚拟角色去感知和体验这些学习内容。

游戏规则的设计并不是要求学习者通过金钱的购买来获得相应的生命值,而是将学习者为实现不同层次心理需求的强烈愿望转化为依靠个体英语单词的学习积累而获得。

4) 游戏评价

10名小学教师对"环卫斗士"游戏进行评价,评价以Gunter博士和Kenny博士的量表为准进行评分,总分100分。评价结果显示,最高分90分,最低分61分,平均分为82.3分。教师们对游戏的总体评价较好,尤其是游戏的交互性能、环境设计、内容学习。不足之处在于功能不太全面,比如,不能提供一些单词的声音训练,从而关于学习目标和鼓励机制的设计等应该加强。

为了评估"环卫斗士"游戏的学习效能,将其投入到贵州省铜仁市某小学的4年级英语单词学习中。游戏的学习效能评价主要包括学习动机、学习兴趣、学习成绩等三个方面的影响。就学习兴趣和学习动机而言,"环卫斗士"与纸质的单词朗读和默写相比能够更加有效地激发和保持学生的学习兴趣和动机,而且随着学习时间的持续,两种不同学习方式之间产生的差异越发显著。在对小学 4 年级第 2 单元的英语单词学习之后,采用游戏学习的班级要比普通班级的平均分高出 6.2 分,课堂中学生注意力的保持也具有非常明显的优势。

2. 《北京胡同》教育游戏

《北京胡同》是一款故事题材的单机离线角色扮演类的原创游戏,在"数码游戏化学习国际学术会议 2011"中,被评为"超星杯"最佳教育游戏奖。

1) 故事简介

这是一款以《中级汉语阅读教程》中的部分内容为蓝本,设计与开发的适合外国人学习中文的对外汉语游戏。美国女孩 Alice 为了完成病危外婆的心愿,只身一人来到中国寻找祖传的青龙宝盒。Alice 不幸路遇强盗,这时中国男孩轩帮助 Alice 赶走了强盗,两人一起去北京胡同寻找青龙宝盒的线索。在寻宝的过程中,通过北京胡同中的衣食住行等内容感受中国博大精深的传统文化,最终克服重重困难,成功找到祖传的青龙宝盒。

此款游戏的目标是增强学习者学习汉语的兴趣,使学习者在学习汉语语言知识与技能的同时,培养他们自主学习与合作学习的能力,形成有效的学习策略,最终具备语言综合运用的能力。

2) 游戏设计

(1) 游戏环境设计

游戏中是从上空俯视的整体图,随着人物的走动,四周的场景跟着变换,犹如人行走时周围环境改变一般。玩家参与角色在画面中穿行,逼真的视觉场景给人身临其境的感觉,栩栩如生地展现了中国古风神韵和民俗文化,让玩家通过视觉在脑海中形成对北京胡同的认识,在寻宝的过程中,通过游戏中的衣食住行等内容感受北京胡同悠久的历史和中国博大精深的传统文化。

(2) 任务设计

利用故事——Alice 为了完成病危外婆的心愿,独自来到中国,克服重重困难,寻找祖传的青龙宝盒为主线穿插于整个游戏之中,配合古色古香的特色场景,在场景中进行角色分配、人物对白、场景转换,让玩家参与到角色扮演中,相关文化的介绍通过角色之间的简单对话的形式展现。游戏的任务设计分层次,设置关卡。玩家只有完成所有的任务才可进入下一关。玩家沉浸其中,就会更加好奇。若想战胜某关卡,就必须学习相关的资源,完成与之匹配的相应任务。此时即使不刻意地强迫玩家,玩家也十分渴望寻找答案。同时,不断增加游戏的难度,刺激游戏者的欲望,让其乐于在游戏中探索,不知不觉地提高汉语水平,以此达到学习的效果。

(3) 游戏动机设计

对外汉语教育游戏《北京胡同》依据科勒的 ARCS 动机模型设计,为了吸引玩家的注意力,游戏中设计了逼真的游戏场景,与故事情节息息相关的游戏任务,完成任务后可以获得相应奖励。

众所周知,汉字是世界上最难写的文字,很多外国友人在汉字的书写方面是格外吃力,这款教育游戏中涉及汉字拼写的动画演示如"按图索骥",如图9-5所示,这种动画的形式不仅向玩家展示了汉字拼写的笔画,还增加了趣味性,不至于让人觉得因为枯燥难以驾驭而产生厌学放弃的念头。

游戏不仅注重汉语知识的传授,同时还注重文化信息的传递,将汉语知识目标与游戏任务有机地融合起来,汉语学习者可以在游戏的过程中通过探索实现对汉语知识的建构。游戏内容、游戏场景、游戏情节等的设计都能充分调动学习者的兴趣。

图9-5 骥的书写

游戏者做任务的过程就是学习知识的过程。整个游戏中最大的亮点应该是随着剧情的铺设,主人公必须通过和不同人物的对话来使游戏得以继续,然而这些互动式的对话大多和中国文化相联系,真正做到了让参与者在玩中学。而这种知识又不是被动地灌输,而是通过环境和情节的渲染联通、视觉感受,使学习者主动而愉快地获得和接受。

9.3.4 教育游戏应用于课堂教学中的问题

首先,学习者需要掌握的知识技能有很多种,面对大量的学科知识,班级讲授式教学还是最有效率的方式。我国人口众多,学校实行个别化教学十分困难。因此,无论是教育软件、网络教育还是教育游戏,都不可能替代学校教学、课堂教学的作用,只能作为一种补充形式。

其次,并不是所有的教学内容都适合在游戏中学习,有些教学内容更适合课堂教学、电视教学等直接传授方式。

再次,将游戏具体应用到教学的主要难点在于如何平衡教育游戏的教育性和游戏性,如何将游戏吸引学习者内在与外在的因素分析清楚。教育游戏虽然能够增强学习动机,促进协作学习,但也存在时间不够用、操作复杂、过分有趣以至于忽略了学习内容、需要较高的技术支持、与课程内容不一致等等一系列的问题。

游戏在教育中的应用需要有一定的原则,就是要适当、适时、适度。但仅仅这样的基本原则远远不能够解决实际当中遇到的困难,因此,关于教育游戏应用方式与策略的研究,既是研究领域中非常重要的部分,同时也是目前最缺失的部分,这方面的研究有待今后进一步加强。

除此之外,在我国,教育游戏如果要取代传统的课堂教学形式,将涉及下至基础设施配置、教材、课程目标,上至整个教育体制,乃至整个社会选拔机制的彻底变革。在我国现有的教育制度下,教育游戏要进入课堂可谓任重而道远。

9.3.5 教育游戏的发展趋势

教育游戏作为一个新生事物,它的发展需要有一个过程,还需要克服许多困难和障碍,但是考虑到建构主义学习理论、情境学习理论的发展,考虑到我国目前对通识教育、综合课程、素质教育和高阶能力培养等方面的重视,考虑到游戏技术本身的快速发展,考虑到网络游戏在青少年群体中的日益普及以及社会化学习软件的流行,我们相信,游戏化学习一定会有光明的未来。具体会呈现出这样几个发展趋势:

1. 从学生方面看

1) 注重游戏与课程的整合

目前的许多游戏研究都涉及与其他课程的整合,除了自然与科学、数学、信息技术这些常见的课程外,也有学者提出游戏与艺术教育、环境教育的整合。事实上,如果不深入研究课程内容,游戏化学习就会存在"吸收裂痕",就无法自然地融入原有的教学生态环境中。未来在课程整合方面需要加强,尤其是与综合实践活动课程(通识课程或研习课程)的整合,因为这些课程强调学习者通过实践,增强探究和创新意识,学习科学研究的方法,发展综合运用知识的能力,增进学校与社会的密切联系,培养学习者的社会责任感。而这一点恰好是教育游戏的优势,利用游戏创设真实或虚拟学习环境,让学习者在其中探索,优化学习过程,取得良好的学习效果。

2) 注重游戏化学习与其他学习方式的混合使用

就如某些研究将游戏与互动视频整合一样,未来的游戏化学习方式必须与其他学习方式有机整合。比如,游戏在课堂中的应用与课外学习(博物馆、科技馆等)相混合。此外,研究教育游戏并不意味着一定要将所有的内容都做到游戏中,可以将游戏与传统教材、网络教材、机器人、智能玩具,甚至实地考察等有机地结合。

3) 注重高阶能力的培养

游戏能否真正普及到学校教育中,最主要取决于游戏在知识、能力、情感态度价值观方面的教学成效。而其中能力(尤其是问题解决等高阶能力)需要特别关注,因为传统教育常常给人以一种"注重知识、轻视能力"的印象,而游戏由于能够创设仿真的任务情境,能够让学生在"做中学"。由此,许多学者认为游戏在高阶能力的培养方面会有所突破。如今,某些研究就在探讨相关主题,相信未来会有更多的研究聚焦于此,比如,游戏中的问题解决能力、创造能力、协作能力、反思能力、领导能力等等。

4) 注重游戏文化对青少年的影响

游戏化学习对教育一定有促进作用,但是也可能会有负面影响,比如,网络成瘾、游戏暴力、对现实生活缺乏动机,产生疏离、人际互动冷漠化等问题。事实上,这些问题在社会学、心理学领域研究比较多。对于教育技术研究人员,应该更多地考虑如何利用技术等各种手段尽量避免这些问题,将可能的破坏力量,引导成为改善的力量。比如,建立电子游戏教育功能的评价指标体系,并据此对社会上的商业游戏进行评比分析,从而一定程度上可以引导商业网络游戏的发展。此外,未来应该更多地研究如何将社会化学习理论整合到游戏化学习过程中,不仅仅强调游戏在知识能力方面的学习成效,同时也强调学习者在游戏化学习过程中的社会化发展与成长。

2. 从其他方面看

1) 注重虚拟现实技术的应用

基于虚拟现实技术的模拟或仿真由于存在便宜、方便、安全等特点,在教育中,尤其是在工业、商业和军事培训中广泛应用。在职业教育中,由于强调动手操作能力和经验,因此虚拟、模拟或仿真将会更有用武之地。当然,模拟或仿真与单纯的游戏存在区别,但是很多时候,它们之间的界线又比较模糊,所以有人将其简单归结为模拟类游戏。

我们认为,不必过分拘泥于两者之间的区别,而是应该尝试将更多的游戏因素应用到模拟或仿真中,以便创建更富吸引力的模拟学习环境。值得注意的是,欧美国家目前比较流行将"Second Life(第二人生)"或其他虚拟世界应用于教育,或许将来也会成为一个比较重要的研究方向。

2) 注重教育游戏在非正式教育情境中应用

大部分的游戏中的学习行为是发生在非正式的教育中的。在学校里,很难创造出这样的机会,也就是让很多学习者共同参与游戏,或者未成年人与成人一起玩游戏。而这种共同参与游戏的模式对未成年人而言,非常重要。除此之外,那些非正式教育工作者有着更大的自由来追求他们认为重要的目标。比如,在科学博物馆中,他们的目标非常宽泛,可以是从表现种族多样性到培养成人的科学素养,与此同时,需要用令人愉悦的方式和丰富的内容吸引公众的注意力。游戏恰恰能够捕捉公众的注意力,提高公众参与的兴趣。因此,非正式教育非常适合教育游戏的应用与推广。

最重要的是,在非正式教育情境中,教育者可以不用受到自上而下的统一的学习标准规范的束缚,这往往是学校教育工作者难以做到的。这样一来,游戏的设计将更加自由,可以适应不同的学习目标,其着力点也会转向为广大学习者创造更丰富的游戏体验。当然,就目前教育游戏的发展来看,能够激发和维持游戏者体验的学习内容还远远不够。

3) 注重移动终端设备在教育游戏中的应用

移动终端设备帮助学习者追求感兴趣的东西,扩大他们的社交圈,同时也促成了他们以兴趣为导向的学习行为的发生。游戏不仅在激发和维持学习者的学习兴趣方面表现出色,而且更重要的是,基于游戏的学习目标不是单纯地记忆信息,而是使用信息来解决问题。这种以问题为中心的学习方式驱动学习者之间不断地进行互动。他们讨论问题,搜索资源,再萌生新的问题,再讨论……一切的活动都以解决具体问题为导向。而且,游戏能够促成个性化的学习和合作学习,游戏能够帮助学习者从信息的消费者转向信息的生产者。可以想象,当这些设备比教科书更便宜的时候,很多人都可以拥有它们。这些设备,诸如 iPad 之类的,还会更普遍地进入教室,教学也会因此而发生改变。毫无疑问,移动终端设备以其移动性和便捷性,将会与教育游戏完美地融合。

4) 注重教育游戏的学习系统设计

在教育游戏学习系统评估设计中,采用新的评估模型,探索如何捕捉学习者在游戏过程中的学业表现,并将其重放及时反馈给学习者。例如,采用基于证据的设计(evidence-based design),在游戏中谨慎地设置故意误导学习者的证据(evidence)资源,观察学习者使用了哪些证据,没有使用哪些证据,以此来判断学习者对这些材料的理解程度。还可尝试利用采集到的这些行为轨迹数据,自动生成反映其学业绩效的动态图表。

教学活动建议

本章重点在于对教育游戏有一个清楚的认识,掌握其特点,了解其设计理论以及相关知识,并在了解教育游戏的应用领域的基础上,掌握教育游戏的教育应用。通过本章的学习,应使学生对教育游戏有整体性的了解和认识。建议的教学活动如下:

活动1:展示几款教育游戏、教育软件和一般计算机游戏,组织学生讨论,区分另外两种与教育游戏的区别,并以此讨论出或引出教育游戏的特点。

活动2:以小组为单位,讨论、交流、统计自己曾经使用过的教育游戏,选择使用较多的几种教育游戏,将其使用感受与普通教学相比较。

活动3:教师选择一款教育游戏,尝试应用与课堂教学或是选择优秀的课堂教学案例,在课堂上为学生呈现其具体应用。

学习活动建议

本章的学习重点在于对教育游戏基础概念及其特点,以及教育游戏的教育应用的掌握。学生应通过本章的引导性知识,进一步学习和了解教育游戏的相关知识,培养有效应用教育游戏进行知识技能学习的意识。建议学习活动如下:

活动1:分别选择一款教育游戏、教育软件和一般计算机游戏,对其进行实际的操作和了解,分析整理对其应用后的感受与想法。

活动2:选择1~2个教育游戏课堂应用的典型案例,自己进行分析与整理,然后与同伴交流、分享。

推荐阅读材料

[1] 吕森林.教育游戏产业研究报告[J].中国远程教育,2004(22):44-47.

[2] 焦树国,王闯.教育游戏理论与开发[J].电脑知识与技术,2010,6(12):2964-2965.

[3] 周昌能.游戏式学习系统中情感驱动的个性化建模研究[D].太原理工大学,2009.

[4] 李彤彤,马秀峰,张明娟.教育游戏在小学英语教学中的应用模式研究[J].中国电化教育,2010(1):90-93.

本章自测题

1. 根据自己的理解写出教育游戏的概念。
2. 下列中属于教育游戏设计开发模式有(　　)。
   A. 以教育机构为基地　　　　　　B. 以公众平台为基地
   C. 以公司为基地　　　　　　　　C. 以个人为基地
3. 请列举教育游戏的教育应用模式,并分别举一个例子加以说明。
4. 请写出教育游戏的应用领域。
5. 自选一款教育游戏,尝试写出将其应用于课堂教学实施的过程。

参考文献

[1] 尚俊杰,肖海明,贾楠.国际教育游戏实证研究综述:2008年—2012年[J].电化教育研究,2014(1):71-78.

[2] 程君青,朱晓菊.教育游戏的国内外研究综述[J].现代教育技术,2007(7):81-84.

[3] 王庆,钮沐联,陈洪,朱德海.国内教育游戏研究发展综述[J].电化教育研究,2012(1):81-84.

[4] 李彤彤,马秀峰,张明娟.教育游戏在小学英语教学中的应用模式研究[J].中国电化教育,2010(1):90-93.

[5] 张文兰,张俊生.教育游戏的本质与价值审思———从游戏视角看教育与游戏的结合[J].开放教育研究,2007,13(5):64-68.

[6] 赵海兰,祝智庭.关于教育游戏的定义与分类的探析.第十届全球华人计算机教育应用会议GCCCE2006论文集[M].北京:清华大学出版社,2006:39-46.

[7] 顾汉杰,胡峰俊,吴凡.试论教育游戏的分类标准.浙江树人大学学报,2010(3):1-3.

[8] 刘琼."后教育时代"的新兴教学媒体[J].远程教育杂志,2011(1):96-104.

[9] 宋敏珠.教育游戏的概念界定和应用方式探究[J].现代商贸工业,2011(17):215-216.

[10] 李海峰,王炜.基于具身认知理论的教育游戏设计研究——从 EGEC 框架构建到"环卫斗士"游戏的开发与应用[J].中国电化教育,2015(5):50-57.

[11] 李海峰,王炜.基于人本主义理论的教育游戏设计研究——从 EGL 框架构建到"护林小熊"3D 游戏开发概览[J].电化教育研究,2015(2):58-64.

[12] 王会霞,孔祥盛,张屹.视觉文化在教育游戏设计中的应用研究——以对外汉语教育游戏《北京胡同》为例[J].现代远距离教育,2014(5):42-48.

[13] 尚俊杰,萧显胜.游戏化学习的现在和将来——从 GCCCE 2009 看游戏化学习的发展趋势[J].远程教育杂志,2009(5):69-73.

[14] 魏婷,李馨,赵云建.美国教育游戏研究发展新动向——威斯康星大学麦迪逊分校 Kurt Squire 教授访谈[J].中国电化教育,2014(4):1-5.